本书获得2023年度教育部人文社会科学研究青年基金项目（23YJC630181）资助

可持续价值导向下的平台企业社会责任

——履责现状、治理机制及价值实现

王仙雅 ◎ 著

企业管理出版社

图书在版编目（CIP）数据

可持续价值导向下的平台企业社会责任：履责现状、治理机制及价值实现/王仙雅著. — 北京：企业管理出版社, 2024.11. — ISBN 978-7-5164-3134-4

Ⅰ.F279.2

中国国家版本馆 CIP 数据核字第 20241WT319 号

书　　名	可持续价值导向下的平台企业社会责任：履责现状、治理机制及价值实现
书　　号	ISBN 978-7-5164-3134-4
作　　者	王仙雅
策　　划	杨慧芳
责任编辑	杨慧芳
出版发行	企业管理出版社
经　　销	新华书店
地　　址	北京市海淀区紫竹院南路 17 号　邮编：100048
网　　址	http://www.emph.cn　　电子信箱：314819720@qq.com
电　　话	编辑部（010）68420309　　发行部（010）68701816
印　　刷	北京亿友数字印刷有限公司
版　　次	2024 年 11 月第 1 版
印　　次	2024 年 11 月第 1 次印刷
开　　本	710mm×1000mm　　1/16
印　　张	16.25 印张
字　　数	255 千字
定　　价	89.00 元

版权所有　翻印必究·印装有误　负责调换

前　言

随着互联网、大数据、人工智能、区块链等新兴技术的不断创新与运用，数字技术逐渐成为经济社会高质量发展的引擎。在充满活力的数字化进程中，平台企业如何赋能社会经济发展是人们关注的社会性问题，是一个富含期待和潜力的研究议题。平台企业的社会价值创造由单一的公益价值创造逐渐转向可持续价值创造，这种可持续价值创造是对企业履行社会责任的高阶探索。平台企业的社会价值创造是指通过企业社会责任创新的方式引领社会问题的解决，提供更加有效益、高质量和可持续的发展成果，实现"授人以渔"的社会价值创造。目前，国内已经有一些企业开始将可持续社会价值融入企业发展战略之中，不仅在技术创新、产品升级、就业促进、税收缴纳等方面做出贡献，也积极投身于乡村振兴及科技、文化、教育等多种公益事业，开创了企业可持续社会价值创新的新格局，塑造了企业发展的新模式和新生态。

在平台经济的新发展形态下，平台化履责成为一种新的社会责任实践范式，在商业生态圈中居于主导性地位。平台企业社会责任治理也随着互联网治理政策和专项行动的频繁落地而引发了学术界的热议。然而，无论是平台企业社会责任履责还是平台企业社会责任治理，都应立足于可持续价值创造视角，探索平台企业社会责任能否创造可持续价值。现有文献对平台企业社会责任的履责对象、履行范式、治理逻辑等进行了深入的研究，但对履责效果的可持续性关注尚少，对于平台企业社会责任创造可持续价值的履责方式、治理策略、实现机制等方面缺乏系统性研究。

本书包含五篇十二章内容。第一篇是导论，包括第1章绪论和第2章文献综述；第二篇采用案例研究法，分析了可持续价值导向下平台企业的履责现状，其中，第3章分析了基于快手和抖音两大短视频平台的履责路径，第4章分析了基于携程、抖音和京东三大平台的平台企业参与乡村振兴的履责路径；第三篇研究了可持续价值导向下平台企业的治理机制，其中，第5章立足于可持续发展理论、共生理论、复杂适应性系统理论进行了理论推演，第6章基于演化博弈分析了"平台企业—平台双边用户—政府"三方的演化稳定策略，第7章从平台企业社会责任自组织管理机制、利益相关方的协同共演机制、共同体内部多阶段监管机制、声誉激励机制四个方面分析了可持续价值导向下平台企业社会责任治理机制；第四篇研究了可持续价值导向下平台企业的价值实现，其中，第8章是对平台企业社会责任治理创造可持续价值内在机理的探索性研究，第9章是关于平台企业社会责任治理对用户响应价值的实证分析，第10章是对平台企业社会责任措施对商家投机行为治理效果的实证分析，第11章研究了平台企业社会责任治理创造可持续价值的实现机制；第五篇是研究成果，包括第12章研究成果的梳理与总结。

赋能社会可持续发展离不开平台企业践行社会责任。平台企业在培养人才、利用资金、创新技术的同时，将社会环境问题的解决与平台业务模式和组织架构相结合，便于打造可持续商业模式。对于在可持续发展的导向下推动建立平台企业社会责任共同体，本书从如何履责、如何治理、如何创造可持续价值等方面提出指导性和建设性意见，目的在于撬动更多社会资源，集聚各方力量，促进平台企业高质量、可持续发展。

本书由我和两名充满活力、有责任心的硕士研究生共同完成，鉴于我们精力有限，书中疏忽之处在所难免，敬请广大读者批评指正、不吝赐教。欢迎各界同行来函或当面与我们商讨可持续价值导向下的平台企业社会责任研究。

王仙雅
2024年7月

目 录

第一篇 导 论

第1章 绪 论 · 002

1.1 研究背景 · 002
1.2 研究意义 · 005
  1.2.1 理论意义 · 005
  1.2.2 实践意义 · 006
1.3 研究目标 · 006
1.4 研究思路与内容 · 007
  1.4.1 研究思路 · 007
  1.4.2 研究内容 · 008
1.5 研究方法 · 010
1.6 研究重点和难点 · 012
  1.6.1 研究重点 · 012
  1.6.2 研究难点 · 013
1.7 创新点 · 013
1.8 本章小结 · 014

第2章 文献综述 · 015

2.1 平台情境下的社会责任问题及根源 · 015

2.1.1 平台情境下的社会责任问题 ·· 015
　　2.1.2 各类平台中社会责任的具体问题 ································· 017
　　2.1.3 平台情境下社会责任问题产生的根源 ························ 024
2.2 平台企业社会责任的界定 ·· 026
　　2.2.1 企业社会责任的内涵和范畴 ······································ 026
　　2.2.2 平台企业社会责任的内涵和范畴 ······························ 027
2.3 平台企业社会责任的履责现状 ·· 029
2.4 平台企业社会责任的治理现状 ·· 031
　　2.4.1 平台企业社会责任治理的演变历程 ·························· 031
　　2.4.2 平台企业社会责任治理的主体 ································· 032
　　2.4.3 平台企业社会责任治理的模式 ································· 032
　　2.4.4 各类平台企业社会责任治理的措施 ·························· 034
2.5 价值创造视角下的企业社会责任研究历程 ·························· 043
2.6 可持续价值与可持续商业模式 ·· 045
　　2.6.1 可持续价值的概念和范畴 ··· 045
　　2.6.2 可持续商业模式 ·· 047
2.7 本章小结 ·· 049

第二篇　履责现状

第3章　平台企业社会责任的履责路径
——基于短视频平台的双案例研究 ······························· 052

3.1 融媒体环境下短视频平台的社会责任 ································· 053
3.2 研究设计与案例选择 ·· 055
　　3.2.1 研究方法 ·· 055
　　3.2.2 案例选择 ·· 055
　　3.2.3 资料收集 ·· 056

3.3 扎根理论程序化编码 ····· 056
3.3.1 开放性编码 ····· 056
3.3.2 主轴编码 ····· 060
3.3.3 选择性编码 ····· 064
3.3.4 理论饱和度检验 ····· 065

3.4 短视频平台践行企业社会责任的"三层结构" ····· 065
3.4.1 底线责任 ····· 065
3.4.2 合理责任 ····· 065
3.4.3 贡献责任 ····· 066

3.5 短视频平台践行企业社会责任的"动态履责路径" ····· 066
3.5.1 底线责任履责路径：外因驱动 + 内因驱动→风气治理 + 系统完善→底线责任 ····· 066
3.5.2 合理责任履责路径：外因驱动 + 内因驱动→业务拓展 + 价值引领→合理责任 ····· 067
3.5.3 贡献责任履责路径：外因驱动 + 内因驱动→践行公益 + 弘扬文化→贡献责任 ····· 068

3.6 本章小结 ····· 068

第4章 平台企业参与乡村振兴的履责路径
——基于三类平台的多案例研究 ····· 071

4.1 乡村振兴视角下的平台企业履责 ····· 072
4.2 研究设计与案例选择 ····· 073
4.2.1 研究方法 ····· 073
4.2.2 案例选择 ····· 074
4.2.3 资料收集 ····· 075
4.3 扎根理论程序化编码 ····· 075
4.3.1 开放性编码 ····· 076
4.3.2 主轴编码 ····· 081

- 4.3.3 选择性编码 ·········· 083
- 4.3.4 理论饱和度检验 ·········· 085
- 4.4 平台企业参与乡村振兴的三大履责路径 ·········· 085
  - 4.4.1 乡村人才培育之路 ·········· 085
  - 4.4.2 乡村产业兴农之路 ·········· 086
  - 4.4.3 乡村文化振兴之路 ·········· 086
- 4.5 本章小结 ·········· 087

第三篇 治理机制

第5章 可持续价值导向下平台企业社会责任治理的理论推演 ·········· 090

- 5.1 可持续发展理论视角下的正当性分析 ·········· 090
- 5.2 共生理论视角下的正当性分析 ·········· 092
- 5.3 复杂适应性系统理论视角下的正当性分析 ·········· 093
  - 5.3.1 复杂适应性系统理论 ·········· 093
  - 5.3.2 刺激—反应模型 ·········· 095
  - 5.3.3 回声模型 ·········· 097
- 5.4 平台企业社会责任治理共同体 ·········· 099
- 5.5 本章小结 ·········· 101

第6章 可持续价值导向下平台企业社会责任治理的三方演化博弈分析 ·········· 103

- 6.1 博弈视角下的平台企业社会责任治理 ·········· 104
- 6.2 模型假设与构建 ·········· 105
  - 6.2.1 参数说明和模型假设 ·········· 105
  - 6.2.2 收益矩阵构建 ·········· 107
- 6.3 三方策略选择的复制动态分析 ·········· 109
  - 6.3.1 平台企业的复制动态分析 ·········· 109

6.3.2　平台双边用户的复制动态分析 ·· 110
6.3.3　政府的复制动态分析 ·· 111
6.4　三方主体策略的演化稳定性分析 ··· 112
6.5　不同情境下的仿真模拟 ·· 114
6.6　初始意愿和主要参数对演化路径的影响 ······································· 115
6.6.1　初始意愿变化对主体演化路径的影响 ······························· 115
6.6.2　惩罚系数μ_1和μ_2对主体演化路径的影响 ·············· 117
6.6.3　可持续收益R_1、R_2和R_3对主体演化路径的影响 ············ 118
6.6.4　政府积极监督的社会环境收益U_3和成本C_3对主体演化路径的影响 ··· 120
6.7　本章小结 ·· 121

第7章　可持续价值导向下的平台企业社会责任治理机制 ·············· 123

7.1　平台企业社会责任自组织管理机制 ··· 123
7.2　利益相关方的协同共演机制 ··· 125
7.3　共同体内部多阶段监管机制 ··· 127
7.4　声誉激励机制 ··· 131
7.5　本章小结 ·· 134

第四篇　价值实现

第8章　平台企业社会责任治理创造可持续价值的探索性分析
　　　——基于五类平台的多案例研究 ·· 136

8.1　平台企业社会责任治理与可持续价值创造的关系 ······················· 137
8.2　研究设计与案例选择 ·· 138
8.2.1　研究方法 ·· 138
8.2.2　案例选择 ·· 138

8.2.3　资料收集 ·· 139

8.3　扎根理论程序化编码 ··· 139

　　8.3.1　开放式编码 ·· 139

　　8.3.2　主轴编码 ·· 152

　　8.3.3　选择性编码 ·· 154

8.4　初始性价值与可持续价值 ··· 155

8.5　从价值生成到价值延续的动态路径 ······································· 156

　　8.5.1　可持续经济价值创造路径 ··· 156

　　8.5.2　可持续社会价值创造路径 ··· 158

　　8.5.3　可持续环境价值创造路径 ··· 160

8.6　本章小结 ··· 162

第9章　平台企业社会责任治理对用户响应价值的影响
　　　　——基于短视频平台的调查 ·· 164

9.1　研究假设与理论模型构建 ··· 165

　　9.1.1　平台企业社会责任治理对用户内部心理响应的影响 ······ 165

　　9.1.2　平台企业社会责任治理对用户外部行为响应的影响 ······ 166

　　9.1.3　用户内部心理响应对用户外部行为响应的影响 ············· 167

　　9.1.4　用户内部心理响应的中介作用 ······································· 167

　　9.1.5　模型构建 ·· 168

9.2　问卷设计与预调查 ·· 169

　　9.2.1　问卷设计 ·· 169

　　9.2.2　预调查 ·· 169

9.3　正式调查与数据收集 ··· 172

9.4　问卷数据分析 ·· 173

　　9.4.1　信度和效度分析 ·· 173

　　9.4.2　直接路径检验 ·· 174

　　9.4.3　中介路径检验 ·· 176

9.5　研究结果分析 ·· 177

目 录

    9.5.1　平台企业社会责任治理对用户内部心理响应的影响 …………… 177

    9.5.2　平台企业社会责任治理对用户外部行为响应的影响 …………… 177

    9.5.3　用户心理响应对用户外部行为响应的影响 ………………………… 178

    9.5.4　用户内部心理响应在平台企业社会责任治理和用户外部行为响应之间的中介作用 ……………………………………………………… 179

  9.6　本章小结 …………………………………………………………………… 179

第10章　平台企业社会责任措施对商家投机行为的治理效果——基于电商平台的调查 ………………………………………… 181

  10.1　研究假设与理论模型构建 ……………………………………………… 182

    10.1.1　商家投机行为 …………………………………………………… 182

    10.1.2　平台主动治理 …………………………………………………… 183

    10.1.3　平台声誉治理 …………………………………………………… 186

  10.2　问卷设计与预调查 ……………………………………………………… 188

  10.3　正式调查与数据收集 …………………………………………………… 191

  10.4　问卷数据分析 …………………………………………………………… 191

    10.4.1　信度和效度分析 ………………………………………………… 191

    10.4.2　结构方程模型分析 ……………………………………………… 193

    10.4.3　分层回归分析 …………………………………………………… 194

  10.5　研究分析 ………………………………………………………………… 197

    10.5.1　平台主动治理对商家投机行为的影响 ………………………… 197

    10.5.2　平台声誉治理对商家投机行为的影响 ………………………… 198

  10.6　本章小结 ………………………………………………………………… 199

第11章　平台企业社会责任治理创造可持续价值的实现机制 ………… 200

  11.1　初始性价值生成机制 …………………………………………………… 200

    11.1.1　初始性经济价值形成机制 ……………………………………… 201

    11.1.2　初始性社会价值形成机制 ……………………………………… 201

11.1.3 初始性环境价值形成机制·· 202
11.2 可持续价值延续机制·· 202
11.2.1 可持续经济价值形成机制·· 203
11.2.2 可持续社会价值形成机制·· 203
11.2.3 可持续环境价值形成机制·· 204
11.3 用户响应促进机制·· 205
11.3.1 底线责任治理机制··· 205
11.3.2 合理责任治理机制··· 206
11.3.3 贡献责任治理机制··· 206
11.4 投机行为抑制机制·· 207
11.4.1 事前商家规范机制··· 207
11.4.2 事中交易保障机制··· 208
11.4.3 事后争议处理机制··· 209
11.4.4 平台声誉提升机制··· 210
11.5 本章总结·· 210

第五篇 研究成果

第12章 研究成果的梳理与总结 ·· 214
12.1 主要研究成果··· 214
12.1.1 可持续价值导向下平台企业社会责任履责的研究成果·············· 214
12.1.2 可持续价值导向下平台企业社会责任治理的研究成果·············· 216
12.1.3 平台企业社会责任治理创造可持续价值的研究成果················· 218
12.2 理论贡献·· 220
12.2.1 梳理了平台企业社会责任的研究脉络···································· 220
12.2.2 阐明了构建平台企业社会责任治理共同体的重要意义·············· 221
12.2.3 揭示了可持续价值导向下平台企业社会责任的履责路径··········· 221

目 录

  12.2.4 阐释了平台企业社会责任治理创造可持续价值的策略与机制 …… 222

  12.2.5 检验了平台企业社会责任治理创造可持续价值的实践效果……… 222

12.3 管理启示……………………………………………………………… 222

  12.3.1 平台企业层面……………………………………………… 222

  12.3.2 国家监管层面……………………………………………… 224

12.4 研究不足与期望……………………………………………………… 225

参考文献…………………………………………………………………… 226

后　记……………………………………………………………………… 243

第一篇　导论

第1章 绪 论

1.1 研究背景

在国家政策的大力扶持和信息化技术的广泛推动下，传统的行业界限和固有模式逐渐被打破，依托于互联网技术的平台经济随之兴起。平台企业作为平台经济的核心主体，由于连接了市场的供给侧和需求侧，成为一种新型的企业形态而备受瞩目。平台企业服务是一种新型的数字产品，通过连接两个或多个交易主体，促成信息传递和交易实现来获取盈利。平台企业本身联结了大量组织和个体，具备一定的公共属性，其从事的业务天然地吸纳了具有重大社会利益的多方主体，与他方企业、用户、环境、文化等深度耦合，对社会的可持续发展本身存在着重大的潜在影响或现实影响。因此，平台企业这种新型的企业形态在改变人们生活方式的同时，也引起了学术界和社会公众的广泛关注。

企业与社会和谐共处一直是经济良性发展的前提条件，是推进社会文明进步的努力追求。股东至上主义的代表美国经济学家米尔顿·弗里德曼认为，企业与个人和政府的使命并不一致，企业的唯一职责就是赚钱，环境、贫困等社会性议题应该由个人和政府去思考并解决。然而，随着可持续发展理念深入人心，人们发现企业社会责任理念可以引导企业与外部环境相协调，使其获得更高的边际利润，从而占据更有利的竞争地位，因此，企业在开展商业活动期间会考虑环境、社会、公司治理等非财务要素，由此有了企业社会责任的概念。

企业社会责任（Corporate Social Responsibility，CSR）最早由英国学者Oliver Shelton于1924年提出。企业社会责任不仅包括关注内部利益相关者的责任，还包括满足外部社会需求并承担社会责任的义务。平台企业社会责任除了包含传统意义上的社会责任内涵，还涉及基于平台双边用户构成的平台商业生态圈所承担的共创、共享、共益的责任。"创新、协调、绿色、开放、共享"的新发展理念和"双碳"目标的提出，表明我国企业社会责任的研究历程已经从个体情境演变到了平台情境，企业社会责任的界定更加广泛，给平台履责和平台治理带来了新的挑战。

平台企业初期的野蛮式增长和监管的滞后性与局限性，使得企业社会责任缺失和异化现象多发。如2016年"3·15"晚会曝光的饿了么平台"无证餐厅"事件、2018年滴滴平台"乐清顺风车乘客遇害"事件、2018年爆出的快手平台"未成年人妈妈"走红事件，以及国家市场监督管理总局屡次曝光的电商平台"劣质假货"和"刷单"事件，还有频频出现的大数据杀熟、用户信息泄露等问题……各类平台情境均发生了不同程度的社会责任问题，对经济发展和社会稳定造成了极其恶劣的影响，降低了公众的信任度和安全感，甚至破坏了商业模式的可持续发展。平台企业社会责任涉及多类成员，不仅包括平台企业本身，还连接了平台商业生态圈中的经济利益相关方、政府和社会组织等扩展型生态圈成员，平台情境下的社会责任问题呈现平台企业与商业生态圈的复杂嵌套性特征，因此，平台企业社会责任问题会造成严重的后果，亟须进行治理。

易开刚和宣博（2018）回溯了我国平台企业社会责任治理的历程，发现社会责任问题经历了三个语境的转变，即从个体语境到群体语境再到平台语境，因此，传统的企业社会责任治理手段已无法应对复杂多变的社会责任缺失问题。阳镇和陈劲（2021）认为企业社会责任问题的主体识别效度低、责任链条复杂、算法技术的特殊性、追责轨迹的不确定性等导致在政府规制与社会治理层面难以对平台企业社会责任缺失与异化问题进行有效治理。现有关于平台企业社会责任治理模式基本包括法律法规模式、政府监管模式、杠杆天平模式、多中心网络治理模式、"政府法治、企业自治、社会共治"的协同治理模式、三方协同模式以及平台企业社会责任共同体模式等多种，从不同视角涵盖了各个利益相关方主体。然而，立足于事后治理，不如聚焦基于可持续价值创造的事前治理。

近几年在实践领域，各行各业的平台企业开始积极治理平台生态，试图打造可持续发展的生态圈。电商、短视频、社交等各类平台的专项治理行动相继开展，在整顿内容生态的同时，肃清潜在的违法乱纪行为，维持底线责任。与此同时，也有领军型平台将践行企业社会责任与自身经营模式相结合，创造出和谐共生的数字化平台治理之路。如雷明等人（2023）详尽地分析了腾讯酉阳共富乡村案例，针对平台企业如何通过履行社会责任从而赋能乡村实现可持续发展的过程与机制进行调查和梳理，聚焦平台吸引并协调多方参与的过程与细节，提出了可持续价值共创理念，挖掘出平台企业参与乡村振兴进行可持续社会价值创造的新思路和新方案。曾露蕾（2023）选取快手短视频参与精准扶贫作为研究案例，结合价值创造理论、双边市场理论、注意力经济理论，从快手平台履责内容和扶贫路径深入分析社会责任嵌入平台价值网络的机理，发展具有价值创造驱动力的履责模式，并结合利益相关者理论，从财务与非财务绩效视角探究嵌入式履责对利益相关者的价值创造，验证嵌入履责模式的可行性。单茜和叶志锋（2024）探讨了京东集团的共享价值创造路径，研究发现京东集团主要通过发展下沉市场、推进可持续产业链形成、帮扶产业集群这三种方式将企业社会责任落到实处，在履责过程中利用自身的核心资源为消费者、供应商、社区等众多利益相关方解决问题。

基于共享价值创造的企业社会责任理论貌似为实践者找到了一条融合企业经济属性与社会属性的可持续性企业社会责任实践之路。然而，学术界对共享价值创造这一理论范式产生较大范围的争议与疑问，认为共享价值创造是一种变相的伪社会责任行为，仍然无法摆脱利益至上的本质。因此，在企业层面需要持续深化对内生性企业社会责任认知塑造逻辑与多重制度共生逻辑及其实现模式；在实践范式层面要进一步树立可持续发展理念，价值创造的可持续性依赖于有效的社会责任治理，需要持续深化面向可持续价值创造的平台企业社会责任治理范式研究，寻求契合不同情境下的平台企业可持续价值创造的实践路径。鉴于此，本书基于可持续价值创造视角，综合运用案例研究、博弈模型、实证检验等多种研究方法，探究平台企业社会责任的履责路径、治理机制和价值实现，以期进一步完善平台企业社会责任的理论研究体系，为管理实践提供可操作性的指导建议。

1.2 研究意义

1.2.1 理论意义

企业社会责任的概念演变至今，已不再是简单地回应某项失德事件或单纯的捐款捐物，而是要形成更高阶、更有效的履责和治理逻辑。加之平台企业的特殊性，平台企业社会责任在概念、范畴、履责、治理等方面产生了新的学术研究热点。平台企业各类社会责任问题的出现引发了学界关于平台情境下企业社会责任治理的思考，现有研究认为不同的主体在应对社会环境与公共性问题的过程中，呈现主体割裂、手段单一、制度分散、资源分散、组织缺乏协同的碎片化局面，所以企业社会责任的缺失与异化是因为治理主体的缺位和错位以及治理手段的滞后与失效。但究其根本，平台企业自身才是社会责任治理的主体，只有从平台企业发展的视角出发，寻找万全之策，才能创造可持续价值。可持续价值包含经济价值、社会价值和环境价值，与平台企业的发展目标相契合，由此，可持续价值成为各界研究的热点，但可持续价值创造必然是一个复杂的过程，受多种因素、多个主体的影响。

本书在第二篇履责现状的研究中，将平台企业社会责任与可持续价值创造相结合，以案例研究为基础，深度挖掘不同情境、不同平台企业现有履责模式中的创新性，在履责逻辑、履责路径中引入生命周期视角，结合时间维度、空间维度和内容维度构建理论模型，探究模式的普适性意义。本书在第三篇治理机制的研究中，一方面以创造融经济、社会和环境为一体的可持续价值为导向，构建平台企业社会责任共同体，运用演化博弈推演理论模型和均衡策略，提出平台企业社会责任的治理范式；另一方面从平台企业社会责任自组织管理机制、利益相关方的协同共管机制、共同体内部多阶段监管机制、声誉激励机制四个方面提出治理机制。本书在第四篇价值实现的研究中，依据"动机—过程—效果"的价值创造模式，对平台企业社会责任治理创造可持续价值的实践路径和驱动因素进行案例探讨和实证分析，揭示平台企业社会责任治理对用户响应价值的促进效果和对商家投机行为的抑制效果，提出初始性价值生成机制、可持续价值延续机制、用户响应促进机制和投机行为抑制机制，进一步拓展和丰富现有理论，增强理论对现实的指导价值。

1.2.2 实践意义

随着新一轮数字革命下互联网、大数据、人工智能、区块链的发展，数字化时代到来，平台经济和共享经济以平台企业为组织载体成为新型经济形态，为平台企业、双边用户以及社会公众提供产品、服务以及创造价值。但平台企业的本质属性和经济目标主导带来平台企业社会责任缺失与异化、伪企业社会责任和企业社会责任寻租行为，给社会带来负外部性影响，导致平台企业发展过程中的"社会脱嵌"问题，不利于其内外部合法性获取和可持续价值的实现。

可持续价值与中国新时代经济社会发展的新要求高度契合。党的二十大擘画了全面建成社会主义现代化强国、以中国式现代化全面推进中华民族伟大复兴的宏伟蓝图，强调全面准确贯彻创新、协调、绿色、开放、共享新发展理念，加快构建新发展格局，推动高质量发展，增进民生福祉，提高人民生活品质，推动绿色发展，促进人与自然和谐共生等要求，与可持续价值所倡导的经济繁荣、环境可持续、社会公平的价值内核完全一致。平台企业具有商业平台和社会平台的双重身份，无论是个体层面的行为异化和责任缺失，还是平台层面的价值失调，都会对社会造成难以估量的恶性影响。以可持续价值为导向推进平台企业积极履责、有效治理，不仅能打造共享共生共治的平台生态，而且能推动互联网平台经济的永续发展。同时，本书对于提升互联网平台企业的现代化治理能力有重要意义，对于构建健康有序、内生性的网络生态治理体系大有助力。

1.3 研究目标

为进一步丰富和完善平台企业现代化治理体系，实现互联网平台经济的可持续发展，本书聚焦可持续价值导向下的平台企业社会责任履责、治理和价值实现，将平台企业社会责任与可持续价值创造相结合，通过可持续思想和共同体思维，实现三个核心目标。

（1）运用案例分析方法，探索平台企业社会责任的履责路径。选取快手和抖音两个短视频平台进行双案例研究；同时以乡村振兴为主题，分析携程、京东、抖音三大平台的履责路径，借助扎根理论进行程序化编码。通过对比两类案例研究，梳理可持续价值导向下平台企业的社会责任履责现状。

（2）利用博弈研究方法，探究平台企业社会责任治理创造可持续价值的策略。理论推演可持续价值导向下平台企业社会责任治理的正当性和治理逻辑；构建包含平台企业、双边用户和政府在内的三方博弈模型，演化分析不同情境下的稳定策略，挖掘有价值的参数；解构可持续价值导向下平台企业社会责任的治理范式，破解社会责任内生性融入问题并提出平台企业社会责任治理机制。

（3）从案例和实证两个角度，探索平台企业社会责任治理创造可持续价值的实现机制。以京东、抖音、小红书、携程、美团为代表性案例进行多案例探索，揭示平台企业社会责任创造可持续价值的阶段性和过程性，分析价值生成和价值延续的内在联系，以及价值实现的动态路径；运用问卷调查法收集一手数据，分析平台企业社会责任治理对用户响应价值的影响，同时探究平台企业社会责任治理措施对商家投机行为的治理效果，进而厘清平台企业履行社会责任的价值；基于此形成平台企业社会责任治理创造可持续价值的实现机制。

1.4　研究思路与内容

1.4.1　研究思路

在对平台企业社会责任深度调研和文献梳理的基础上，运用多学科理论知识，按照"现象分析—理论研究—实证探索"的逻辑体系，形成了本书的研究思路，如图1-1所示。

首先，运用案例研究和扎根理论方法对平台企业社会责任的履责现状进行分析；其次，对可持续价值导向下平台企业社会责任治理进行理论推演，讨论其正当性和治理逻辑，运用演化博弈分析"平台企业—平台双边用户—政府"的三方利益关系，得出解决社会责任内生性融入问题的治理策略，进而归纳出可持续价值导向下平台企业社会责任的治理机制；最后，运用案例研究法和实证研究法，从归纳逻辑和演绎逻辑两方面揭示平台企业社会责任创造可持续价值的驱动路径，以及平台企业践行社会责任对商家投机行为的抑制作用，进而深度挖掘可持续价值的生成机制和延续机制，促进平台企业社会责任履责。

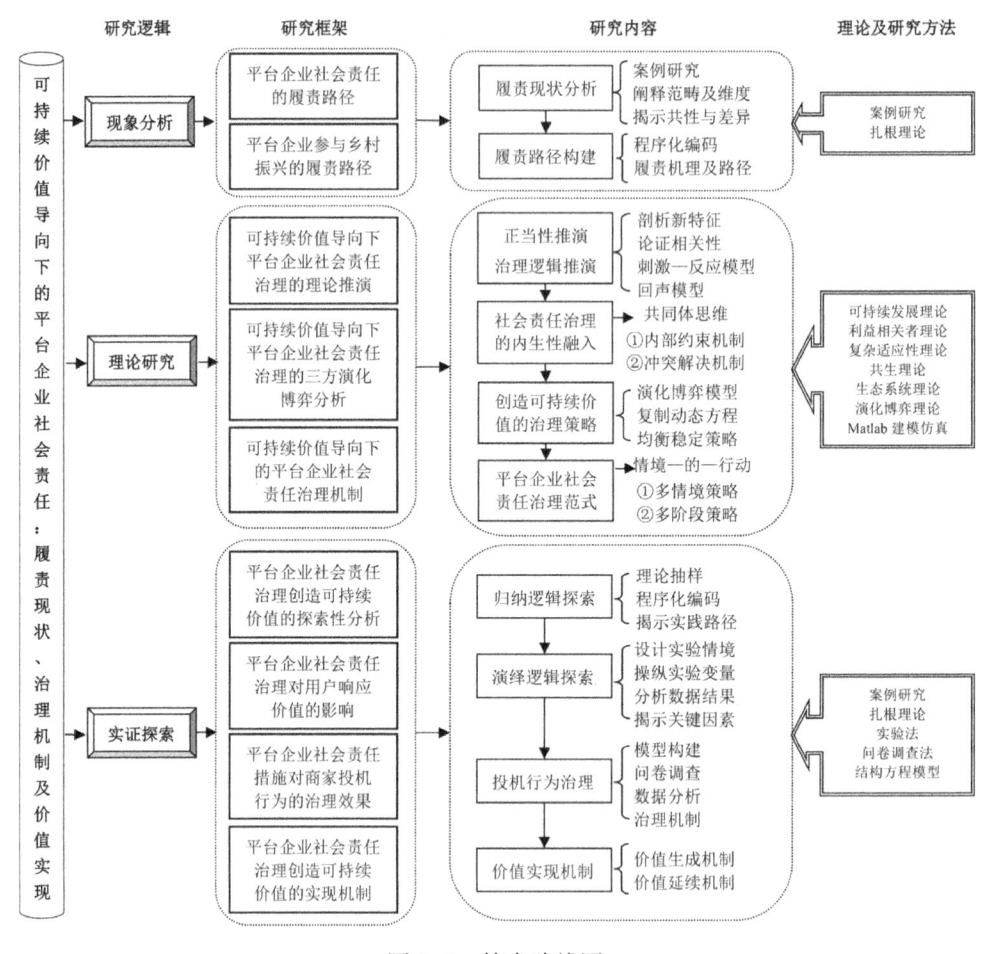

图 1-1 技术路线图

1.4.2 研究内容

全书共包括五篇十二章内容。

第一篇是导论，包括第 1 章绪论和第 2 章文献综述。第 1 章绪论中介绍了研究背景、研究意义、研究目标、研究思路与内容、研究方法等，点明了本书的理论价值和实践意义。第 2 章从平台情境下的社会责任问题及根源、平台企业社会责任的界定、平台企业社会责任的履责现状、平台企业社会责任的治理现状、价值创造视角下的企业社会责任研究历程、可持续价值与可持续商业模式等方面进行文献综述，对比国内外研究成果，呈现研究问题的理论基础和学术发展历程。

第二篇是履责现状，包括第 3 章和第 4 章两部分内容。第 3 章以平台企业为主体，基于快手和抖音两大短视频平台，分析平台企业社会责任的履责路径，揭示融媒体环境下短视频平台企业践行社会责任的"三层结构"：底线责任、合理责任和贡献责任，得出在不同外因和内因驱动下的三种责任的"动态履责路径"，以及三种责任履行的先后顺序。第 4 章以乡村振兴为背景，探究积极参与乡村振兴且成效显著的三家平台企业携程、抖音和京东，在乡村振兴之路上是如何根据自身特点和资源差异性实现文化振兴、产业振兴和人才振兴的，进而对平台企业社会责任履责措施和履责现状进行深入分析。

第三篇是治理机制，包括第 5 章理论推演、第 6 章演化博弈分析和第 7 章平台企业社会责任治理机制。第 5 章从可持续发展理论、共生理论、复杂适应性系统理论三个角度分析可持续价值导向下平台企业社会责任治理的正当性，立足平台生态圈的概念，提出同层治理和跨层治理的逻辑推演，为构建平台企业社会责任治理共同体提供研究思路。第 6 章运用演化博弈方法构建了以可持续价值为导向的"平台企业—平台双边用户—政府"的三方演化博弈模型，分析了三方主体策略选择的复制动态和演化稳定性，并通过数值仿真模拟研究了不同情境下的演化路径以及主要参数对主体演化路径的影响。结果表明，在特定条件下，系统可达到理想的（积极履责，积极参与，积极监督）稳定状态，三方初始意愿影响稳定状态的达成速度，但不改变最终稳定性结果。第 7 章分析了可持续价值导向下的平台企业社会责任治理机制，从平台企业社会责任自组织管理机制、利益相关方的协同共演机制、共同体内部多阶段监管机制、声誉激励机制四个方面详尽阐述了观点。

第四篇是价值实现，包括第 8 章、第 9 章、第 10 章和第 11 章。第 8 章以京东、抖音、小红书、携程、美团为代表性案例进行探索性分析，研究平台企业社会责任治理创造可持续价值的内在机理，从价值生成和价值延续两个角度解释了初始性价值和可持续性价值的区别，揭示了价值创造的阶段性和动态性。第 9 章以短视频平台为例，基于"刺激—机体—反应（SOR）"理论建立研究模型，从内部心理响应和外部行为响应两个角度来衡量用户响应价值，构建了平台企业社会责任治理对用户响应价值的影响模型，通过问卷调查收集数据，深度分析了平台企业社会责任治理带来的用户积极响应。第 10 章聚焦电商平台，进一步探究平台企业社会责任治理对商家投机行为的治理效果，从事前商家规范机制、事中交易保障机制、事后争议处理机制三个角度构建理论模型，运用实证研究分析了平台主动治理对商家强、弱投机行为的抑制作用。第五篇是研究成果，包括第 12 章，综述了本书的主要研究成果、理论贡献和管理启示，指出了研究不足和未来展望等，对后续研究进行了适当的铺垫。

1.5 研究方法

本书对履责现状的分析运用的理论研究方法是案例研究与扎根理论；对治理机制的研究运用的理论研究方法是可持续发展理论、利益相关者理论、价值共创理论和复杂适应性系统理论，模型推导方法是演化博弈理论；对价值实现的探索综合运用了案例研究和实证研究方法，量化数据的收集方法是问卷调查法，数据的分析方法是结构方程模型。

（1）案例研究与扎根理论。案例研究方法是一种常用的定性研究方法，适合对现实中某一复杂和具体的问题进行深入和全面的考察，通过案例研究，可以对某些现象、事物进行描述和探索。案例研究还便于建立新的理论，或者对现存的理论进行检验、发展或修改。运用案例研究基于归纳逻辑导向收集一手数据，与扎根理论的程序化编码相结合，能实现理论根植于实践的探索性分析。通过理论抽样选取有代表性或典型性的平台企业，分析其社会责任履责现状和履责与可持续价值创造的关系，运用访谈法、观察法、网络资料等形式收集案例资料，运用扎根理论分析文本数据，推导范畴之间的逻辑关系，形成故事线，进而绘制认知地图并构建理论模型。

（2）可持续发展理论。可持续发展理论是指既满足当代人的需要，又不对后代人满足其需要的能力构成危害的发展，以公平性、持续性、共同性为三大基本原则。可持续发展并不单指经济的可持续发展，需要实现经济、社会、环境的协同可持续。以可持续发展理论为导向，引导平台企业以可持续发展为先，将平台企业社会责任与可持续价值创造相结合，探究平台企业履责能否实现平台自身的可持续和平台与各利益相关者的可持续。

（3）利益相关者理论。该理论认为企业本质上是由企业各利益相关者共同组成的，企业的目标是为所有的利益相关者创造财富和价值，而不是单纯地追求股东利益最大化。利益相关者包括企业的股东、债权人、雇员、消费者、供应商等交易伙伴，也包括政府部门、本地居民、本地社区、媒体、环保主义等的压力集团，甚至包括自然环境、人类后代等受到企业经营活动直接或间接影响的客体。企业的经营发展是需要利益相关者共同参与和支持的，企业生存和发展所不可或缺的资源都是各利益相关者投入的，而不仅仅包括股东所投入的股权资本。在分析平台企业社会责任履责时，要充分考虑经济利益相关方和社会利益相关方的利益，在构建平台企业社会责任治理机制以及社会责任共同体时，也需要将各类利益相关方纳入治理主体中，共同参与企业社会责任治理，搭建治理体系。

（4）价值共创理论。价值共创理论是以个体为中心，由消费者与企业共同创造价值。传统的价值创造观点认为，价值是由企业创造通过交换传递给大众消费者，消费者不是价值的创造者，而是价值的使用者。随着环境的变化，消费者的角色发生了很大转变，消费者不再是消极的购买者，而已经转变为积极的参与者。消费者积极参与企业的研发、设计和生产，以及在消费领域贡献自己的知识技能，创造更好的消费体验。通过让消费者参与"价值共创"，可以帮助企业提高服务质量、降低成本、提高效率、发现市场机会、发明新产品、改进现有产品、提高品牌知名度、提升品牌价值等。运用价值共创理论分析平台企业履行社会责任能否带来消费者的积极响应，进而分析可持续价值的实现效果。

（5）复杂适应性系统理论。复杂适应性系统理论着眼于微观主体的相互作用，强调微观主体应从环境中主动学习，宏观环境是演化的。其研究思路着眼于系统内在要素的相互作用，微观分析与宏观综合相结合，还原论与整体论相结合，科学推理与哲学思辨相结合。在微观方面，复杂适应性系统理论最基本的概念是具有适应能力的、主动的个体，简称主体。这种主体在与环境的交互作用中遵循一般的刺激—反应模型，所谓适应能力表现在它能够根据行为的效果修改自己的行为规则，以便更好地在客观环境中生存。在宏观方面，由这样的主体组成的系统，将在主体之间以及主体与环境的相互作用中发展，表现出宏观系统中的分化、涌现等种种复杂的演化过程，遵循回声模型。平台生态圈是一个复杂适应性系统，各个利益相关方具有自主性、适应性、交互性特征，运用复杂适应性系统理论分析各主体之间的互利互惠、各主体与外环境之间的适应性学习，构建微观层面的刺激—反应模型和宏观层面的回声模型，为可持续价值导向下平台企业社会责任治理提供理论支撑。

（6）演化博弈理论与Matlab仿真模拟。演化博弈理论将动态分析和传统博弈理论相结合，用以揭示事物发展和进化的基本动因及演变历程。演化博弈分析方法并不等同于通俗意义上的重复博弈，而是一种模拟生物演化过程的算法，在给定的博弈情景和支付矩阵下，通过模仿生物演化过程的方式，计算出该博弈情景的最终均衡点。从动态演化视角分析平台生态中三方利益主体的博弈关系，借助Matlab仿真软件刻画各主体行为变化的发展趋势，提出均衡稳定策略，并且通过调整模型中的关键参数，探究灵敏度的变化，分析各种参数变化下的均衡策略，为治理机制的建设提供理论支撑。

（7）问卷调查法与结构方程模型。问卷调查法是国内外社会调查中较为广泛使用的一种方法，便于收集大量一手数据。结构方程模型是一种建立、估计和检验因果关系模型的方法。模型中既包含可观测的显变量，也可能包含无法直接观测的潜变量。结构方程模型可以替代多重回归、通径分析、因子分析、协方差分析等方法，清晰分析单项指标对总体的作用和单项指标间的相互关系。基于演绎逻辑构建理论模型，提出路径关系假设。利用问卷调查法收集研究主题下不同被试的调查数据，运用结构方程模型进行路径分析，为揭示平台企业社会责任治理创造可持续价值的驱动因素、中介因素和调节因素，同时也为治理效果和可持续价值创造的检验提供有力支撑。

1.6 研究重点和难点

1.6.1 研究重点

首先，案例研究中理论抽样的代表性需要重点把握。只有调查案例具有典型性和代表性，才能得到一定推广度的研究结论。其次，在治理机制研究中利用演化博弈理论构建三方博弈模型，推导可持续价值导向下平台企业社会责任治理策略，是本研究的模型研究重点。再次，依托问卷调查的实证分析法，揭示平台企业社会责任创造可持续价值的内在机理，是本研究的实证研究重点，演绎逻辑推导是否合理，研究假设的检验能否得到数据的支撑，都需要在具体操作过程中进行信效度的控制，提升实证研究质量。

1.6.2 研究难点

探索可持续价值导向下平台企业社会责任的治理策略和治理机制，是本研究的难点之一。无论是治理策略还是治理范式，都需要具备实践价值和可操作性。因此，本研究立足实践情境，广泛调查，积累了丰富的一手资料，形成了对各个利益相关方需求特征和行为模式的基本认识。在演化博弈模型的构建和治理机制的梳理上，充分考虑情境因素以及变量选取的实际意义，力求提出行之有效的治理策略和治理机制。

探索平台企业社会责任治理创造可持续价值的实现机制，是本研究的难点之二。平台企业社会责任治理的价值创造过程，目前可借鉴的文献并不多。对此，本研究综合归纳和演绎两种逻辑，分析价值实现机制，力求两种方法的相互验证，期望得到更可靠的研究结论，揭示平台企业社会责任治理，创造可持续价值的"黑箱"。

1.7 创新点

（1）以可持续价值为导向研究平台企业如何履责，构建平台企业社会责任共同体，顺应时代发展且研究视角新颖。

当今世界面临百年未有之大变局，全球治理体系和国际秩序变革加速推进，在此时代背景下，践行企业社会责任势在必行，是各行各业不可推卸的历史责任。可持续价值导向强调经济、环境、社会协调发展，不仅与我国新发展理念高度契合，是推动高质量发展、共同富裕、"双碳"等重要战略目标实现的重要助力，而且能够引导资本市场的参与主体从谋求短期收益转向追求长期价值，从关注单一经济价值转向创造综合价值，从而更好地发挥资本的力量解决社会、环境问题，成为社会可持续发展的重要助力。平台经济蓬勃发展下产生的平台型企业，重塑了商业生态模式,打破了空间限制,使各类企业由"孤军奋战"转为"互惠共生",生态圈的形成、共同体的概念为平台企业价值创造的可持续提供了可能性。本书创造性地将可持续价值导向与平台企业社会责任相结合,在平台企业履责、生态治理等方面时刻以创造可持续价值为根本,从源头做到企业与社会、企业与自然的和谐发展。

(2)综合案例研究、模型仿真与实证检验三类研究方法的特色,深入分析可持续价值导向下平台企业的履责路径、治理机制和价值实现,突显研究体系的完整性和研究方法的严谨性。

摒除以往对履责、治理和价值创造的单一性研究,以可持续价值创造为导向,紧密围绕研究主题,将平台企业履责现状、治理机制和价值实现融为一体,开展系统性、整体性研究。从研究内容的逻辑性上说,环环相扣、层层深入,先分析履责现状,再谈如何治理,最后揭示治理效果,研究逻辑缜密;从研究内容的完整度上说,既分析了平台企业社会责任"是什么"的问题,又揭示了"怎样做"的问题,同时对平台企业社会责任创造可持续价值的现实效果进行了大量实证检验,增强了研究结论的可靠性。

1.8 本章小结

本章梳理了全书的脉络,从研究意义、研究目标、研究思路、研究方法、研究重点和难点等方面对全书进行了系统的介绍,使读者对本书形成清晰的认识。后面各章据此展开详尽的案例分析和实证研究,力图揭示可持续价值导向下平台企业社会责任的履责现状、治理机制、价值实现和展望。

第 2 章 文献综述

2.1 平台情境下的社会责任问题及根源

2.1.1 平台情境下的社会责任问题

平台经济以数字技术为基础，由数据、技术和网络合作等因素组成，是数字经济的重要组成部分。平台企业通过技术和商业模式的创新，连接了供需双方，极大地提高了交易效率和资源配置效率。然而，随着平台经济的发展，平台企业在履行社会责任方面也面临着诸多挑战。平台企业的社会责任问题具有其独特性和复杂性，涉及多方面的利益相关者和多维度的社会效应。

随着平台经济的发展，各类社会责任问题接踵而至。平台企业可以按照业务模式和服务内容分为不同类型，每种类型的平台企业在履行社会责任时都会面临特定的问题。首先，电商平台主要面临假货问题、数据隐私与安全问题、劳动条件和环境影响等挑战。假货和劣质产品泛滥、客户数据隐私泄露和不当使用、仓储和物流环节的劳动条件恶劣以及包装和运输对环境的影响是电商平台的主要社会责任问题。其次，社交媒体平台面临言论自由与内容监管、用户隐私保护、心理健康影响和数据滥用等问题。虚假信息传播、用户数据的商业化使用、过度使用对用户心理健康的负面影响，以及平台在平衡言论自由和内容监管方面的困境构成了社交媒体平台的社会责任挑战。共享经济平台也面临劳动者权益保护、服务质量和安全、税收问题和社区影响等问题。共享经济平台上的劳动者（如网约车司机、外卖员）的劳动权益保障不足、服务质量和安全隐患、平台规避税收义务以及对传统行业和社区的冲击是其主要社会责任问题。此外，知识和技能分享平台则需要面对知识产权保护、教育公平性、信息可靠性和内容审核等问题。知识产权侵权风险、教育资源分配不均、信息真实性和可靠性问题，以及内容审核标准的不确定性是这类平台的主要社会责任挑战。

平台企业的社会责任问题具有跨界性、复杂性、动态性、技术依赖性和全球性等特征。首先，平台企业通常涉及多个行业和领域，其社会责任问题也因此具有跨界性。其次，平台企业的社会责任问题复杂多样，涉及多方利益相关者，包括消费者、供应商、员工、社区和政府等，这增加了问题的复杂性。再者，平台企业的业务模式和运营环境变化迅速，社会责任问题也随之不断变化和演变。平台企业高度依赖技术，尤其是大数据、人工智能和算法，这些技术在带来商业优势的同时，也引发了一系列新的社会责任问题。此外，许多平台企业具有全球化运营的特点，不同国家和地区的法律法规、文化习惯和社会期望不同，平台企业需要在全球范围内平衡和履行其社会责任。

朱文忠和尚亚博（2020）通过对2010—2019年的相关文献进行梳理，发现平台企业大多出现社会责任异化和缺失行为。包国强和宋钦章（2022）通过研究民营网络平台企业社会责任现状，发现网络平台企业社会责任问题主要体现在市场竞争、数据霸权、网络暴力和隐私泄露以及主流价值观偏离等方面。易开刚和宣博（2018）总结了平台企业在为社会带来显著经济效益的同时，带来了诸多平台企业社会责任问题，包括打车平台的"问题司机"、外卖平台的"无证餐厅"、短视频平台的"涉黄案"、旅游平台的"积分票"、搜索引擎平台的"售卖贴吧"等现象。肖红军和李平（2019）总结了平台企业的社会责任缺失和异化行为，如滴滴平台丢失基本安全底线责任，为"空姐深夜打车遇害""乐清女孩滴滴打车遇害"等事件埋下伏笔；外卖平台出现大量用户信息非法泄露和信息倒卖事件，存在严重的信息安全问题；今日头条与腾讯QQ的"头腾大战"等平台间的恶性竞争事件，直播平台缺乏对主播和用户非法行为的规制，网购平台放松对"刷单"行为的治理，外卖平台缺乏对商家的正规审核，这些都反映了平台企业对平台双边用户的不负责任管理。阳镇和陈劲（2021）指出，在平台情境下，平台企业的社会责任缺失与异化行为表现出全新特征，主要表现为平台与平台之间、平台与用户之间、平台用户个体之间，其在不同程度上给经济社会带来负外部性，不利于平台情境下平台企业价值创造的可持续性。平台经济背景下平台的开放度显著提高,平台主体间的"社会责任缺失""伪社会责任行为"和"责任寻租"也有了新形式,如平台主体间的用户信息交易、流量交易、虚假数据等不正当交易行为。王坤沂等人(2021)指出,平台企业借助互联网特性和长期数据积累优势具备了天然垄断机会,垄断行为不仅会损害平台参与者的利益,还会扰乱市场公平竞争,导致社会福利分配失衡,阻碍资源优化配置。在"权力"方面,平台企业通过算法工具对用户数据信息进行包装重组,形成"数据霸权"。在安全方面,网络平台的去中心化增加了网络暴力和隐私泄露风险。

2.1.2 各类平台中社会责任的具体问题

1. 电商平台的社会责任问题

电商平台在现代经济中扮演着重要角色,其业务模式和运营方式带来了多重社会责任问题。一是假货问题。这是电商平台面临的重大挑战之一。电商平台上商家数量庞大,商品种类繁多,导致假货和劣质商品容易混入正品之中,给消费者带来巨大的经济损失和心理困扰。假货不仅损害了消费者的利益,也破坏了品牌的声誉,影响了市场秩序。二是数据隐私与安全。互联网技术高速发展的同时也为电商平台企业社会责任问题的发生提供了便利,例如,电商平台企业和商家利用大数据技术检测平台用户的购买记录、浏览习惯等个人信息引发的用户信息安全隐患和泄露,严重损害了消费者权益。电商平台收集和处理大量用户数据,包括个人信息、购物记录和支付信息。数据隐私和安全问题成为用户关注的焦点。一旦数据泄露或被滥用,可能导致用户隐私受损和经济损失。三是环境污染。电商平台在包装、运输和退货处理等方面对环境产生了显著影响。大量的包装材料和频繁的物流运输增加了碳排放和资源浪费。特别是一次性塑料包装和过度包装问题严重,给环境带来沉重的负担。四是消费者权益保护。消费者在购物过程中可能遇到虚假宣传、商品质量不佳、售后服务不到位、退款难等问题。这些问题不仅损害了消费者的利益,也影响了电商平台的声誉。五是电商平台垄断和不公平竞争。随着电商平台的发展,市场集中度逐渐提高,部分大型电商平台通过并购、排挤竞争对手等手段获得了市场垄断地位。互联网平台企业凭借垄断地位不断挖掘自身成长机会，"大数据杀熟""二选一""赢家通吃"等平台情境下的竞争手段严重破坏了市场环境。这种垄断行为可能导致市场失灵，挤占中小企业的生存空间，抑制创新，最终不利于消费者的利益。此外，一些电商平台通过不正当竞争手段，如虚假促销、"刷单"、竞价排名等，扰乱市场秩序。六是信息透明度。信息透明度是电商平台履行社会责任的重要方面。消费者有权知晓商品的真实信息，包括生产过程、成分、来源等。然而，平台与虚假用户之间达成利益串谋，如平台企业雇佣人员成为虚假用户和水军。虚假用户（或水军）和卖方联合串谋形成数据舞弊造假，如卖方利用"好评返现"获取虚假好评进行数据造假。

2. 短视频平台的社会责任问题

如今，短视频平台在快速发展的同时暴露了很多社会责任问题，如泛娱乐化视频内容、虚假信息、违法违规内容等，同时还涉及个人隐私权和知识产权的侵犯。匡文波和王天骄（2021）认为，短视频平台存在主体责任缺失的问题，其表现在内容布局、算法推荐、平台监管等方面。为了平衡经济利益与社会责任，平台应该承担人文道德责任和网络空间责任。这些责任涉及保障用户权益、防范虚假信息和不良内容，平台需要积极寻求解决方案以满足社会的需求。李静（2022）在研究中发现，短视频平台存在一些失范现象，例如平台上存在违反法律规定的内容，企业在履行社会责任方面存在流于形式的情况，并且平台未能引领用户和企业的责任意识。具体来说，主要表现在以下方面。

一是内容审核与监管。短视频平台上的内容存在低俗、暴力、虚假信息，不仅污染了网络环境，还对用户的价值观和行为产生负面影响。内容监管的难度在于短视频平台需要在确保言论自由和信息流动的同时，防止不良信息的传播。由于内容主要由用户生成，短视频平台难以全面实时监管所有内容，这使得不良内容有机可乘，甚至可能成为短视频平台上的热点，产生不良的社会影响。

二是数据隐私与安全。短视频平台收集和处理大量用户数据，包括用户的个人信息、浏览记录、点赞和评论等行为数据。这些数据可以被用来进行个性化推荐和精准广告投放，但同时也存在被滥用和泄露的风险。一旦数据泄露，用户的隐私将受到严重侵犯，甚至可能导致经济损失和身份盗用。

三是知识产权保护。短视频内容的创作和传播涉及大量的知识产权问题。用户在短视频平台上发布的视频内容可能包含音乐、影视片段、图片等受版权保护的素材，未经授权的使用将构成侵权。此外，原创内容在短视频平台上被随意转载、修改甚至抄袭的现象也较为普遍，这不仅损害了原创作者的权益，也破坏了短视频平台的内容生态。知识产权侵权问题复杂且多样，短视频平台在处理相关投诉和纠纷时面临巨大压力。

四是未成年人保护。短视频平台对未成年用户具有很大的吸引力，长时间观看短视频可能影响他们的身心健康和学业。短视频平台上的部分内容可能包含暴力、色情、低俗等不适合未成年人的信息，甚至有诱导未成年人进行消费或参与危险活动的风险。未成年人自制力较弱，容易沉迷于短视频，导致学习成绩下降和心理健康问题。

五是影响心理健康。短视频平台的沉浸式体验和算法推荐机制，容易导致用户过度使用平台，产生成瘾行为。长时间使用短视频平台可能对用户的心理健康产生负面影响，如焦虑、抑郁、孤独等问题。尤其是当用户在短视频平台上看到他人美化后的生活和成功经历，可能会产生强烈的心理落差，导致自卑和不满情绪。此外，短视频平台上的一些内容可能会传播不健康的生活方式和价值观，对用户的心理健康造成潜在威胁。

六是虚假信息传播。短视频平台上的内容传播速度快、覆盖面广，虚假信息容易在短视频平台上迅速扩散。虚假信息不仅误导用户，造成认知混乱，还可能引发社会恐慌和不安。例如，在突发事件和公共危机期间，虚假信息的传播可能导致严重的社会后果。短视频平台由于其信息传播的快速性和广泛性，成为虚假信息的重要传播渠道，如何有效遏制虚假信息的传播，是平台面临的重要挑战。

七是平台垄断与不公平竞争。随着短视频平台的发展，市场集中度逐渐提高，部分大型平台通过并购、排挤竞争对手等手段获得了市场垄断地位。这种垄断行为可能导致市场失灵，损害中小创作者的生存空间，抑制创新，最终不利于消费者的利益。此外，一些短视频平台通过不正当竞争手段，如流量操控、刷量等，扰乱市场秩序。

八是对社会文化产生了负面影响。网络平台在丰富人们娱乐活动的同时也带来了一系列低俗文化，网络文化逐渐偏离核心价值观。短视频平台作为重要的文化传播载体，对社会文化有一定的塑造作用。然而，一些低俗、恶搞、炫富等不良内容的传播，对社会文化产生了负面影响，尤其是对青少年的价值观形成产生误导。此外，短视频平台上的一些内容传播拜金主义、享乐主义，助长了社会的浮躁风气。

3. 种草平台的社会责任问题

国内搜索引擎市场失灵现象也不断发生，如"魏则西事件"等典型代表。种草平台作为一种新兴的社交媒体和电子商务形式，集用户生成内容、社交互动和购物推荐于一体，迅速吸引了大量用户。然而，这类平台在其发展过程中也暴露出诸多社会责任问题，这些问题主要集中在虚假宣传、数据隐私与安全、知识产权、内容审核与监管、未成年人保护和心理健康等方面。一是虚假宣传。虚假宣传是种草平台面临的首要问题。由于种草平台的内容主要由用户生成，这些内容往往带有推荐性质，部分用户，尤其是一些带有商业目的的用户或KOL（关键意见领袖），可能会发布夸大其词甚至虚假的推荐内容误导消费者。虚假宣传不仅损害了消费者的利益，还破坏了种草平台的公信力。虚假宣传的泛滥使得消费者对这类种草平台上的信息产生怀疑，影响了种草平台的用户黏性和长期发展。二是数据隐私与安全。种草平台通过用户注册、互动和购物等行为收集大量数据，包括个人信息、浏览记录和购买行为等，一旦数据泄露或被滥用，可能导致用户隐私受损、个人信息被不法分子利用，甚至引发经济损失和社会信任危机。用户对数据使用缺乏透明度和控制权，进一步加剧了对种草平台的信任危机。三是知识产权。用户在种草平台上分享的内容，包括文字、图片和视频等，常常涉及原创作品和品牌的使用。这些内容在未经授权的情况下被随意转载、修改和使用，侵犯了原创者的权益。知识产权侵权不仅损害了创作者的利益，也影响了该平台的内容生态和创新活力。种草平台需要面对大量的版权投诉和纠纷，处理不当会导致法律风险和用户流失。四是内容审核与监管。种草平台上的内容种类繁多，涉及广泛的商品和服务信息。由于内容主要由用户生成，种草平台难以全面控制和监管所有内容，容易出现虚假信息、不当言论和违法内容等问题。内容审核与监管的难度使得平台需要在保证信息自由流动和内容合法合规之间找到平衡。缺乏有效的内容审核机制可能导致平台成为不良信息的传播渠道，影响社会秩序和公共利益。五是未成年人保护。种草平台上丰富的内容和互动性对未成年人有很强的吸引力，但这些内容中存在一些不适合未成年人的信息，如虚假广告、不良言论和成人内容等。未成年人长时间使用种草平台可能影响其身心健康和学业。六是心理健康。种草平台对用户心理健康的影响也是其社会责任问题之一。种草平台上的内容往往通过美化和夸大某些产品或生活方式，引导用户产生消费欲望和攀比心理，进而导致过度消费和心理负担。长时间使用种草平台可能引发用户的焦虑、抑郁等心理问题，尤其是当用户发现自己无法达到种草平台上展示的理想状态时。这种负面心理影响不仅影响用户的生活质量，也可能给社会和谐带来不利影响。七是平台商业模式与公平竞争。种草平台的商业模式通常依赖于广告收入和佣金，这种模式容易导致种草平台在内容推荐和展示上存在偏向性，影响信息的客观性和公正性。一些商家可能通过支付高额费用获得更多曝光机会，而一些优质但支付能力有限的商家则可能被埋没。这种不公平竞争不仅损害了商家的利益，也侵犯了消费者获取真实信息的权利。八是社会文化影响。种草平台的内容传播速度快、影响力大，其内容对社会文化有一定的塑造作用。然而，一些不良内容如炫富、拜金主义、过度消费等对社会文化产生了负面影响，尤其是对青少年的价值观产生了误导。

4. 旅游平台的社会责任问题

旅游平台作为连接旅游消费者和旅游服务提供商的中介，极大地促进了旅游业的发展。然而，这些平台在其运营过程中也面临着多重社会责任问题，这些问题主要包含以下几方面。一是虚假信息与误导性广告。虚假信息与误导性广告是旅游平台面临的显著问题之一。许多旅游平台上提供的酒店、景点和服务描述可能存在夸大其词甚至虚假的情况。这些误导性信息使得消费者在做出旅游决策时受到影响，可能导致旅行体验与预期不符，产生经济和时间上的损失。尤其是一些评价和评分可能被刷单行为操控，导致信息的可信度下降，损害了消费者的信任。二是用户数据隐私与安全。旅游平台通常会收集和处理大量用户数据，包括个人信息、行程安排和支付信息。这些数据对于提供个性化服务和精准营销至关重要，但也带来了隐私泄露和数据滥用的风险。数据泄露事件不仅会给用户带来隐私侵害和财产损失，还可能导致用户对旅游平台的信任度下降。此外，旅游平台还需要面对黑客攻击和数据安全保护的挑战，确保用户数据不被非法获取和使用。三是环境可持续性。旅游业对环境的影响是一个全球关注的问题，旅游平台在其中扮演着重要角色。旅游活动的增加可能导致目的地的自然环境和文化遗产受到破坏，如过度旅游、生态破坏和文化侵蚀等。旅游平台通过推荐和推广旅游目的地，对游客流量有直接影响，该平台在推广旅游目的地时，往往强调经济利益而忽视了环境保护和可持续发展的重要性。这种过度开发和缺乏可持续性考量的行为，最终将影响旅游资源的长久利用。四是劳工权益。旅游平台的迅速发展依赖于大量的旅游从业者，包括导游、司机、酒店服务员和其他相关服务人员。然而，这些从业者的工作条件和权益保障往往得不到充分重视。旅游平台通常采用灵活用工模式，这种模式虽然提高了就业机会，但也带来了劳工权益保护不足的问题，如工作不稳定、缺少社保、收入不稳定等。劳工权益得不到保障，不仅影响从业者的生活质量，也对旅游服务质量产生负面影响。五是社区影响。旅游活动对当地社区的影响是一个复杂的问题。旅游平台推广的热门旅游地可能导致当地生活成本上升、基础设施压力增加以及社区文化的流失。大量游客的涌入，虽然带来了经济利益，但也可能对当地居民的日常生活造成干扰，增加社会矛盾。此外，旅游平台的推荐算法和营销策略可能导致某些社区过度依赖旅游业，形成经济单一化，缺乏长期可持续发展的动力。六是消费者权益保护。旅游平台上的消费者权益保护问题也是一个不容忽视的方面。旅游产品和服务的特殊性，使得消费者在购买和使用过程中容易遇到权益受损的问题。例如，预订取消政策不透明、服务质量与宣传不符、退改签困难等问题，都会导致消费者的经济损失和不愉快的旅行体验。消费者在权益受损时，往往难以通过旅游平台获得及时有效的解决，这进一步加剧了消费者与旅游平台之间的矛盾。七是公平竞争。旅游平台市场的竞争激烈，一些旅游平台通过不正当竞争手段，如低价倾销、虚假促销等手段抢占市场份额。这种不公平竞争行为，不仅扰乱了市场秩序，还对其他合法经营的旅游平台和商家造成了不利影响。此外，旅游平台之间的竞争往往集中在

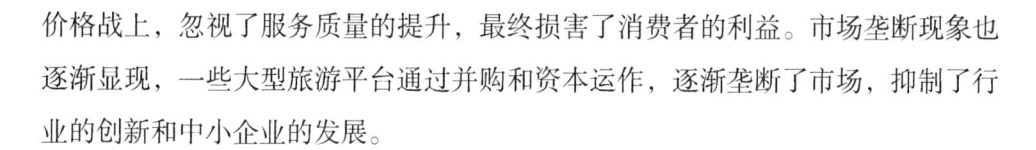

价格战上，忽视了服务质量的提升，最终损害了消费者的利益。市场垄断现象也逐渐显现，一些大型旅游平台通过并购和资本运作，逐渐垄断了市场，抑制了行业的创新和中小企业的发展。

5. 外卖平台的社会责任问题

外卖平台作为现代都市生活的重要组成部分，以其便捷的服务满足了人民日益增长的即时配送需求。然而，随着外卖行业的迅猛发展，外卖平台在运营过程中也暴露出诸多社会责任问题。一是劳动者权益保障。外卖平台依赖大量的配送员来实现其服务，这些配送员通常以灵活用工的方式工作，缺乏稳定的劳动合同和社会保障。这种用工模式导致配送员的劳动权益得不到有效保障，使配送员面临收入不稳定、缺乏医疗和工伤保险等问题。此外，为了满足外卖平台对配送时效的要求，配送员常常需要在高压和高风险的环境中工作，时刻面临交通事故和身体健康的威胁。这种工作压力不仅影响了配送员的身心健康，也对社会稳定产生不利影响。二是食品安全。外卖平台作为食品供应链的重要环节，必须确保所提供食品的安全性。然而，由于外卖平台对入驻商家的审核和监管不够严格，部分商家可能存在食品加工环境不卫生、食材来源不明和食品质量不过关等问题。这些问题一旦出现，将直接威胁消费者的健康，损害外卖平台的信誉。此外，外卖食品的配送过程也存在食品污染和变质的风险，进一步加剧了食品安全问题。三是环境保护。外卖行业的快速发展对环境保护提出了新的挑战。外卖食品的包装大量使用一次性塑料制品，这些包装物难以降解，对环境造成了严重的污染。尽管部分外卖平台开始倡导环保包装和减少一次性餐具的使用，但整体效果仍不显著。外卖平台在推广环保措施方面的力度和实际效果与其快速增长的订单量不成比例，环境保护问题亟待解决。此外，外卖配送车辆的频繁使用也增加了碳排放，对城市空气质量和环境保护产生负面影响。四是消费者权益保护。消费者权益保护是外卖平台的核心社会责任之一。外卖平台需要确保消费者在使用平台服务时的权益得到保障，包括食品质量、配送时间和售后服务等。然而，消费者在使用外卖服务时，经常会遇到食品质量与宣传不符、配送延误、服务态度差和投诉难以解决等问题。这些问题不仅影响了消费者的体验，也对外卖平台的信誉造成了损害。外卖平台在处理消费者投诉和解决纠纷时，往往效率低下，缺乏透明度和公平性。五是市场竞争。外卖平台市场的激烈竞争导致了一系列不正当竞争行为。一些外卖平台通过补贴和低价倾销的方式抢占市场份额，这种短期的价格战虽然吸引了大量用户，但也扰乱了市场秩序，导致小型商家和新兴外卖平台难以生存。此外，部分外卖平台与商家签订独家合作协议，限制商家在其他外卖平台上销售，这种行为不仅限制了商家的自由选择权，也损害了消费者的多样化选择权和市场的公平竞争环境。外卖平台间的不正当竞争还可能导致服务质量下降，最终损害消费者利益。六是社会公平。外卖平台在其运营过程中也涉及社会公平的问题。平台的算法和推荐系统在很大程度上决定了商家的曝光率和订单量，然而这些算法往往缺乏透明度和公平性。一些小型商家和新进入市场的商家由于无法承担高额的平台服务费或广告费，难以获得足够的曝光和订单，面临生存困境。这种算法偏向性和资源分配不均不仅损害了商家的利益，也不利于市场的多样性和创新。此外，外卖平台的配送员在外卖平台生态中处于弱势地位，其权益和福利得不到应有的保障，进一步加剧了社会不公。七是数据隐私与安全。外卖平台收集和处理大量用户数据，包括用户的个人信息、消费习惯和支付信息等。这些数据在提升服务质量和精准营销方面具有重要作用，但同时也带来了隐私泄露和数据滥用的风险。外卖平台在数据保护方面的不足，可能导致用户信息被非法获取和使用，给用户带来隐私侵害和经济损失。数据安全问题不仅关系到用户的切身利益，也影响到平台的公信力和长期发展。

2.1.3　平台情境下社会责任问题产生的根源

现有研究尝试从内因论"坏苹果"（不良企业）和外因论"坏匣子"（不良环境）两个角度探讨社会责任缺失的根源。内因方面：汪旭晖等人（2020）将网络媒体平台的治理困境归因于平台企业商业价值与社会责任的冲突；肖红军等人（2021）认为造成平台情境下社会外部性的根源是企业价值逻辑的异化，纯粹营利性的商业模式使平台企业过度追求经济价值最大化。外因方面：政府部门的监管缺失、传统治理模式的"水土不服"、公众对社会责任的认知模糊等，都会造成平台企业漠视企业社会责任，表现出"明知不可为而为之"的社会责任缺失和异化行为。

姜丽群（2016）系统探析了企业社会失责的动因，从内因论视角来看，企业个体失责是企业内部管理失调的结果，从外因论分析视角来看，竞争环境和制度缺失是主要动因。凌永辉和张月友（2017）重点研究了以"魏则西事件"为例的搜索引擎市场失灵现象并探寻主要根源，总结出"逆向选择效应下广告主虚假宣传"和"消费者难以真正实现'用脚投票'"这两个重要根源。平台监管依然存在契约约束局限、企业边界局限和监管能力局限，平台监管能力不足导致众多社会责任问题出现，如阿里巴巴难以对平台商品逐一排查，导致侵权问题难以认定，最终沦为"假货集中营"。王勇和冯骅（2017）指出，平台企业监管的逐利动机导致监管松懈、监管权力有限和内部腐败等监管手段的局限性。阳镇和许英杰（2018）认为，社会责任的认知模糊、相关部门的监管缺失、公司制度的不完善是社会责任问题的重要影响因素。平台企业的"经济人"角色，目标是以最低成本实现经济价值的最大化，在基于市场价格的成本与竞争机制过程中很容易产生平台企业社会责任缺失和寻租等行为。平台企业社会责任缺失行为是个体因素、内部治理结构和外部制度环境共同作用的结果，如平台管理者缺乏良好社会责任意识、组织内部成员缺乏企业社会责任认知以及外部环境规制缺失，这些现象都容易引发社会责任缺失。网络的强外部性容易导致平台企业垄断行为的发生。作为人数据技术的使用者，平台企业脱离了数据责任的约束，这是诸多现实矛盾和社会责任问题产生的根源。邱炜鹏等人（2020）将大数据时代平台企业数据责任的异化分为消费者数据责任、社会数据责任和商户数据责任的异化，其根源在于信息不对称、商业利益与数据割裂、数据权力垄断。众多共享平台企业在进行商业实践过程中用纯粹营利性商业模式取代价值共创与共享活动，通过平台兼并和准入门槛获取市场垄断地位并赚取高额利润，导致平台双边用户之间的社会责任问题频发。郭凤娥（2021）通过扎根理论和多案例分析比较研究得出了引起平台企业社会责任缺失的四个影响因素，分别为平台企业特性、互联网行业特性、外部环境和平台企业价值取向，其中互联网行业特性和外部环境为外部动因，平台企业特性和平台企业价值取向为内部动因。包国强和宋钦章（2022）从民营网络平台企业的角度探析其社会责任履行的影响机理，其认为经济条件是影响网络平台企业社会责任的基础，外部环境因素通过外部压力压制企业社会责任实践，平台基础是平台企业履责的支撑，平台价值的高低影响平台企业履责效果，用户素养也是影响平台企业履行社会责任的重要因素。

2.2 平台企业社会责任的界定

2.2.1 企业社会责任的内涵和范畴

国内外学者从财务、道德、利益相关者等不同角度对企业社会责任进行了定义。Sheldon（1923）最先提出企业社会责任应成为评价企业发展的重要因素，随后学者们从不同角度展开了讨论。第一是财务角度。股东至上主义流派的代表 Friedman（1970）认为企业唯一的社会责任就是尽可能多地为股东赚取利润。以 Davis（1960）为代表的狭义的概念界定者，这类学派的学者基于经济责任的视角来对社会责任进行界定。Davis（1960）认为，企业凌驾于狭义定义上的经济效益、法律规则、技术效益之上，所采取的相关举措、制定的相关政策，不管是从狭义层面上来说，还是从广义层面上来说，其实都隶属于"利润最大化"假设的前提之下，对于该理论的讨论存在一定的缺点和不足，但在后续的研究中，学者在不断修正和完善。第二是道德角度。Davis（1967）认为，社会责任的实质就是关注个人行为引起的道德结果，因为这些行为可能会影响其他人的利益。Eilbirt 和 Parket（1973）指出，理解社会责任最好的办法是考虑做好邻居：一方面，不做伤害邻居的事情；另一方面，自愿去帮助邻居解决困难，即社会责任意味着公司在解决社会问题方面应发挥积极作用。Carroll（1979）认为，企业社会责任包括社会在特定时间点对公司的经济、法律、道德的期望。企业社会责任更多的是一种自愿性行为，不具有强制性，但这种责任却是凌驾于法律和经济责任之上的，具有一定的道德属性。第三是利益相关者角度。Jones 等人（1980）指出，企业社会责任是公司对除股东以外的组成公司群体以及法律和工会合同规定的以外的组成群体负有义务的责任。此定义有两个至关重要的方面：一方面，必须自愿履行这项义务，受法律或工会合同约束的行为不是自愿的；另一方面，这项义务是广泛的，它超越了对股东的传统义务，扩展到其他社会群体，如客户、员工、供应商和邻近社区。同样地，利益攸关主义的代表 Freeman（1984）认为企业作为不同攸关者的利益集合体，应该兼顾股东和其他利益攸关者的利益诉求，并将利益攸关者分为所有者利益攸关者、经济依赖性利益攸关者和社会利益攸关者，Carroll（1999）也提出企业应当对包括投资者、债权人等在内的利益相关者承担责任。

利益相关者理论的提出，社会责任的相关概念才得到极大的校正。20 世纪 80 年代初，企业社会责任的界定开始注重"向谁负责"的问题。Freeman（1984）提出利益相关者理论，结合利益相关者理论的企业社会责任概念体现了道德伦理学的思想，其核心观点是公司有道德责任兼顾更多相关方的利益。基于利益相关者视角，Carroll（1979）提出了"金字塔"模型，将企业社会责任分为经济责任、法律责任、伦理责任和慈善责任。Brummer（1991）在此基础上将企业责任划分为经济责任、法律责任、道德责任和社会责任，经济责任指实现股东利益最大化，法律责任指企业行为符合法律要求，道德责任指企业对自身性质和行为有充分的认知并能对行为后果加以控制，社会责任指企业的行为不符合社会要求的标准则要接受惩罚。Elkington（1994）从"三重底线"角度将企业社会责任内容界定为经济底线、社会底线和环境底线，经济底线是指企业获取利润的能力，社会底线是指企业重视人力资本、关心社会公平正义，环境底线是指企业必须采用环境友好型的发展方式将其经营活动对环境的不利影响降至最低。企业承担社会责任除了应对股东负责外，还应该考虑与员工、客户、供应商、金融结构、社区、政府机构、政治团体、贸易协会和工会等各方利益相关者的关系。利益相关者理论在现代组织管理和商业伦理中起到重要作用，强调在法律范围之外，公司应负有超越股东利益的责任。利益相关者理论不仅融入企业社会责任的概念中，而且成为企业社会责任框架的重要组成部分，在现代组织管理和商业伦理中扮演着重要角色，并被广泛应用于企业社会责任实践中。

2.2.2 平台企业社会责任的内涵和范畴

平台企业有别于传统企业，更具复杂性和特殊性。它是一种以互联网为基础，以服务用户为核心，以低成本整合资源的一种新型企业组织方式。现有研究对平台企业社会责任内涵有诸多不同界定。Tiwana等人（2010）把平台企业看成一个生态系统，它包括了平台内部的设计、治理和外部要素。罗珉和杜华勇（2018）认为平台扮演着生态领导者、资源分配者、关系协调者以及市场中介者等多种角色。王晨阳（2021）指出平台公司在市场上既有"经纪人"的作用，又有"社会人"的作用；既有作为媒介的作用，也有作为社会纽带的作用。肖红军和阳镇（2020）将平台企业与传统企业进行了比较，得出了平台企业在社会责任方面的特征：异质性、圈层性、虚拟性、复杂性和多元参与性等特点。Iansiti和Levin（2004）、Ceccagnoli等学者（2012）将平台企业社会责任视为针对市场、双方用户，以及平台间的多种服务与政策。Daniel和Marcelo（2017）认为平台企业已经成为一个相互协作的共生演化关系，并且他们强调在平台企业的社会责任实践中，应该更加注重"参与性""合一性""共生性"。因此，与传统企业社会责任相比，平台企业社会责任的范畴更加广泛。为了明确平台企业具体应承担哪些责任，基于Carroll的金字塔模型，有学者将平台企业社会责任分为法律责任、经济责任、道德责任和义务责任四个部分。法律责任指平台企业要遵守法律法规；经济责任指平台企业需要盈利并提供就业机会；道德责任指平台企业要为股东、平台经营者、消费者、员工、社区等提供权益保障；义务责任则指平台企业承担社会福利和公共利益的道德义务。辛杰等人（2023）分析认为平台企业社会责任与传统企业社会责任的区别在于：平台具有双边或多边特性、圈层性、虚拟性、复杂性和多元参与性，并由此提出更加契合于平台企业的生态化治理模式，即基于"生态—使命—组织—关系—治理"的平台企业社会责任场景化实践路径。

陈晓燕（2018）以短视频平台为例将平台企业社会责任的构成要素区分为经济责任、法律责任、文化责任、道德责任和公益责任。随着研究的深入，更多学者开始从企业角色划分的角度将企业社会责任划分为不同的层次，李伟阳和肖红军（2008）按照责任约束程度将企业社会责任区分为必尽之责任、应尽之责任和愿尽之责任。必尽之责任包括经济责任和法律责任；应尽之责任包括道德责任，即企业的行为遵循社会道德规范；愿尽之责任指企业自愿为社会做出贡献，是企业价值的重要体现。随着研究的不断深入，最近三年，一些学者开始从多角色的视角对平台企业社会责任的范畴进行分析。肖红军和李平（2019）从平台企业的三种角色（独立运营主体、商业运作平台和社会资源配置平台）出发探讨了平台企业应承担的社会责任，包括底线责任、合理期望责任和贡献优势责任。底线责任要求平台企业必须合法合规，符合社会规范；合理期望责任要求平台企业要回应社会公众和各方参与者，解决社会问题并实现更广泛的社会参与；贡献优势责任要求平台企业要发挥自身优势，增进社会福利。汪旭晖等人（2020）从平台角色出发将平台企业分为平台运营者、生态系统管理者、基础设施提供者，分别承担对应的社会责任。朱晓娟和李铭（2020）提出，平台企业社会责任内涵的界定应考虑平台所处的社会环境、经济发展水平、平台企业的复杂身份和运营方面的特殊性。黄慧丹和易开刚（2021）从独立经营者和平台经营者的角度界定了平台企业的社会责任范围。独立运营主体要履行合法责任、平台质量责任和高层次功能责任，平台运营主体要履行准入审查、用户行为规范和责任生态建设责任。张琦等人（2021）基于企业生命周期理论，认为平台企业在初创期、引爆期、成熟期和衰退期具有不同的发展目标，公众对不同阶段的企业寄予不同的期望，因此需要动态界定社会责任。王仙雅和吴珍（2023）将短视频平台企业社会责任分为底线责任、合理责任和贡献责任，底线责任指确保平台内容合法合规、符合公序良俗的责任，合理责任指尽可能满足社会合理期望的责任，贡献责任指将平台打造成解决社会难题的履责平台，从而创造更大社会价值的责任。

2.3 平台企业社会责任的履责现状

在当今全球经济格局下，平台企业作为新兴的经济形态和社会力量，其社会责任履行成为学术界和社会关注的焦点之一。平台企业的社会责任涵盖了多个方面，包括环境保护、劳工权益、消费者权益、社区发展以及治理透明等，其履责现状在不同企业和不同国家存在较大差异。第一，平台企业在环境保护方面的履责，主要体现在减少碳排放、资源利用效率提升和环保技术创新等方面。一些大型平台企业已经设立了环保部门或团队，专门负责制定环保政策和实施方案，例如，亚马逊推动清洁能源使用和减少包装废物的倡议，谷歌致力于提高数据中心的能效和使用可再生能源，阿里巴巴通过绿色物流网络和电子发票等方式降低碳排放。第二，在劳工权益履责方面，平台企业需要关注其内部员工和外部供应链中劳动者的工作条件和福利保障。一些先进企业建立了全面的劳工权益政策，包括最低工资标准、工作时间管理、安全健康保护和职业培训等。例如，苹果公司通过审查其全球供应链中的工作条件和环境，确保供应商符合公司的劳动标准；耐克推行供应链透明度计划，公开其生产商和合作伙伴的信息，以促进合作伙伴间的公平竞争和劳动力资源的合理配置。第三，在消费者权益方面，平台企业应致力于提供公正透明的产品和服务，保护消费者的权益不受侵害。例如，亚马逊和阿里巴巴等电商平台通过严格的产品质量控制和消费者权益保护政策，保障消费者在购物过程中的合法权益；谷歌和 Facebook 等数据驱动型平台则通过加强数据隐私保护措施，确保用户数据安全和隐私不受侵犯。第四，平台企业还承担着对社区发展和公益事业的责任，许多企业通过设立慈善基金会，开展社区服务活动和支持地方教育、医疗等领域，回馈社会和提升企业的社会形象。例如，微软通过其全球慈善基金会支持教育项目和数字包容性倡议；Facebook 通过社区援助和危机响应基金会支持全球社区发展和灾后重建工作。第五，在治理透明与社会参与方面，透明的治理结构和决策过程有助于公众监督和信任建立，一些企业通过公开年度可持续发展报告、定期社会责任审计和参与国际倡议等方式，提升其治理透明度和社会责任认知度。例如，苹果公司通过公布供应链责任报告和环境进展报告，向全球公众展示其在环境和社会责任方面的努力和成就。综上所述，平台企业在履行社会责任的过程中，面临着多方面的挑战和机遇。通过在环境保护、劳工权益、消费者权益、社区发展和治理透明等方面的持续努力，平台企业可以在商业发展的同时，实现社会效益的最大化，推动整个行业向着可持续发展的方向迈进。

Sheldon 在 1924 年提出"企业社会责任（CSR）"这一概念，学者主要围绕"负什么社会责任""为何履责""如何履责"等方面展开研究。有关平台企业社会责任的研究，最初主要围绕电商平台展开，随着平台企业的迅猛发展并逐渐渗透到社会各大领域，学者开始探析平台企业社会责任的履责方式及治理范式等内容。平台企业履行社会责任不仅包括自身履责，还包括推动其他相关者符合社会责任要求，肖红军和李平（2019）将平台企业分别作为"独立运营主体""商业运作平台""社会资源配置平台"三个层次来履责。

Porter 和 Kramer（2006）将社会责任履责范式分为战略性企业社会责任和回应性企业社会责任。肖红军（2017）将平台化履责方式分为独立自履范式、合作自履范式、价值链履责推动范式以及社会履责撬动范式四类。辛杰和屠云峰（2020）指出通过撬动平台内各个成员的资源以及社会资源，进而打造可持续的平台企业社会责任生态圈，是平台企业履行社会责任的关键。邢小强等人（2021）认为平台化履责模式分为三个部分：平台嵌入、平台拓展和平台优化，主要包括平台用户基础、大数据和智能算法的运用、平台扩展价值网络、建立定量的业绩考核指标等。肖红军和商慧辰（2022）通过分析当今数字企业社会责任发展过程中存在的问题，指出数字企业可持续发展必须从强化社会责任融入、深化全面责任管理、加强责任制度供给、建设良好责任生态和构建"三位一体"模式等出发进行履责实践。Shao 等人（2022）认为企业的业务转型伴随着认知结构的不断调整，不再单纯追求业绩，而是不断实现用户和社会的期望，因此，企业必须基于大数据技术，通过细分消费者需求，进而更好地履行社会责任。

2.4 平台企业社会责任的治理现状

2.4.1 平台企业社会责任治理的演变历程

平台企业社会责任治理经历了从被动到主动、从单一到多元的实质性转变。治理不再是简单地回应某项失德事件或单纯的捐款捐物，而是将平台企业社会责任治理融入企业发展战略，将践行平台企业社会责任作为赢得消费者市场和获取公众信任的核心竞争优势。有学者提出平台企业社会责任治理需要平衡双边用户的利益和地位。还有学者认为平台是商业生态系统和社会生态系统的耦合体，平台企业社会责任治理要最大限度实现可持续性价值共创和社会资源优化配置。平台企业社会责任问题不但是市场范畴的经济问题，而且是公共范畴的社会问题。一些学者提出多中心协同治理模式，强调不同层面应联合不同治理主体进行协同治理，引导社会组织、大众和媒体共同参与。辛杰等人（2023）基于原子视角分析了平台企业社会责任相关研究及其演进过程，得出了企业社会责任由单体演化到群体，最后演进到网络的语境变迁，同时企业社会责任治理也呈现出"点—链—

群—网"的特征。除此之外,还有学者提出分层与跨层治理、跨生态位互治与网络化共治、平台生态化治理等。在具体治理机制上,学者提出平台门槛机制、认证机制、激励考核机制、监督惩戒机制等,并归纳了平台嵌入式、平台嫁接式、平台撬动式和平台创新式四种实践范式。

2.4.2 平台企业社会责任治理的主体

在平台企业社会责任治理主体方面,逐渐由原有的单一企业组织、供应链组织或集群联盟组织转向基于互联网平台企业的多元社会主体共同参与的"社会责任治理共同体"与"共益生态圈"。阳镇和许英杰(2018)从治理主体、治理客体、治理目标、驱动力量、治理结构等方面分析了传统社会责任治理和平台经济背景下社会责任治理的区别,其中传统社会责任治理主体由企业或政府单一主体组成,而平台企业社会责任治理主体则由平台企业、政府、利益相关者和社会公民与组织共同组成。肖红军和李平(2019)指出,平台企业社会责任治理主体存在多元性,包括平台企业、卖方和买方等生态圈成员,以及政府部门等多元社会主体。浮婷和王欣(2019)认为平台企业社会责任缺失和异化等一系列不良现象反映出平台企业社会责任治理主体缺位等问题,并指出应打造社会责任治理共同体,其中既包括平台企业和政府等实体性治理主体,还包括虚拟经济组织等虚拟性网络空间治理主体,共同推动实现平台企业社会责任生态圈的可持续性。曹倩和杨林(2021)指出,平台企业社会责任治理需要平台企业、其他企业、政府以及公众等不同主体共同参与并发挥各自作用,基于公平和效率目标,实现多主体网络共治。

2.4.3 平台企业社会责任治理的模式

学术界对平台企业社会责任治理模式的研究,主要经历了原子式、链条式和网络式三个阶段的演变。原子式治理包括个体自治、政府治理和社会治理三种点对点式的方式;链条式治理则建立在传统利益机制之上,发展出了具有双边治理特点的责任契约机制、责任激励机制、责任赋能机制和责任监督机制,其结构又可分为单链式、树权式和多链式三种形式;而网络式治理则通过建立平台企业主导的"自主性社会责任联盟"或政府主导的"参与式社会责任联盟"来进行多主体协同治理。除此之外，汪旭晖和张其林（2015）通过案例研究，提出了"平台—政府"双元管理范式，平台设立专门的监管机构处理双边用户的违规行为，政府监管以法律手段为主，平台监管与政府监管在法制框架下形成互补。曾雨滴（2016）提出了"社会责任会计五力模型"，即通过法律约束力量、政府监管力量、企业自律力量、社会舆论监督力量、第三方评价力量对互联网企业社会责任进行监督和反馈。晁罡等人（2017）提出了平台企业社会责任杠杆天平模型，该模型探讨了平台企业可以通过调整其社会责任治理方式来适应双边用户相对地位的变化。王勇和冯骅（2017）提出了平台内部私人监管和平台外部公共监管相结合的双重监管体系。

阳镇（2018）认为平台企业社会责任治理模式应该由供应链治理走向网络化治理，供应链治理模式下社会责任呈现单向传导特点，网络治理则在网络成员合作的基础上，通过审核监管、考核认证、声誉激励实现对用户行为的治理。浮婷和王欣（2019）提出了平台企业社会责任治理共同体机制。该机制要求平台企业应针对不同生态成员进行分层分类和差异化治理，以规范和管理平台生态圈内的社会责任。肖红军、李平（2019）将生态化治理理念与方法进行社会责任领域的深度应用和二次创新，提出包含分层次和跨层次治理、个体、情境与系统的全景式治理、跨生态位互治和网络化共治在内的生态化治理模式。江旭晖等人（2020）提出平台企业在社会责任治理中应当从三个角度出发。首先，平台企业作为平台运营者，应该在平台内容的治理中平衡经济价值和社会价值；其次，作为生态系统管理者，平台企业应该从用户审核、素质提升、分类惩处和分层培育等四个方面进行治理；最后，作为基础设施提供者，平台企业应该建立一个健全的网络信息内容生态系统。易开刚和黄慧丹（2021）研究了两家平台企业的社会责任治理实践，提出了"目标协同—供需协同—横向协同—纵向协同"的协调治理模式。这个模式强调平台企业在治理过程中需要达到战略导向和目标一致，根据发展规律动态调整治理模式。陈俊龙和王英楠（2021）提出了多元协同治理模式的构建，这种模式要求将政府、平台企业、社会公众、公共媒体和第三部门等多个方面纳入治理体系，以实现更加协同的治理效果。阳镇等人（2021）提出了针对平台企业作为独立运营主体和商业运作公共平台的双元属性的治理模式，其中包括责任型领导赋能式、用户参与共创式和商业生态圈撬动与牵引式三种创新模式。

2.4.4 各类平台企业社会责任治理的措施

1. 电商平台的社会责任治理措施

电商平台以京东平台为例，在平台生态治理上，对于商品销售环节，京东建立起覆盖全领域所销售商品及商品销售行为的安全防控体系，加强综合质量控制、平台治理、线上维权和品牌保护，涵盖知识产权保护、食品安全、药品安全、禁售限售商品四大领域，如对入驻平台商家的资质标准查验、商品抽检、假货问责、违规管理。2019年，京东签约"京东质量督查联盟"，开始实施商品质量指数筛选、溯源检查、入仓检测、神秘抽检四大举措，全面强化全链条的品质管控。对于平台广告乱象问题，京东制定了严格的广告审核规则，不断完善广告内容安全规则，并通过人机审核、巡检机制、广告主审核、广告主培训以及定期调研等形式，确保广告宣传无隐瞒、夸大、欺骗等行为，保障广告宣传内容的合规、真实、准确。2022年，京东拦截违规广告1000万条以上，向广告主开展了62场关于广告合规相关的培训，覆盖近万名广告主。为进一步维护消费者权益，提升用户购物体验，京东集团在行业内率先推出"价格保护"服务，并根据不同产品类别，设置差异化价格保护标准。目前，京东自营除黄金和虚拟商品外，绝大多数产品均支持价格保护，自营产品整体覆盖率超过98%。2022年，"双十一"期间，平台超过5亿件商品享受30天价格保障，惠及人次逾3.8亿。在平台科技创新方面，京东通过技术创新，优化了供应链整体质量，提升了与品牌商进行供应链协同合作的效率，实现了订单的智能补货，使得产品的库存周转天数降低9.9天，滞销库存降低27.6%，现货率提升4.2%，实现了现货率提升、库存周转变快、履约效率提高、运营成本下降的目标，进一步满足了更多行业的个性化需求。

在技术人文关怀方面，京东持续优化App"长辈模式"，精简信息及操作流程，并成立长辈客服专属团队，对服务标准进行适老化升级，优化"京东家医""线上/电话问诊""上门护理"服务，通过一系列适老化升级帮助长辈跨越数字鸿沟。为应对用户的心理危机，京东于2020年推出"生命通道"项目，建立心理健康预警机制，通过大数据实时预警、热线劝阻，紧急情况下联动警方介入阻断。截至 2022 年年底，该项目在 574 起案件中救助了有轻生倾向的用户。在社会公益行动方面，京东依靠其数字化运营能力和实践经验，推动业务优势与慈善事业深度融合，积极参与赈灾援助及灾后重建，开展健康诊疗、药物捐赠、弱势群体帮扶等方面的公益活动，如京东健康"罕见病关爱计划"、"早安天使"基金、关注早产儿健康成长、"宝贝寻亲文件封"计划。在乡村发展扶持方面，京东通过产业发展、人才培育和基础设施建设促进贫困地区经济发展，如携手农户推出宿迁霸王蟹、修文猕猴桃、黔阳橙、宽城板栗等一系列高品质地标农货产品，为脱贫县基层干部、企业人员和青年群体开展电子商务培训和农业技术培训，为西藏公共物流仓储配送中心和配送站点等提供冷链物流基础设施，极大地促进了较落后地区经济的发展。

在创新绿色服务方面，京东投入大量资金研发低碳技术，包括绿色循环低碳包装、减量包装、减少不可降解耗材使用等。为加强绿色产品销售，京东联合各大品牌推出"青绿计划"，发售 300 万款绿色商品，并通过升级货品低碳资质和青绿积分，持续为用户提供"绿色商品"。为引导消费者绿色消费，平台页面设置了智能推荐功能，并为用户开设碳账户，用户可以利用账户中的碳能量兑换青绿专属优惠券、品牌定制环保好礼等。为提升供应链的适应性，京东积极发展清洁能源，推广低碳技术与新能源设备应用、资源利用与循环再生，打造智慧低碳物流园区，开展新能源智能换电站建设，将节能减排延伸至物流配送的"最后一公里"，携手供应链上下游伙伴实现联合减碳，推动供应链端到端的绿色化、环保化。截至 2022 年年底，循环青流箱已在 30 个城市常态化投放 20 万个，已累积投放 2000 万次。在物种保护行动方面，京东主动参与保护、恢复和促进可持续利用陆地生态系统相关项目，将生物多样性考量纳入项目的全生命周期，助力构建生态环保命运共同体。例如，平台严格禁止商家开展野生动物非法交易，并对平台商家可能涉及国家重点保护动物或明令禁止交易的野生动植物相关商品，以及可能用于捕捉野生动植物的捕猎工具进行下架处理，积极助力生态保护与生态文明建设。

2. 短视频平台的社会责任治理措施

短视频平台以抖音平台为例。在平台生态治理方面，针对平台出现的"侵权违法""血腥暴力""庸俗媚俗""歪曲红色经典"等问题，短视频平台开展了全方位的社会责任治理行动。例如，2018年抖音联合社会各界共同制定"抖音社区公约"，成立社会责任部门和安全中心，开展色情与暴力专项治理行动。对于抖音平台的商家管理，抖音平台建立了完善的治理体系，对电商的准入资质、行为规范、交易中的责任义务等建立明确规范，引导电商建立正向价值观，及时校准经营行为。2022年，抖音平台加大在电商内容、商品、消费者权益等方面的治理力度，全面打击夸大虚假、粗制滥造等低质电商内容，还针对商品开展"低价引流不发货"、打击"三无商品"等专项行动。在技术人文关怀方面，抖音平台持续重点关注青少年、老年人和障碍人群，通过产品优化和加大优质内容供给，帮助他们更安全、健康、便捷地享受数字生活。例如，在产品和服务上践行青少年保护制度，严格落实实名制和防沉迷制度，细化产品功能，给青少年提供更长远的保护和引导，完善青少年保护体系。抖音平台通过"老友计划""智慧助老教育""产品适老化改造""老年客服专线"等助老项目，上线长辈模式、青松保护、老友专线、小安陪伴等功能，开发出更易于老年人理解和操作的产品；广泛开展用网技能的教学指导，多方位搭建老龄群体友好平台，帮助老年人健康安全用网，实现我国"积极老龄化"战略。为了让视障、听障等特殊群体享受更自由的数字生活，抖音持续改进产品的无障碍适配，在不同的产品中上线护眼模式、色弱模式、读新闻、听小说等功能。在行业共享共建上，一方面，抖音平台参与制定《行业特色优质内容指南》，鼓励各行业商家和达人依据标准创作短视频，坚持行业规范、健康发展，确保服务质量在行业内保持高质量水准。另一方面，店铺有主动搭建行业交流平台。例如，2022年6月，抖音开展"安全范儿技术沙龙"活动，就如何应对安全风险、促进行业经验分享等问题进行交流，帮助安全人才成长，共同完善信息安全生态。2022年8月，字节跳动安全中心联合国内外多家知名安全企业共同举办6场主题分论坛，从元宇宙安全、金融安全、网络安全人才培养等多个方向展开话题，以最高质量的技术碰撞引领产业变革，助推行业在社会公益行动方面，抖音平台上线超过 2600 个公益项目，邀请了 1372 家公益组织入驻。例如，"抖音寻人"项目，抖音平台依托地理位置精准弹窗技术，与广大志愿者一同帮助失散家庭寻找走失者。抖音平台依托自身产品能力，提升灾害预警与救助效率，在应急救灾领域开通多个捐赠入口，上线灾害应急信息平台，为灾区用户及时发送预警信息和应对措施。以"壹基金海洋天堂计划"为代表的一些聚焦孤独症群体的公益项目，通过抖音平台筹款的人次超 70 万，筹款金额超 600 万元，这些善款都将助力更多帮助孤独症患者及其家庭的行动落地实施。在乡村发展扶持方面，抖音平台通过产业助农和人才扶持助力乡村发展。例如，"山里DOU是好风光"通过赋能本地文旅达人和商家，打通线上种草与线下体验，助力乡村文旅发展，快速并持续产生市场影响力，提升村民收入。"山货上头条"项目通过优质内容和平台技术，连接需要被看到的农特产品，以及拥有潜在购物需求的消费群体，让地方特色农货走向大江南北。"乡村守护人"项目建立乡村发展的资源合作和互补平台，共同推动乡村产业升级、乡村文化传播、乡村人才孵化、农业信息技术普惠。"乡村英才计划"面向乡村发展的主体，为企业、创作者和青年学生提供商业管理、数字营销和产业数字化等相关的技能和素养培训，为乡村培育专业化高技能人才。在正向文化弘扬方面，对于传统非遗文化，抖音平台重点依托"DOU有好戏"计划、"DOU有国乐"计划为传统戏曲、民乐打造第二舞台；依托"看见手艺计划"推动平台上的非遗产品销售，通过直播、短视频等形式助力非遗技艺传承；依托自身技术优势和产品能力，在古籍修复、古籍数字化、古籍活化三方面助力古籍保护与传承。此外，抖音平台还利用平台的传播优势宣扬社会主义核心价值观，引领主流文化。

在低碳环保宣传方面，抖音平台激励知识创作者生产绿色科普视频，并结合世界地球日、生物多样性日、世界海洋日等发起主题活动，丰富和传播绿色知识内容。通过专业口播讲述、公益微纪录片、深度访谈对话等形式，为大家在线答疑解惑，科普公益项目知识，如碳中和科普节目《低碳新世界》。在物种保护宣传方面，为解救流浪动物的困境，抖音平台鼓励博主创作剧情演绎来呼吁大众关注保护流浪动物，并在视频中发起"让流浪动物返航回家"的公益捐助。在物种保护行动方面，为支持野生动物保护事业，抖音平台累计在公益模块为阿尔泰山野生动物捐款490万元；在"抖音自然"项目中上线了三江源雪豹保护地、黄泥河东北虎保护地、深圳湾红树林保护活动，带领了2500万人参与守护；相关团队还组织开发"蔚蓝力量（BLUEUP）"App，用以珊瑚保护定位和标记。

3. 种草平台的社会责任治理措施

种草平台以小红书平台为例。在平台生态治理方面，小红书平台以内容整治与规范为工作重点，在"虚假种草"专项治理中对品牌及线下商户进行封禁。2021年，小红书平台全年治理引流售假笔记超53万篇，封禁账户10万多个，总共覆盖502个品牌。目前，小红书平台采用"专项治理"和"常态化治理"相结合的形式，加大对违规行为的治理力度，同时上线搜索提示和笔记提示功能，利用多个策略模型，对评论区违规评论内容等进行管控，持续打击不法行为。在平台科技创新方面，小红书平台采用基于用户行为的个性化推荐算法，根据用户的浏览历史、购买记录、点赞、评论等行为数据，分析用户的兴趣爱好和购买需求，为用户推荐更加精准的商品。此外，小红书平台还会根据用户的地理位置和时间等因素进行推荐，例如，在冬季推荐保暖服装，在夏季推荐清凉用品等。小红书平台推荐机制并不是一成不变的，而是会根据用户的反馈和数据进行不断调整和优化。例如，当用户反馈某个商品不感兴趣或者购买后发现与自己需求不符时，小红书平台会记录这些反馈并将其用于算法调整和优化，从而更好地满足用户的需求。在技术人文关怀方面，为了让视障用户更好地使用和融入小红书，帮助他们在社区中顺畅地获取信息并表达自我，小红书在更新版中适配了旁白辅助功能，通过对无障碍能力的加强，帮助残障人士在小红书中感受美好生活，共同营建一个面向所有人的积极向上的内容社区。此外，小红书平台还与多家专业心理机构联合发起"暖心行动"，为有需求的公众提供7×24小时的免费心理辅导。

在社会公益宣传方面，小红书平台上线"小红书好事发生"社区，它利用平台的影响力，策划了高频、多元的公益好事项目，与站内外联动品牌、公益组织机构、媒体，以及社区用户形成了联动。例如，小红书平台举办了以"谢谢你，导盲犬"为主题的城市公益展，特设多处创意打卡区域及富有趣味的互动环节，旨在吸引公众目光，聚焦视障群体，增进社会对导盲犬重要性的认识与接纳。为了号召更多人参与公益，小红书平台邀请了《环球时报》、小红书公益部门的相关负责人以及那些亲身投身乡村支教的实践者，作为用户代表进行多视角的公益故事分享。他们通过讲述公益旅程中那些触动人心的真实故事，激发了更多用户加入。在社会公益行动方面，小红书公益在全国助残日和全球无障碍宣传日到来之际，携手中国残疾人福利基金会——乐平公益基金会·残障融合实验室，共同发起了"大家小事"公益行动，借此唤起社会各界对残障群体的关怀，推动无障碍理念深植人心。在"好事发生'社区改造计划'"活动中，对三家向"好事发生"项目发出改造需求的小店进行公益包改。在乡村发展扶持方面，小红书平台推出了"乡村工坊"品牌项目，项目借助平台流量、达人资源，链接资源重点支持特色乡村的手工艺发展，扶持培养具有创造力的乡村带头人，促进非遗及传统手艺的地区间交流和代际传承，带领当地留守村民改善生活状况。在"乡村漫游"项目中，小红书平台与一百个欠发达县域乡村达成合作，重点发挥平台的文旅种草能力，以平台公益流量赋能村庄，通过线下设计改造、线上营销推广和在地创作者培训等方式，打造文旅引流点，带动村落周边业态的繁荣发展。

在物种保护宣传方面，小红书借助平台的流量优势，进行物种保护宣传。例如，来自广西师范大学的"石山精灵"科普团队运用小红书账号向用户科普了白头叶猴的外部形态、栖息环境与分布、繁殖方式、生活习性、食性、声音通信以及一些相关的法律知识，呼吁大家保护白头叶猴。这对提高生物多样性，保护珍稀物种具有重要意义。在低碳环保宣传方面，小红书平台鼓励创作者创作相关视频，例如，清华大学公共管理学院博士研究生包埔含在科考期间，每天利用休息时间制作短视频，在小红书平台记录科考过程，讲解环保知识。中国科学探险协会极地科学探险专业委员会温旭通过小红书平台直播讲解气候变化对冰川的影响。在低碳环保行动方面，小红书平台加入由世界自然基金会及相关协会和企业联合发起的"可持续旅行联盟"，致力减少塑料垃圾污染、减少食物浪费，并通过更多的技术与资源投入，在具体生态项目中深度践行可持续旅行。

4. 旅游平台的社会责任治理措施

旅游平台以携程平台为例。在平台生态治理方面,携程平台依法开展"清朗·打击流量造假""黑公关""网络水军"专项行动,严厉打击损害网民合法权益,扰乱网络舆论环境,破坏公平竞争的市场秩序的行为,例如,"刷分"控评、"刷单"炒信、"刷量"增粉、"刷榜"拉票等流量造假问题,"网络黑公关"乱象(恶意营销、假仿冒盗用账号、发布编造虚假和误导性信息);"网络水军"信息、账号及操控平台现象,为用户创造清朗的网络空间。在技术人文关怀方面,携程平台认识到老年群体在智能应用方面感知度不强和产品理解困难的问题,推出了"App 关怀版",为老年群体提供专属关怀,如专属视觉(页面设计)、专属功能(文字朗读)、专属服务(跟团游)、专属热线(免前置、一键抵达人工客服)。为确保旅客出行安全,携程平台推出"全国旅行 SOS 平台",平台中的服务资源涵盖全球 100 万家以上的医疗合作机构,服务语言升级至 24 种,为全球用户提供紧急援助,处理行程中的突发状况等。

在社会公益行动方面,携程平台打造了国内首个旅行公益平台,资助了多个公益项目。例如,在全国实施"致敬热浪逆行者"活动,为导游、环卫工人和建筑工人等热浪逆行者提供免费饮用水和避暑纳凉场所;通过"携爱回家"春运公益计划为医护人员报销错峰返乡路费;在云南、江西和海南等地建立"携程志汇护航梦想教室",为偏远地区儿童提供先进的教育资源。在乡村发展扶持方面,携程集团启动"乡村旅游振兴"战略,通过发展旅游业、打造农庄、培育人才、创造就业机会、增加流量曝光等方式,促进乡村发展。在旅游业上,携程于 2019 年上线了"携程壮美山河扶贫频道",该频道包含了汪清县、灵寿县、田东县等扶贫县特色旅游路线。在农庄打造上,携程平台将规模化落地农庄与文旅相融合,为乡村旅游提供基础支撑。在人才培育上,携程平台成立了乡村振兴学院,持续开展培训活动,培育和孵化乡村旅游人才,带给当地更大的发展空间。在就业上,农庄为当地村民提供了大量的就业机会,为年轻人提供了"回流"乡村的机会。在流量曝光上,携程平台依托乡村振兴学园项目、乡村旅游产品体系推出《心动旅行》《边走边唱》等旅行微综艺,成功获得了数十亿级的曝光量,极大促进了乡村旅行和生活方式的推广。

在创新绿色服务方面，携程平台推出"绿色酒店"和"绿色飞行"相关专题，并在 App 中上线"绿色住""绿色飞""绿色行""绿色差旅"等环保产品，鼓励用户选择低碳出行。据统计，2022 年，携程租车累计服务 20 万位绿色出行用户，每年新能源订单以 130% 的增长趋势发展，累计减少的碳排放相当于种植 27 万棵树，可见绿色服务极大地促进了绿色出行。在低碳环保宣传方面，在 2023 年世界环境日期间，携程平台发起"绿色引力"永续旅行项目，建立低碳旅游概念宣传平台，呼吁旅客实践低碳生活方式，号召游客共同加入可持续旅行，鼓励他们从减碳、减塑等多个层面参与。此外，携程平台推出《行走的绿色》宣传片，呼吁旅客享受更低碳、更美好的旅行，促进可持续旅行的发展。在物种保护宣传方面，携程平台与中国野生动物保护协会、野生救援组织等一同举办了"旅游行业抵制非法野生动植物非法贸易自律公约倡议活动"，作为行业内首个企业签署了《旅游行业抵制野生动植物非法贸易自律公约》，并通过加强员工训练和旅客引导，推动野生动植物保护科普宣传，帮助民众增强保护野生动植物意识。在物种保护行动方面，携程平台积极参与生物多样性保育工作。为保护海洋生物，携程平台启动我国首个热带"海洋牧场"项目，多次实施造礁石珊瑚移植和培育苗圃修建工作。目前，该项目已经修复了近 4 万株珊瑚，修复面积达 5 万平方米。此外，携程平台还积极参与动物救助，投入专项基金提升动物福利、成立动物救助小组、分享先进技术繁育保育海洋濒危生物、开展海龟科普展和打卡赛。

5. 外卖平台的社会责任治理措施

外卖平台以美团平台为例。在平台生态治理上，美团平台致力于打造公平的平台规则，将平台规则、用户协议、隐私政策、消费者权益保障及普法专栏等内容集中展示，并建立意见征集专栏和违规公示板块，广泛征求用户和商家的意见建议，将商家违规行为及处罚措施信息及时公示；为处理商家和用户的争议问题，美团平台上线了"小美评审团"公众评审机制，让美团用户化身"裁判"，通过订单详细信息客观评审，促成公平、公正的结果；对于黑灰产等违法犯罪行为，美团平台秉持"零容忍"态度，持续完善防护体系，并协助公安司法机关加大对各类案件的打击力度，致力于创造更安全、更健康的网络环境。在平台科技创新方面，美团平台持续加强对科技研发的投入，将科技与生活紧密融合，不断优化产品和服务。例如，无人机低空物流产业，实现了多场景、多气候的城市低空物流配送，升级版自动配送车实现了不同业务场景的配送需求，提高了配送效率。目前，美团配送车已覆盖北京市顺义区 100 多个社区，每日配送数千单。在技术人文关怀方面，美团平台关注数字化浪潮中老年人和弱势群体的困境，通过助力孝心经济、完善适老化产品、服务特殊人群等举措，帮助他们解决在数字化生活中遇到的困难。2023 年，美团平台上线"随申无碍"聚合入口，用户搜索"随申无碍"即可享受餐食、居家照护、养老机构、心理咨询等服务。为帮助特殊群体商户，如盲人商户，美团平台联合中国盲人协会发起"看见数字化"盲人商户关爱行动，上线运营"盲人版商户通"，并为盲人商户提供低门槛、零成本的营销推广渠道和标准化的互联网经营培训。在产学研一体化发展方面，美团平台依托丰富的业务场景、数据资源和真实的产业问题，与来自国内外近 50 所知名高校及科研机构开展约 200 个科研合作课题，有多项技术成果在不同业务场景落地应用，加速推动产学研合作交流与落地，并在高校开设课程，为在校学子还原真实的产业环境和挑战性实践场景，让知识更早在实践中发挥价值，为科技人才培养助力。

在社会公益行动方面，美团平台积极参与应急救援。2023 年，台风"杜苏芮"使多地因暴雨受灾严重。美团平台与公益机构等合作，支援北京门头沟、房山及河北等受灾严重地区群众的救灾物资、生活安置和灾后重建等。为帮助乡村儿童发展，美团平台联合壹基金为乡村校园建设多功能操场，2023 年的"家乡捐"活动已经为全国 29 个省（自治区、直辖市）捐建操场。在乡村发展扶持方面，美团平台将乡村产业振兴、人才振兴与平台业务紧密结合，助力农村居民生活水平提升。例如，美团平台通过建设生鲜农产品冷链物流等体系，帮助优质农产品从原产地直达全国市场；借助"网购节""中国农民丰收节""年货节"等大型网络购物节日，举办多种促销展销、采销对接、直播带货活动，为农产品提供更多曝光机会和流量；为农商开展新型培训，提升其专业水平；通过增加如商品选品、加工、供应链、物流运输等传统岗位，培育电商运营、水果测糖师等新兴岗位，为乡村青年带来"家门口"的就业新机会。在正向文化弘扬方面，美团依靠平台优势服务中华老字号，通过"中华老字号数字化发展专项行动"，将传统经典美食品牌与数字化手段结合，助力老字号持续健康发展。例如，为中华老字号门店标注了"中华老字号"官方标签，为老字号提供餐饮零售化咨询服务，共同设计、开发和生产符合当下消费趋势的预制菜产品、烘焙产品，支持老字号的品牌创新，发挥老字号长久以来的品牌价值，助力老字号的经营与传承。

在低碳环保宣传方面，美团借助平台优势号召用户践行低碳生活，例如，美团平台借助世界粮食日开设节约粮食主题直播间，限时售卖各餐饮品牌单人套餐，通过有奖问答、直播抽环保礼品等形式倡导大家适量点餐；在全国各省市开展"绿色出行"活动，呼吁公众用实际行动参与绿色健康出行，共同传递文明力量。在创新绿色服务方面，美团平台推出"青山计划"，围绕绿色包装、低碳生态、青山科技、青山公益四大板块持续探索解决方案。例如，成立餐饮外卖绿色包装应用工作组推动绿色包装，上线美团碳账户鼓励消费者绿色消费（按需点餐、选择"无需餐具"），携手行业协会及商家践行反餐饮浪费，外卖餐盒回收利用和废弃物无污染化管理。

2.5 价值创造视角下的企业社会责任研究历程

价值创造视角下，学术界关注的焦点在于履行社会责任能否创造价值、能创造何种价值，以及如何创造价值。最初，学者仅关心履行企业社会责任能否创造经济价值，将企业社会责任与财务绩效相联系，认为履行社会责任会增加成本，但有实证研究发现，长远上看履行企业社会责任能带来经营业绩的提高。随着共享价值概念的提出，学者开始聚焦社会问题中蕴含的商业机会，探索如何实现社会与企业的双赢。Porter和Kramer（2011）认为解决社会问题不应成为企业的负担，要通过寻找社会责任议题创造多方受益的共享价值。一些基于具体案例的研究结果表明，共享价值企业社会责任范式确实能提高企业财务绩效和社会环境绩效，并且企业经营行为与公益行为结合得越紧密，越有利于提高公益项目的效率，降低公益成本。然而，也有学者对共享价值企业社会责任范式提出怀疑和批判，认为它并没有真正解决社会问题，只是选取了商业利益和社会利益的共赢情境进行履责，忽略了二者的相冲情境或权变情境，是更精致的利己主义。因此，如何以解决社会问题为根本，治理企业社会责任并创造多维价值，成为新的研究热点。肖红军（2020）提出共益均衡型企业社会责任范式，认为企业社会责任的价值追求不能局限于共享价值，而是要追求长期的共生共益，企业社会责任的实现方式应从寻找适宜的社会责任议题转变为社会责任根植模式和议题嵌入模式的高阶耦合。

宣晓和段文奇（2018）将平台企业价值构成分为基础价值和溢出价值，基础价值主要是指包括资产周转率、销售收益等体现盈利能力的财务指标，溢出价值则包括用户能力、要素协同能力以及宏观经济因素。平台企业价值创造从不同理论视角出发，以探析平台企业在演化过程中的价值生成、驱动因素和演化路径等，强调平台企业与利益相关者的整体价值。企业承担社会责任能否创造价值以及创造哪些价值，一直是学术界研究的热点。将企业社会责任研究和战略管理研究相融合的"战略性企业社会责任"认为企业可以从战略角度推动社会责任的履行，从而实现经济和社会价值，而共享价值观则强调企业可以将解决社会问题视为创造商业价值的机会，通过创造社会价值来创造经济价值。利益相关者协同视角确定了在战略上特别有效的新价值创造机会，因为单一的战略行动为两个或更多的基本利益相关者群体同时增加不同类型的价值，且不会减少任何其他基本利益相关者群体已经获得的价值。利益相关者协同视角将利益相关者理论进一步扩展到战略领域，并为实现更广泛的价值创造提供了见解，从而更有可能产生可持续的竞争优势。从企业社会责任演变到企业共享价值是一个十分漫长的过程，从CSR1.0到CSR3.5，企业更加强调相适应的经济效益和社会效益。Frow和Payne（2011）提出的共享价值理论认为，企业在为消费者提供经济价值的同时还应响应外部环境需求，为利益相关者提供社会价值、生态价值和可持续价值。共益企业是一种以经济与社会环境价值为双重组织使命的新型使命驱动型企业，在组织绩效方面能够实现双重价值创造的平衡与可持续。利用互联网技术进行数字化治理与创新，能够打造多元主体共存的平台社会生态圈，为解决社会问题和价值创造提供资源。研究发现，将企业社会责任嵌入美团的商业模式后，美团能够从行业引领者的视角发挥平台优势与作用，解决商业模式运转过程中所造成的各类社会问题，减少负外部效应，为社会创造更大的价值。字节跳动借助数字平台承担扶贫社会责任，帮助贫困企业和农户实现了收入提升、能力增强与关系拓展，创造了社会价值，同时为自身带来了新的商业机会、商业资源、商业能力与商业生态，实现了经济价值。周文辉等人（2018）以滴滴出行为案例研究对象，从数据赋能视角探讨平台企业数据赋能对价值共创的影响，结果表明平台企业数据赋能对价值共创具有正向促进作用。此外，企业在数字化转型过程中，通过推动企业履行社会责任，不仅能够降低企业成本，还能建立互惠生态网络，用社会效益反哺经济效益，提升企业商业价值的增值。企业家精神能够驱动企业主动识别环境、感知利益相关方的诉求并把握商业机遇，以此为利益相关方创造价值。综上研究可知，平台企业社会责任不仅能创造社会价值和环境价值，还能带来经济价值。

2.6　可持续价值与可持续商业模式

2.6.1　可持续价值的概念和范畴

关于可持续价值的研究目前较少，学术界目前也尚未形成统一定论。雷长群等人（2001）认为可持续价值的基本原理就是可持续发展系统的各子系统，如经济、社会和环境系统以最低的价值资源（成本、资本、费用）消耗，创造最大价值。Hart 和 Milstein（2003）将可持续价值分为清洁技术、可持续发展愿景、污染防范和产品经营责任四大要素，主要指向生态环境保护和社会公平正义问题。Yang 等人（2014）认为可持续价值是利益相关者从交易中获得的一系列利益，不仅包括货币利润，还包括社会和环境方面的利益。侯文华和刘吕园（2022）将可持续价值分为社会、经济和环境三个维度，并将其理解为三种不同形式的资本。由此可见，可持续价值与企业资源消耗、发展愿景、经营责任、污染防范、发展绩效相关，通常被划分为经济价值、社会价值和环境价值三个维度。平台企业在面对不同利益相关方的协同创造价值时，能够实现可持续竞争优势，并通过构建可持续商业生态圈推动社会的可持续发展。通过融合可持续性理念和企业社会责任理念，平台可持续性商业模式能够整合经济、社会和环境价值，并创造出综合价值和共享价值，从而为广大利益相关方创造可持续的价值。从利益相关者角度来看，可持续价值是企业将生产管理活动与可持续发展目标（环境保护、社会责任等）相结合，构建各利益相关方参与机制，挖掘不同发展阶段的机会而创造的价值，不仅包括货币利润，还包括社会和环境方面的利益。在此基础上，可持续价值可界定为"兼顾上下游企业价值，促进经济效益和环境效益融合，确保企业内外合法性"的一种价值追求过程。因此，可持续价值可以理解为企业充分利用自身的资源与能力，推动各方利益相关者构建价值网，共同创造经济价值、社会价值和环境价值，具体表现为增加共同利益、创造就业机会、改善社会福利、保护社会环境等。

肖红军等人（2014，2020，2023）认为可持续价值创造与企业社会责任贡献水平、内外部利益相关者、各类资源的优化配置、企业绿色技术创新有关。阳镇和陈劲（2021）把平台企业可持续的价值创造过程看作平台内以及平台所链接的社会场域中的多元社会主体主动参与更大范围的经济、社会与环境议题的过程。刘慧媛（2022）认为企业可持续价值原则上是通过不断实现利益相关者的特定社会期望，进行可持续性管理实现的。王浩宇（2023）指出企业增强环保投入和社会责任投资自觉性，有助于企业的长远发展与可持续价值创造能力的提升。李健和徐彩云（2023）强调企业在以可持续价值为目标的商业模式设计过程中需要考虑社会使命、双重目标协同（经济目标与社会目标）和社会创新这三个因素。蔡莉等人（2023）指出企业家精神能够为创新驱动创业主体创造可持续价值、实现高质量发展提供内在动力。袁广达和徐德越（2023）通过研究企业环境绩效管理能力，发现防范由环境问题导致的经营风险，能够减少企业生存的不确定性，创造长期的可持续价值。综上所述，企业可持续价值创造与社会责任贡献水平、不同利益相关方主体、资源优化配置、企业绿色技术创新、社会责任议题与目标协同、社会期望与使命、社会责任投资自觉性、环境绩效管理、企业家精神等多重因素有关。

Pless（2007）认为可持续价值调和了效率和企业责任之间的关系，因此，企业社会责任的承担有助于构建社会、经济与环境的和谐可持续发展，创造可持续价值。万锶锦（2019）认为企业履责不仅能实现自身的可持续发展，还能减少环境污染、满足多样化的社会需求，创造环境价值和社会价值。武佳媛（2022）发现美团平台在商业模式创造过程中融入企业社会责任后，能站在行业引领者的角度积极解决商业运转中的各种社会问题，创造社会价值。凌鸿程等人（2024）认为企业社会责任是发挥企业公共社会属性，承担企业对社会环境的公共价值，所以具有鲜明的公共价值与环境价值导向。因此，企业社会责任有助于创造社会价值和环境价值。

李志斌等人（2020）认为企业创造价值是其履行社会责任最根本的动力机制，社会责任能否为公司创造价值决定了企业是否愿意承担社会责任，以及履责到何种程度。因此，企业社会责任治理在实现社会价值和环境价值的同时，能否实现企业的商业价值尤为关键。徐万璐和裴潇（2020）通过研究企业履行社会责任的形式及其对企业价值的提升作用，发现履行企业社会责任能打造品牌忠诚度、加强竞争力，实现商业价值的提升。邢小强等人（2021）通过研究字节跳动发现其借助数字平台来承担扶贫的社会责任，不仅帮助农户实现了收入的提升、能力的增强与关系的拓展，还为自身带来新的商业机会、商业资源、商业能力和商业生态，兼顾了社会价值和经济价值的创造。战略性慈善、战略性企业社会责任则直接将企业社会责任与企业的商业战略及竞争力关联，把企业社会责任与企业核心业务活动紧密结合，强调企业履责动力源于企业自身的战略目标实现需要。随后，Porter 和 Kramer（2011）又提出"企业社会责任的履行在于创造共享价值"的共享价值观，即将社会问题视为创造商业价值的机会，企业可以通过创造社会价值来创造经济价值。美国共益企业实验室提出了"共益企业"的概念，Hemphill 和 Cullari（2014）认为共益企业既追求企业最大利益又谋求公共利益，最终实现整体利益目标，Stubbs（2016）则认为共益企业虽然以盈利为目的，但在运行过程中可以创造积极的社会与环境影响。

2.6.2 可持续商业模式

平台企业商业模式是平台企业在充满不确定性且边界模糊的互联网环境下，以平台为架构，通过产品制造与流通过程的数字化解构发现新的价值主张和商业机会，进而连接供需双方形成社群平台，并建设隔离机制来维护组织稳定和实现红利连接，这种社群模式更新速度快，具有极强的不确定性和不可复制性。关于平台企业商业模式与可持续价值创造之间的关系，有学者通过单案例研究对闲鱼平台进行分析，发现平台企业商业模式发展演进的过程就是价值创造的过程，初创阶段的平台企业通过价值探索实现价值主张，发展阶段的平台企业利用与顾客、合作伙伴之间的交互作用实现价值增值和传递，成熟阶段的平台企业通过整合内外部资源实现价值获取。基于平台企业商业模式动态协同过程则可以将其划分为"价值创造—价值获取—价值主张"三个阶段，即通过价值创造和价值获取建立市场认知，在明确价值主张的基础上对下一阶段平台能力及发展提出新的要求。平台企业商业模式创造可持续价值需要协同平台其他利益相关主体构建价值共创网络，通过引入更多的合作资源方形成互惠互利的良性价值循环模式，引领经济、社会、环境等多元综合价值创造。其中，利益相关者之间的交易规则和交易机制、绿色技术创新和绿色管理创新、企业的风险承担意识和能力都会对经济价值、社会价值和环境价值产生影响。由此可见，平台企业商业模式构建过程会影响可持续价值创造及结果捕获。还有学者发现可持续商业模式通过创造、传递和获取经济价值、社会价值和生态价值来推动经济、社会和生态的可持续，即可持续商业模式是可持续价值的实现过程之一。综上所述，平台企业商业模式创造可持续价值是一个阶段化发展演进的过程，该过程中存在多种因素，直接或间接地影响可持续价值创造的结果。

可持续商业模式是对传统商业模式的创新与超越，它将社会和环境视为关键利益相关者，利润不再是企业追求的唯一目标。平台企业的可持续商业模式意味着将可持续理念与企业社会责任理念纳入平台商业模式设计之中，在价值主张层面将环境、社会和经济价值有效结合，在价值创造层面要为平台所嵌入的社会生态圈创造综合价值和共享价值。可持续商业模式的构建过程是将企业社会责任理念内生化融入的过程，通过建设市场环境改造机制、可持续价值利基市场搜寻机制、自我行为约束机制等实现平台的可持续价值创造。在可持续商业模式的驱动因素中，可持续性的企业家精神、共享价值创造、各类利益相关方压力等起到了关键作用。

2.7 本章小结

本章对平台企业社会责任问题及根源，平台企业社会责任的界定、履责现状、治理现状、研究历程，可持续价值与可持续商业模式等进行了综述，详细回顾了平台企业社会责任的相关研究，从多个方面探讨了这一领域的现状及其发展。首先，本章探讨了平台企业社会责任问题的根源，并对其概念进行了明确的界定。在此基础上，分析了平台企业在履行社会责任方面的现状以及现有的治理模式。在研究主题上，平台企业社会责任的履责边界已基本清晰，本章提出了多中心协同治理、生态化治理等多种治理范式，但价值创造视角下的平台企业社会责任治理尚有进一步研究的空间。尤其是与当前热点问题可持续商业模式相结合，探索以可持续价值为目标的平台企业社会责任的治理范式和价值实现机制，是更高阶、更有价值的学术探索。履行企业社会责任不仅能创造社会和环境价值，还能带来经济效益。这种双赢局面吸引了学术界的广泛关注和讨论，虽然一些学者对共享价值范式提出了质疑，但总体而言，共享价值观在理论和实践中具有重要意义。另外，可持续性的企业家精神、共享价值创造以及各类利益相关方的压力都是推动平台企业实现可持续价值的重要因素。最后，在研究方法上，以往研究以理论阐述和逻辑推导为主，未来应注重基于各类平台现实情境的案例探索和实证研究，通过真实数据加强实践对理论的检验，进一步挖掘根植于实践的新理论，丰富和完善现有理论体系。

第二篇 履责现状

第3章 平台企业社会责任的履责路径
——基于短视频平台的双案例研究

2013年,随着快手从工具型平台转换为短视频平台,短视频时代正式开启。之后秒拍、小咖秀、抖音等相继发展,使短视频行业不断壮大。如今,短视频平台吸引了众多主流媒体和明星网红的入驻,为平台发展创造了超乎想象的流量优势。第48次《中国互联网络发展状况统计报告》数据显示:截至2021年6月,我国短视频平台的用户规模增长至8.88亿人,占网民整体的87.8%。短视频平台已成为人们信息获取、情感交流和意见交换的重要场所。随着"短视频+旅游""短视频+购物""短视频+百科""短视频+政务"等模式的推出,短视频平台提供的服务更加多元,不仅带动了实体产业发展,还促进了知识和信息的传播。

然而,在短视频平台高速发展的背后,屡屡出现博人眼球的劣质低俗、恶意炒作视频,甚至有亵渎红色经典、教唆未成年人打赏的事件发生,更有一些不法分子以短视频为幌子实施涉黄、诈骗等违法行为。此类问题引起了国家对短视频平台社会责任的关注。短视频平台不但具备与电商平台、打车平台相类似的双边用户特征,而且具有网络媒体的宣传、引导功能,它既是平台企业,又是平台型媒体。作为平台企业,其社会责任与传统企业有明显差异,不单包含独立经营主体的责任,还包含平台运营者和资源配置者的责任。作为平台型媒体,其社会责任要发挥媒体的舆论引导功能,构造正面的社会效应。因此,履行社会责任是短视频平台的应尽之责。

在现有成果中,专门针对短视频平台社会责任的研究仍显匮乏,在履责内容、履责边界上不够清晰，未体现平台性和媒体性的双重特征，有必要进行更深入的探讨。另外，张琦和易开刚（2021）指出，平台企业社会责任的履责是动态的，包括初创期、引爆期、成熟期和衰退期四个阶段，不同时期的履责内容和履责方式存在差异。因此，本章从生命周期理论的角度切入，选取短视频平台中最具代表性的快手和抖音为研究对象，结合案例研究法和扎根理论程序化编码过程，对比案例之间的共性和差异性，揭示短视频平台的企业社会责任内涵、维度，及其在不同发展阶段的履责边界和履责路径，以期为营造风清气正的短视频网络生态提供决策支持。

3.1 融媒体环境下短视频平台的社会责任

短视频平台前期的粗放式增长，暴露出很多社会责任问题，如传播庸俗、泛娱乐化视频内容，利用虚假信息煽情、博人眼球，利用短视频做幌子打擦边球、发布涉黄等违法违规内容。短视频平台还出现个人信息泄露，侵犯个人隐私权以及知识产权的问题。不仅如此，2018年在快手、火山平台中出现大量未成年人怀孕短视频，2019年出现亵渎红领巾以及侮辱英雄先烈的短视频，造成了极其恶劣的社会影响，扭曲了社会价值、偏离了主流文化。段文娥（2020）指出，短视频平台中存在大量未成年人，由于平台推送机制的漏洞，导致优质内容的推送无法满足未成年人需求，而未经过滤的垃圾、低俗内容阻碍了未成年人的健康成长。作为聚集了海量用户群体的短视频平台，其发布和传播的内容潜移默化地影响着人们的价值观和行为，此类问题若得不到有效治理，会进一步影响网络生态的有序发展。

短视频平台既是平台型媒体又是平台企业，其社会责任具有双重属性。喻国明等人（2015）指出，平台型媒体是向所有内容提供者以及服务提供者开放的、具有规则的生态型平台。平台型媒体可以看作一个虚拟线上社会，在提供信息服务的同时也附带着社会的其他功能，是开展新闻舆论工作的重要场所。在平台型媒体中，平台和平台用户同时参与信息的生产和传播过程，同时，平台用户也要遵守平台规则。张志安和姚尧（2018）指出当下平台型媒体包括社交类平台、资讯类平台、音频类平台和短视频类平台。平台型媒体作为新兴产业，监管等法律措施相对滞后，在内容创作与信息发布上难免有社会责任缺失现象产生。然而，我国正处于强化网络平台责任的关键阶段，平台型媒体的社会责任备受关注。张琦等人（2021）针对不同时期平台型媒体商业舞弊行为进行研究，指出平台型媒体的发展是一个获取合法性的过程，既有对传统媒体中相关规制、规范和认知的重构，又有新建立的适合互联网平台性媒体的管理规范的嵌入。何天平（2021）从平台型媒体内部和外部两方面进行分析，认为平台型媒体内部要重视平台存续价值，关注公众利益；外部要重视嵌入媒体背后的社会构造力量，在动态过程中把握社会责任内容。也有学者提出，平台型媒体要遵守法律法规，与传统媒体深度合作，发挥舆论引导作用。同时，平台型媒体要增强版权自治，强化版权意识，积极回应国家强化网络平台的社会责任与版权治理的大背景。

目前，针对短视频平台企业社会责任的研究还很有限，仅有为数不多的几篇文章。陈晓燕（2021）提出，短视频平台企业社会责任是短视频平台在经营过程中直接或间接影响其自身发展的责任，包括对国家安全、社会和谐和平台双边用户承担的责任。她借鉴 Carroll 模型，从经济责任、法律责任、文化责任、道德责任和公益责任 5 个层面提出短视频平台的履责范围。经济责任包括对股东和投资者履责；法律责任包括对商业伙伴、平台使用者、平台创作者和著作权人履责；文化责任包括对优秀传统文化的传承和对新兴文化的保护；道德责任涵盖了除经济和法律责任以外的社会公认的伦理规范；公益责任要求平台充分发挥自身资源优势，积极参与公益事业。焦楷雯（2020）立足于短视频平台企业所具有的企业和媒体属性，将其社会责任分为内部与外部两个部分。内部责任是对平台内部相关人员所承担的责任和保障，是短视频平台最基本的社会责任；外部责任即平台在向外扩展时需要履行的社会责任。

现有研究对平台企业的社会责任进行了丰富且翔实的分析，但对平台型媒体社会责任的探讨还比较浅显。作为兼具平台属性和媒体属性的短视频平台，其社会责任的内涵、范畴、履责实践等方面尚缺乏系统性研究。如何在短视频平台的企业社会责任中凸显媒体属性，如何处理好公共价值和商业利益的关系，如何将国家安全观和网络平台责任融入社会责任范畴，仍需更深入的分析。因此，为实现对短视频平台的有效治理，打造风清气正、健康向上的短视频文化，探究其社会责任范畴和履责实践是亟待解决的关键问题。

3.2 研究设计与案例选择

3.2.1 研究方法

短视频平台作为新兴产业，研究尚处于起步阶段，没有大量文献和数据做支撑，并且短视频平台的企业社会责任及其履责路径，属于理论研究，更适用于案例研究法。案例研究法具有资料丰富、全面的特点，适合回答"为什么""怎么样"的问题，能通过质性数据总结事物特征，揭示现象背后隐藏的理论逻辑。采用双案例研究法，通过案例对比，揭示案例之间的共性和差异性，进一步丰富和完善理论。在对案例数据进行分析时，采用强调"理论根植于实践"的扎根理论程序化编码过程。

3.2.2 案例选择

根据理论抽样原则，选取短视频平台的头部企业——快手和抖音，作为案例研究对象。2013 年，快手最早转型成为短视频平台，抖音厚积薄发，在 2016 年进军短视频行业。极光数据显示，截至 2021 年 3 月，抖音和快手日活跃用户数量分别达到 6.2 亿（第一）和 3.3 亿（第二），遥遥领先于其他短视频平台。虽然两大平台具有类似的功能，但在用户定位和获利方式上存在差异。快手的头部创作者是"草根（44%）+网红（38%）"，主要的盈利方式靠直播创收；抖音的头部创作者是"明星（33%）+网红（24%）"，主要的盈利方式是广告收入。抖音凭借明星效益，成为短视频行业的后起之秀。

选取快手和抖音作为双案例，具有典型性和对比性。一方面，同为头部短视频平台，在履行企业社会责任时必然存在共性，双案例分析可加强因果关系推导，实现三角验证；另一方面，两个平台的运行模式明显不同，在践行企业社会责任时可能存在差异，通过案例资料的相互补充和对比，能更清晰地梳理企业社会责任的范畴和边界，形成更具普适性的研究结论。

3.2.3 资料收集

快手和抖音作为短视频行业的头部企业，公开可获取的新闻报道和企业资料非常丰富，能满足本研究所需。案例资料来源如下：①官方资料，在快手和抖音的官网、公众号，收集企业发布的权威信息，约1万字；②文献资料，在中国知网中以"快手""抖音""短视频""企业社会责任"等为关键词，检索到相关学术论文24篇，整理后得到有效资料约5万字；③新闻资料，搜索与快手和抖音相关的新闻报道，收集了来自澎湃新闻、新浪新闻、腾讯网、中国新闻网、光明网、北京日报等的文本资料4万多字；④行业资料，在艾瑞网、极光网、观研报告网等收集短视频行业发展资料，约2万字；⑤访谈资料，对3位具有快手和抖音深度使用经验和创作经验的人员进行访谈，收集访谈资料3000多字；⑥其他资料，在微博、知乎、贴吧等渠道获取相关资料，约1万字。

综上，累计收集案例资料约13.3万字，多种资料来源有利于实现三角验证，提高理论的构念效度。

3.3 扎根理论程序化编码

本研究采用扎根理论程序化编码过程对案例资料进行编码，按照80%的比例分别从上述6种渠道中选取文本资料10.6万字，用于扎根理论分析，余下的2.7万字用于后续的理论饱和度检验。本研究遵循"开放性编码→主轴编码→选择性编码"的思路，逐步提炼概念、范畴，构建范畴之间的关系，最终形成故事线。

3.3.1 开放性编码

开放性编码是在详细阅读文本资料的基础上，首先逐字逐句地"贴标签"，找到文本资料中的关键词；然后比较标签之间的异同，进行分类整合，形成有代表性的"概念"；最后分析概念背后的深层含义，得到概括性更强、聚敛性更高的"范畴"。即按照"原始资料→贴标签→概念化→范畴化"的流程进行开放性编码。由于案例涉及的文本资料庞大，无法逐一列出，故仅列举一部分编码过程，如表3-1

第3章 平台企业社会责任的履责路径——基于短视频平台的双案例研究

所示,"A+序号"代表标签,"B+序号"代表概念,"C+序号"代表范畴。

表3-1 开放性编码示例

原始资料	标签	概念	范畴
资料1:中国网络视听节目服务协会发布《网络短视频平台管理规范》及《网络短视频内容审核标准细则》。两份文本从机构把关和内容审核两个层面为规范短视频传播秩序提供了依据。(摘自:国家广电总局官网,2019年1月4日)	A1 管理规范 A2 内容审核标准 A3 规范传播秩序	B1 官方文件（A1,A2） B2 规范秩序（A3） B3 赋能旅游业（A4,A5,A6）	C1 国家治理导向（B1,B2,B8,B19） C2 赋能实体产业（B3,B5）
资料2:在移动互联网的加持下,短视频平台异军突起,悄然改变着人们的旅游信息获取和传递方式。短视频凭借其易操作性和低门槛性,为昔日沉默的农村群体登上互联网舞台、重夺乡村话语建构权提供机会。短视频平台重新激活了乡村文化,催生以内容消费为经济消费引流、实现流量变现的旅游营销新模式。(摘自:学术论文,2021年第11期)	A4 改变旅游信息获取和传递方式 A5 为乡村搭建平台 A6 激活乡村文化 A7 消费引流 A8 流量变现	B4 旅游业引流需求（A7,A8） B5 赋能乡村振兴（A9,A11,A12） B6 贫困偏远地区引流需求（A10） B7 利用流量优势（A13）	C3 消费引流需求（B4,B6） C4 宣传引流责任（B7） C5 恶性事件曝光（B9,B18） C6 净化风气责任（B10,B17） C7 整改社区运行机制（B11）
资料3:快手宣布以5亿元流量计划,在未来3年投入价值5亿元的流量资源,助力500多个国家级贫困县优质特产推广和销售,帮助当地农户脱贫。此前,快手分别与锡林郭勒盟、张家界、丽江永胜县达成战略合作。快手科技副总裁宋婷婷表示,希望利用先进的互联网技术和普惠的价值理念,让来自贫困偏远地区的民众和一线城市用户一样能够享受短视频红利。(摘自:腾讯网,2018年9月14日)	A9 5亿元流量资助 A10 农产品推广需求 A11 助力农户脱贫 A12 达成战略合作 A13 分享短视频红利	B8 官方态度（A14,A28） B9 恶性事件（A15,A29,A30,A31,A32） B10 承担平台治理责任（A16）	C8 改进系统漏洞（B12） C9 打造健康社区（D13） C10 开展专项治理行动（B14）

057

续表

原始资料	标签	概念	范畴
资料4：针对央视批评短视频平台出现大量未成年妈妈视频等低俗内容，快手CEO在微信公众号中发表文章《接受批评，重整前行》进行道歉。快手暴露出来的问题，我们不会推诿责任和逃避监管，我们将重整社区运行规则，对未成年人能看到的视频进行严格过滤，将正确的价值观贯穿到算法推荐的所有逻辑之中，打造一个风清气朗、健康向上的负责任的互联网社区。 （摘自：快手官方微信公众号，2018年4月3日）	A14 央视批评 A15 未成年妈妈视频 A16 道歉、承诺整改 A17 重整社区规则 A18 改进算法推荐 A19 打造负责任社区	B11 重建社会规范（A17） B12 改进算法推荐（A18） B13 打造健康社区（A19，A20） B14 专项整治（A21，A24，A37）	C11 升级风险预警系统（B15） C12 严惩违法违规行为（B16） C13 关爱弱势群体（B20） C14 公益培训活动（B21）
资料5：为营造清朗的网络环境，快手开展了对涉及色情账号及内容的专项治理。除了专业的识别系统和拦截，社区还不断更新涉及色情、低俗等方面的关键词词库，协助用于搜索管控、系统识别、人工回查等。被永久封禁的账号中，拦截的账号有144484个，根据用户举报和平台自行发现、拓展进而查删的有2720个。 （摘自：中国新闻网，2020年9月28日）	A20 营造清朗社区 A21 色情内容专项整治 A22 专业的识别系统 A23 永久封禁账号	B15 开发新系统（A22，A25） B16 封号处理（A23） B17 跨平台深度治理（A26） B18 曝光（A27） B19 政府处罚（A33，A34）	
资料6：抖音开展黑灰产专项治理，抖音安全中心自主研发的"鲨鱼反欺诈系统"，能够在账号注册、登录、发布评论内容等阶段判断账号是否是黑灰产诈骗账号，最近4个月，已协助公安机关打击黑灰产团队25个。 （摘自：云南信息报，2020年12月1日）	A24 黑灰产专项治理 A25 鲨鱼反欺诈系统 A26 联合公安治理	B20 关爱老年人（A35，A36） B21 公益培训（A38）	

第 3 章　平台企业社会责任的履责路径——基于短视频平台的双案例研究

续表

原始资料	标　签	概　念	范　畴
资料 7：根据群众举报线索，北京市文化市场综合执法总队对"抖音"平台进行约谈。"抖音"平台中个别直播中存在性挑逗、性暗示行为，部分直播间评论弹幕存在低俗内容；个别直播的游戏未经审批，且含有血腥、暴力、恐怖等内容；部分主播和平台用户通过发布微信号、二维码等方式引流到其他平台进行违法违规活动。文化执法部门依法对"抖音"平台运营公司北京微播视界科技有限公司作出行政罚款的处罚，责令立即改正有关违法行为。 （摘自：新华网，2021 年 1 月 8 日）	A27 群众举报 A28 官方约谈 A29 淫秽色情 A30 低俗内容 A31 暴力血腥恐怖 A32 违法违规活动 A33 行政罚款 A34 责令整改		
资料 8：抖音推出了"老友计划"，该计划致力于提升老年用户使用体验，丰富老年用户生活。在产品和运营活动上，推出中老年内容专项治理，重点打击针对中老年的恶意诱导、骗互动等行为。抖音公益培训课程走进老年大学，通过课程培训和互动练习，手把手教退休老人使用各类 App，带老年人更好地融入数字生活。 （摘自：搜狐网，2021 年 3 月 24 日）	A35 老友计划 A36 提升老年用户体验 A37 中老年专项治理 A38 老年公益培训课程		

资料 1 和资料 2 针对的是整个短视频行业；资料 3—5 针对的是快手短视频平台；资料 6—8 针对的是抖音短视频平台。资料 1 是国家针对网络短视频乱象发布的管理文件，用于规范传播秩序，最终提炼为"国家治理导向"范畴。资料 2 源自一篇学术论文，研究短视频赋能乡村旅游的路径，谈到短视频为乡村旅游信息的传递提供了新方式，带来了流量变现。资料 3 是快手赋能乡村振兴

的 5 亿元流量计划，既体现了贫困地区对新营销方式的需求，又体现了快手的社会责任。对比资料 2 和 3 不难发现：前者赋能旅游业，解决旅游业的流量需求；后者赋能乡村振兴，致力于解决贫困地区的引流需求。因此，两个资料可归纳出聚敛性更高的范畴"赋能实体产业"和"消费引流需求"，体现了不同信息来源渠道的交叉验证。另外，通过资料 3 中宋婷婷的发言，能揭示出快手正在践行"宣传引流责任"。资料 4 是快手面对央视批评进行的公开道歉，资料 7 是北京文化执法部门对抖音中的乱象给出的行政处罚，一方面通过官方态度和政府处罚，揭示了"国家治理导向"，另一方面表明了在"恶性事件曝光"后，平台应承担"净化风气责任"。因此，快手 CEO 给出了"整改社区运行机制""改进系统漏洞"等承诺。资料 5 是快手治理色情内容的专项行动，资料 6 是抖音治理黑灰产的专项行动，对比两套资料，均可提炼出"开展专项治理行动"和"升级风险预警系统"两个范畴，体现了两个平台的主动治理行为。资料 8 是抖音的"老友计划"，即关爱老年人的公益活动，可提炼出"关爱弱势群体"和"公益培训活动"两个范畴。

除表 3-1 呈现的资料之外，快手和抖音在企业社会责任实践中开展了极其丰富的活动。如快手的"互联网乡村创业培训项目"和"幸福乡村茶话会"，"快手+扶贫"的消费扶贫、创业扶贫和文化扶贫模式；抖音举办的"博物馆抖音创意视频大赛"，抖音助力文化传承的"非遗合伙人计划"、帮助城市文化传播的"DOU Travel 计划"和保护青少年健康成长的"向日葵计划"等。两大平台各有特色，通过双案例研究，使形成的概念更丰富、提炼的范畴更具代表性和说服力。经整理，开放性编码共得到范畴 25 个，具体见表 3-2。

3.3.2 主轴编码

主轴编码旨在建立范畴之间的联系。根据典范模型，将 25 个范畴按照"前因条件→情境→中介条件→行动/互动策略→结果"的逻辑顺序进行整理，构建范畴之间的关联性，最终提炼出 11 个主范畴。主范畴与范畴的对应关系及各范畴的内涵如表 3-2 所示。依据典范模型形成的证据链如表 3-3 所示，共有 3 个证据链，分别对应底线责任、合理责任和贡献责任。

表 3-2　主范畴与范畴的对应关系及各范畴内涵

主范畴	范畴	范畴内涵
外因驱动（3个）	恶性事件曝光	短视频平台上的色情低俗、血腥暴力、非法引流等事件被媒体曝光或群众举报
	国家治理导向	国家制定官方文件规范短视频传播秩序，通过约谈、行政处罚等表明政府态度
	消费引流需求	传统实体行业或线下门店产品销售的消费引流需求
内因驱动（2个）	打造健康社区	平台有营造风清气朗、积极向上、内容健康、负责任互联网社区的美好愿景
	创造社会价值	平台有发挥平台优势、践行社会责任，在公益、文化等方面创造价值的意愿
风气治理（4个）	严惩违法违规行为	采取拦截、屏蔽、警告、断流、封禁等方式，严惩各种违法违规行为
	整改社区运行机制	将正确的价值观融入内容发布规则、平台奖惩规则等方面，重建社区运行机制
	开展专项治理行动	定期或不定期地开展针对恶意炒作、低俗直播内容等违法违规行为的专项治理
	成立专门治理部门	短视频平台成立专门的治理部门，负责治理平台生态，如抖音的安全中心
系统完善（2个）	改进系统	改进算法推荐、未成年人保护等系统，使系统在信息过滤方面更科学
	升级风险预警系统	根据现实情景和行为特征，升级风控手段，完善风险预警系统
业务拓展（2个）	跨平台营销合作	与电商、旅游、订票等平台合作，创新营销方式，拓展业务服务范畴
	赋能实体产业	通过直播、视频宣传等实现线上引流、线下变现，打造网红，赋能实体产业
价值引领（2个）	弘扬红色经典	通过设置红色经典专栏和话题，引导人们正确认识红色经典
	宣传政务信息	平台发挥网络媒体角色，发布新闻、宣传政务，成为人们了解时事的新途径

续表

主范畴	范畴	范畴内涵
践行公益（2个）	关爱弱势群体	在关爱老年人、未成年人、残疾人、重症者、失业者等方面采取的公益行动
	公益培训活动	在生态环保、乡村创业等方面提供优质资源，组织公益培训活动
弘扬文化（2个）	传播传统文化	通过直播教学、视频讲解等形式传播非遗文化、博物馆文化、民间艺术等
	宣传当代文化	通过短视频大赛等形式宣传城市文化、民俗文化和当代流行文化等
底线责任（2个）	净化风气责任	短视频平台作为平台生态的管理者，肩负净化平台风气的责任
	优化技术责任	短视频平台作为平台功能的建设者，承担优化平台技术的责任
合理责任（2个）	宣传引流责任	短视频平台作为流量优势的持有者，具有为线下消费引流的责任
	舆论引导责任	短视频平台作为互联网平台型媒体，具有引导舆论导向的责任
贡献责任（2个）	公益服务责任	短视频平台作为社会资源的配置者，具有服务公益、促进社会发展的责任
	文化传承责任	短视频平台作为独立企业的运营者，具有弘扬传统文化和宣传当代文化的责任

表3-3 基于典范模型的证据链

证据链	典范模型					
^	前因条件	情景	中介条件	行动/互动策略	结果
底线责任证据链	外因驱动：恶性事件曝光 国家治理导向 内因驱动：打造健康社区	短视频平台高速发展背后暴露的社会责任负面问题	官方态度 管理规范 平台建设初衷	风气治理 系统完善	践行底线责任

续表

证据链	典范模型				
	前因条件	情景	中介条件	行动/互动策略	结果
合理责任证据链	外因驱动：消费引流需求 国家治理导向 内因驱动：创造社会价值	实体产业需要短视频平台消费引流，带动经济	跨平台合作 短视频+实体产业	业务拓展 价值引领	践行合理责任
贡献责任证据链	外因驱动：国家治理导向 内因驱动：创造社会价值	社会发展需要有担当的企业贡献力量践行责任	直播教学、视频教学、短视频大赛等	践行公益 弘扬文化	践行贡献责任

各主范畴的具体解释如下。①外因驱动。国家、媒体、公众对短视频平台的态度，以及社会对短视频平台的需求。包括恶性事件曝光、国家治理导向和消费引流需求。②内因驱动。短视频平台创建的初衷以及长久发展带来的社会效益，包括打造健康社区和创造社会价值。③风气治理。短视频平台采取行动抵制不良风气，包括严惩违法违规行为、整改社区运行机制、开展专项治理行动和成立专门治理部门。④系统完善。短视频平台不断更新系统、提升技术手段，包括改进系统和升级风险预警系统。⑤业务拓展。短视频平台与其他电子商务平台合作发展，拓展业务领域，赋能线下传统产业，包括跨平台营销合作和赋能实体产业。⑥价值引领。短视频平台立足媒体角色，在弘扬红色经典和宣传政务信息方面发挥作用。⑦践行公益。短视频平台在践行社会责任方面从事的公益活动，包括关爱弱势群体和举办公益培训活动。⑧弘扬文化。短视频平台在文化传承方面做出的贡献，包括传播传统文化和宣传当代文化。⑨底线责任。作为平台生态的管理者和功能的建设者，短视频平台承担净化风气和优化技术的责任。⑩合理责任。作为具有流量优势的平台型媒体，短视频平台具有宣传引流和舆论引导的责任。⑪贡献责任。作为社会资源的配置者和独立企业的运营者，短视频平台承担公益服务和文化传承的责任。

3.3.3 选择性编码

选择性编码即通过对主范畴的进一步分析，得到概括性更强的核心范畴，进而形成能贯穿所有主范畴的故事线。经过反复阅读资料，最终发现 11 个主范畴共同揭示了"短视频平台践行企业社会责任的'动态履责路径'"这一核心范畴。围绕核心范畴形成的故事线为：在外因驱动和内因驱动的双重影响下，短视频平台通过风气治理、系统完善、业务拓展、价值引领、践行公益和弘扬文化六大履责实践，逐步实现"底线—合理—贡献"三大企业社会责任。

根据扎根理论构建的理论模型如图 3-1 所示，图中从左往右依次展示了前因条件、行动/互动策略和结果。属于前因条件的主范畴是外因驱动和内因驱动；属于行动/互动策略的主范畴是风气治理、系统完善、业务拓展、价值引领、践行公益和弘扬文化；属于结果的主范畴是底线责任、合理责任和贡献责任。

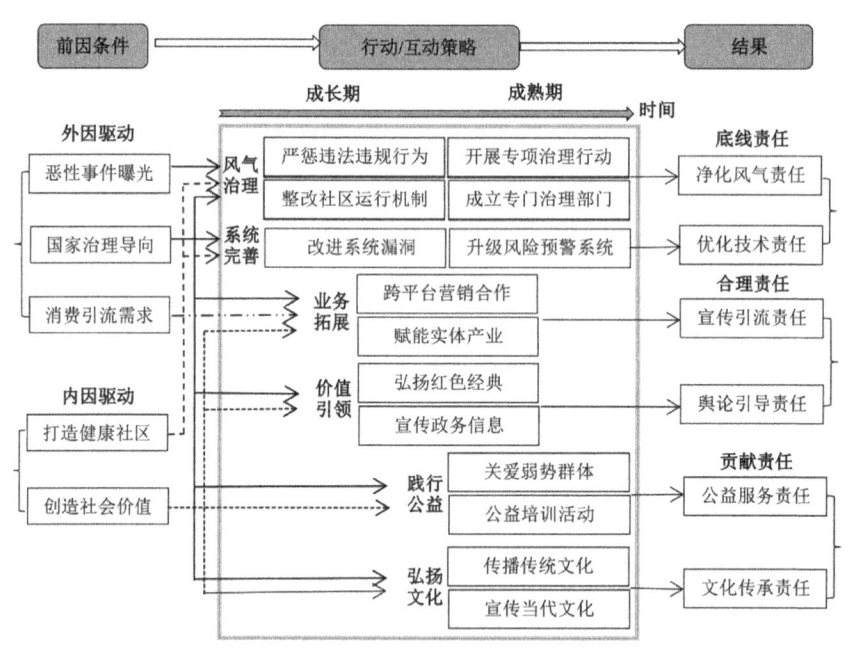

图 3-1 短视频平台践行企业社会责任的"动态履责路径"模型

由图 3-1 中间方框圈出的部分可知，随着时间推移，在企业社会责任实践上，存在先后顺序。底线责任的履责实践最早出现，并且贯穿于整个生命周期；合理责任的履责实践在成长期的后半阶段开始出现，晚于底线责任，早于贡献责任；

贡献责任的履责实践在行业发展步入成熟阶段后逐渐出现。同时，底线责任的履责实践呈现出动态性，成长期和成熟期开展了不同的履责方式，表现为由浅入深、由被动到主动、由事后到事前的特征。从图 3-1 中的箭线形状和箭头指向可以看出，前因条件、行动/互动策略和结果之间存在对应关系，不同的前因条件导致不同的履责实践，进而产生不同的履责内容。

3.3.4　理论饱和度检验

对事先预留的 2.7 万字进行理论饱和度检验，采用相同的编码流程，结果未发现新的概念和范畴，并且符合图 3-1 所示的履责路径，因此，本研究构建的理论模型达到饱和。

3.4　短视频平台践行企业社会责任的"三层结构"

扎根理论研究发现，短视频平台的企业社会责任存在"三层结构"：底线责任、合理责任和贡献责任。这与肖红军等人的研究结论一致，平台企业既是独立运营主体，又是商业运作平台，还是社会资源的配置者，因而要承担必尽之责（底线）、应尽之责（合理）和愿尽之责（贡献）。由此可见，本研究的案例研究与前人的理论研究具有一致性。

3.4.1　底线责任

短视频平台的底线责任在管辖范围和能力范围内，平台必须对双边用户行为进行规制，确保平台内容合法合规、符合公序良俗的责任。短视频平台作为平台型媒体，代表新型的媒体传播形式，核心功能是提供新闻、娱乐、知识等信息资源，使公众拥有展现自我、表达观点的机会。因此，建立一个积极、美好、绿色、健康的内容生态环境，是短视频平台的底线责任。为此，平台要承担净化风气和优化技术的责任，确保平台有序发展。

3.4.2　合理责任

合理责任即短视频平台利用自身优势和影响力，在履行底线责任的基础上，尽可能满足社会合理期望的责任。短视频平台拥有海量用户和流量整合变现能力，有效利用这些资源优势，将产生巨大的社会价值。与传统行业、零售业深度融合，赋能实体经济，带动农业、旅游业、餐饮业等快速发展，是短视频平台义不容辞的责任。通过短视频平台，这些行业的发展不但能丰富平台的内容生态，为多元化发展提供机遇，而且能造福国家，创造经济价值。短视频平台的媒体身份，要求它同时兼顾媒体责任，在引导舆论、宣传社会主义核心价值观上贡献力量。因此，短视频平台要履行宣传引流和舆论引导责任，以满足社会期许。

3.4.3 贡献责任

贡献责任即短视频平台在确保平台有序运行和符合社会期望的基础上，定位更高层次的社会功能，将平台打造成解决社会难题的履责平台，从而创造更大社会价值的责任。公益服务是平台发挥社会功能的有力途径，如举办公益培训、参加环保活动、关爱弱势群体等。当今社会，传统文化逐渐被忽视和遗忘，短视频平台可以通过直播、视频等形式打破文化传播障碍，使以剪纸、泥塑为代表的民间艺术、博物馆文化、当代城市文化得以流传，有利于培养民族自信，弘扬中国文化。因此，平台要践行公益服务责任和文化传承责任，为社会发展贡献力量。

3.5 短视频平台践行企业社会责任的"动态履责路径"

由图 3-1 可知，短视频平台践行企业社会责任的路径随时间推移呈现出动态变化：一是三种责任的履行并非同步开始，而是具有先后顺序性，底线责任最早，其次是合理责任，最后是贡献责任；二是底线责任的履责实践表现出由浅入深、由被动到主动、由事后处理到事前预防的动态变化。这与王晨阳等人的观点不谋而合，他们认为平台企业在生命周期的不同阶段，开展的履责内容和履责方式存在差异。以下逐一分析三种责任的"动态履责路径"。

3.5.1 底线责任履责路径：外因驱动 + 内因驱动→风气治理 + 系统完善→底线责任

底线责任履责路径展示了事物发展的因果变化，前因影响行动，行动产生结果。随着低俗炒作、炫富享乐、血腥暴力、歪曲红色经典、涉黄诈骗等短视频的泛滥，国家出台短视频管理规范，明确治理态度，要求短视频行业整顿风气，严肃惩戒违法违规行为。短视频平台回归"记录美好生活"的初心，为打造健康、正能量的互联网社区而努力。因此，在外因（恶性事件曝光、国家治理导向）与内因（打造健康社区）的双重影响下，短视频平台持续进行风气治理和系统完善。起初，主要是应对平台暴露的各种问题，风气治理的措施是严惩违法违规行为和整改社区运行机制，系统完善的措施是改进系统。通过排查、通报、加大审核、重塑规矩等措施实现去低俗化、去同质化，对未成年人进行必要保护，以确保尽快解决现存问题。随着平台从成长期过渡到成熟期，制度越发完善，履责措施逐渐深入。风气治理方面开展了丰富多样的专项治理行动，成立了专门的治理部门，有的放矢地对黑灰产业、淫秽色情等违法违规行为进行深度清理。系统完善方面不再是一味补漏洞，而是不断升级风险预警系统，从技术手段上实现"事前发现、事先拦截、事中提醒、事后追击"的治理理念，凸显短视频平台履行底线责任的决心。

由此可见，底线责任是对平台生态实施有效治理的责任，是平台企业的必尽之责，始于成长期，为解决平台粗放式增长后的一系列恶性问题，是最早履行的责任，也是持续性最强的责任，贯穿于生命周期的整个阶段。在履责措施上呈现出由浅入深、由被动到主动、由事后到事前的动态性，并且随着新问题的出现，履责措施在持续更新。

3.5.2 合理责任履责路径：外因驱动+内因驱动，业务拓展+价值引领→合理责任

在国家乡村振兴等政策的引导下，亟须短视频等新媒体发挥流量优势，助力传统产业转型升级。新媒体规范中提到，短视频平台应与传统媒体相结合，吸引主流新闻媒体和党政机关团体开设平台账户，提高优质短视频内容供给，引领社会价值观形成。受消费引流需求和国家治理导向的双重外因影响，以及短视频平台自身创造社会价值的美好愿景，在行业发展相对稳定、社区运行常态化后，短视频平台开始通过业务拓展和价值引领的方式践行合理责任。在业务拓展方面，

平台通过跨平台营销合作、赋能实体产业的方式，发挥自身流量优势，积极响应国家政策，带动乡村经济和旅游业发展。在价值引领方面，平台通过弘扬红色经典和宣传政务信息，践行新媒体责任，发挥舆论引导功能，传递社会正能量。

综上，只有当平台运行基本规范、平台治理稳步推进之后，短视频平台才有精力拓宽业务、践行媒体责任。因此，合理责任的履行晚于底线责任，出现在成长期的后半阶段，是建立在平台良性发展基础之上、满足社会期望的应尽之责，而非必尽之责。

3.5.3 贡献责任履责路径：外因驱动＋内因驱动→践行公益＋弘扬文化→贡献责任

贡献责任是最高层次的企业社会责任，源于企业内在的奉献精神，受外因国家治理导向和内因创造社会价值的共同影响，最大限度服务于社会发展和人民幸福。随着短视频行业的壮大和成熟，平台不但要创造可观的经济利益，而且要为可持续发展建立良好的公众形象。短视频平台通过践行公益和弘扬文化两种方式践行贡献责任。践行公益包括关爱弱势群体和开展公益培训活动，在未成年人健康成长、老年人幸福生活、农民创新创业、生态环境保护等方面贡献力量。弘扬文化包括传播传统文化和宣传当代文化两个层面。文化是民族的灵魂，承载着民族的历史，凝聚着民族的智慧。平台通过与博物馆等社会机构合作，开展文化类创意大赛，用短视频承载非遗文化，将中华民族的优良传统和当代中国的民族自信以更加开放、崭新的形式呈现出来，诠释中国文化的博大精深。

从时间脉络上看，短视频平台对贡献责任的履行，晚于前两种责任，是平台发展进入成熟阶段之后开始履行的应尽之责。只有当平台积累了足够的资源和实力，才有能力践行贡献责任，贡献责任通常导致短期经济利益损失，但从长远来看，能带来增值的声誉回报。

3.6 本章小结

本章运用扎根理论分析案例资料，构建了"短视频平台践行企业社会责任的'动态履责路径'模型"，重点阐释了两个核心问题：一是短视频平台践行企业

第 3 章　平台企业社会责任的履责路径——基于短视频平台的双案例研究

社会责任的范畴和维度；二是短视频平台动态履责的机理和路径。首先，本章阐述了案例分析及扎根理论对本研究的适用性，并选取快手和抖音作为案例研究对象，采用双案例法对比揭示了案例之间的共性和差异性。其次，通过扎根理论的开放性编码、主轴编码和选择性编码等分析程序最终提取出了 11 个主范畴，形成短视频平台践行企业社会责任"动态履责路径"并对模型内涵进行了详细解释，得到以下 4 点研究结论。

（1）短视频平台的企业社会责任包含三个维度，即底线责任、合理责任和贡献责任。底线责任包括净化风气责任和优化技术责任，合理责任包括宣传引流责任和舆论引导责任，贡献责任包括公益服务责任和文化传承责任。

（2）三种责任的履行存在先后顺序。底线责任最早开始，合理责任次之，贡献责任最后。即在平台发展的成长期，随着恶性问题的暴露，平台开始规范管理、承担底线责任；在成长期的后半阶段，平台为保持良性发展以及满足社会期望，在履行底线责任的同时开始履行合理责任；当平台发展步入成熟期，平台为提高声誉、创造社会价值，进一步发挥高阶社会功能，开始践行贡献责任，因而此阶段三种责任同时出现。

（3）三种责任的履行源于不同的外因和内因。在外因恶性事件曝光、国家治理导向，内因打造健康社区的影响下践行底线责任；在外因消费引流需求、国家治理导向，内因创造社会价值的影响下践行合理责任；在外因国家治理导向和内因创造社会价值的影响下践行贡献责任。

（4）三种责任的履责实践具有明显差异。底线责任的履责实践包括风气治理和系统完善两种方式，因为底线责任出现时间最早，持续时间最长，所以呈现出由浅入深、从被动到主动、从事后到事前的动态变化；合理责任的履责实践涉及业务拓展和价值引领两个方面，彰显了平台的媒体特征和引流责任；贡献责任的履责实践涵盖践行公益和弘扬文化两个角度，体现了短视频平台的高阶社会责任。

短视频平台与其他平台企业一样，既要发展平台，又要治理平台，因此，在践行企业社会责任上存在共性。但短视频平台作为特殊的平台企业，在履行企业社会责任时，需体现媒体特征。如合理责任中提到的舆论引导责任，包括传播政务信息、弘扬红色经典等内容，这是短视频平台践行企业社会责任的特殊性。可见，短视频平台的企业社会责任不但没有脱离平台企业的范畴，而且丰富了履责范畴、拓宽了履责边界。除此之外，本研究通过阐释案例中主范畴与范畴的对应关系，将短视频平台的履责内容和履责实践具体化，描述了三种责任的顺序性和动态性，为其他平台企业或平台型媒体提供履责参考，有助于建立和谐共生、健康有序的互联网内容生态。

对国家而言，应把握好短视频平台这种新媒体形式与主流媒体有效融合，提升融媒体环境下的现代治理能力。首先，明确规定平台"禁止做什么""能做什么"和"应该做什么"，坚持平台自治与外部监督相结合，消减短视频乱象、遏制违法违规行为。其次，激发平台进一步履责，最大限度发挥优势，实现平台资源带动实体经济，线上线下合作共赢。最后，传统媒体要发挥主导价值观的作用，与平台媒体和谐共生，引导平台媒体传播社会主义核心价值观，发挥舆论引导力、传播力和影响力，使短视频平台成为优秀文化传承的新阵地。

第 4 章 平台企业参与乡村振兴的履责路径
——基于三类平台的多案例研究

农村全面发展是乡村振兴的内生动力，平台经济的飞速发展已成为推动乡村振兴的重要引擎之一。因此，推动平台企业与农业农村深度融合发展，对于加快城乡融合发展、助力乡村全面振兴具有十分重要的意义。乡村振兴战略是破解我国"三农"问题的"压舱石"，对推动农村可持续、高质量发展具有重要意义。近年来，随着脱贫攻坚战的高效推进，我国农村地区的经济、环境和社会发展取得明显成效，但同时存在依赖型发展、返贫以及内生增长动力不足等严峻问题。因此，在巩固以往脱贫成果的同时还需继续推进乡村振兴发展战略。加快建设农业强国，扎实推动乡村产业、人才、文化、生态、组织振兴。传统乡村振兴项目以加强乡村基础设施建设为主要目标，互联网、大数据、云计算等新技术的发展改变了传统的乡村振兴模式，以平台企业为依托的平台经济成为乡村振兴的有效支撑，乡村振兴模式出现新形态。

平台企业基于企业社会责任的角度，立足当地经济禀赋，与各个行业通力合作，借力互联网发展数字产业、数字治理、数字生活等具有多重附加值的产业模式，积极助力乡村振兴。在全面实施乡村振兴战略的大背景下，平台企业进行创新发展模式研究，积极开拓新业务和新技术，既适应了网络时代的市场变化，又为农村品牌打造、信息环境建设和发展经验传播与交流提供了更全面的平台与路径。如电商平台通过线上线下融合的销售方式获得市场的极大认同，使农村产品销售渠道多元化，旅游平台依托农村旅游资源，打造"乡村振兴示范村"，推动"三农"产业转型升级；短视频平台通过展现真实的农村生活场景，阐述农村生活片段或故事内容，更加高效地传播乡村文化，提升乡村文化影响力。

平台企业的信息优势和社会动员能力，使之成为具有一定市场和政府职能的社会公共主体。随着平台企业与民生领域的逐步融合，其参与乡村振兴的路径受到实业界和学术界的广泛关注。戎爱萍（2023）通过研究发现数字经济能够促进乡村产业振兴、生态振兴、文化振兴、人才振兴和组织振兴，促进经济增长与社会发展（就业、收入、基础设施；健康、教育、医疗、社会保障、不平等消除），帮助农民实现能力增长（人力资本提升和心智模式改善）；胡占光和吴业苗（2023）通过个案研究发现乡村"整体智治"关键在于技术赋能提升乡村数字治理能力，平台思维塑造乡村数字治理模式，价值共创打造整体智治生态；秦国伟等人（2023）提出注重多元主体协同、弥合城乡数字鸿沟、突出治理应用、借力乡村产业、加大技术攻关、注重人才培养是加快推进数字乡村建设的优化路径。学者从不同视角探讨了平台企业对乡村振兴的影响，主要表现在产业、生态、文化、人才、技术等不同方面，但未能对平台企业参与乡村振兴的路径展开过程性研究。

面对利用平台企业推动乡村振兴这一崭新实践课题，本章将以乡村振兴的现实困境和社会需求为立足点，采用扎根研究方法，选取在乡村振兴中表现突出的头部企业携程、抖音和京东展开案例研究，从人才、产业、文化三个层面厘清平台企业赋能乡村振兴的内在逻辑，并在此基础上构建社会责任视角下平台企业参与乡村振兴的创新路径，以期为各类平台企业参与乡村振兴提供决策支持。

4.1 乡村振兴视角下的平台企业履责

数字技术作为一种新型生产要素，在全面推进乡村振兴中发挥着促进农业生产方式进步、改善农村生活条件、提高农民生产技能的重要作用。乡村振兴视角下的平台企业社会责任随之成为研究热点。陈欣悦等人（2020）选取2017年至2018年的短视频数据作为研究对象，发现短视频平台与"三农"建立链接能够助力农民通过直播营销、广告赞助、流量优势等渠道，实现农产品销售、人才回流与文化振兴；张绚（2022）研究发现地方主流媒体建立直播带货节目，通过实地调研、产品视频宣传、线下展销、"电视+网络"全媒体直播建立地方特色品牌，能够实现农村电商助农。房莉杰和刘学（2021）基于共享价值理论和发展型社会政策，以京东、腾讯、恒大和碧桂园四大企业为例，探究民营企业在乡村可持续发展中的角色，发现企业只有将经营行为和公益行为相结合才能实现经济效益与社会效益的双重目标。刘可（2020）则强调必须把平台建设放在首要位置，乡村经济的发展要发挥政府和大型电商平台企业的积极性。鲁钊阳等人（2022）对我国五省市典型脐橙产区的问卷调查和实证分析发现，乡村振兴背景下，商家直播通过促进生鲜农产品电商发展和品牌建设等对农村贫困地区产生影响。郑晶玮和邱毅（2022）认为农村消费电商通过建设交易平台、基础物流设施和互联网电商新业态的方式，促进了农业现代化发展，吸引年轻人返乡创业。贺小荣和徐海超（2022）指出乡村旅游电商采用旅游直播与消费者互动，短视频记录乡村地域民俗文化，打造"云旅游"栏目等发展数字文旅产业，推动乡村数字文旅快速发展，抖音等平台企业开展乡村特色文化旅游、传承红色精神，打造"乡村振兴+红色旅游"新标杆。由此可见，平台企业参与乡村振兴，对于改善广大农村的人才、文化、产业、技术水平，缩小城乡差距，推进乡村振兴战略的实施具有重要的理论和实践借鉴意义。

通过对现有文献的总结归纳，可以发现：平台企业社会责任的研究非常丰富，但对乡村振兴背景下平台企业如何系统性地履行社会责任的关注度不够，缺乏完整的理论框架；现有研究主要集中在平台企业对乡村振兴发展的影响层面，没有对平台企业参与乡村振兴的具体路径缺乏细致研究；缺少对不同行业内头部平台的细致研究，现有研究多数集中在某一行业，故而研究结论的普适性有待加强。基于此，本研究选择旅游、短视频以及电商行业内市场规模较大的携程、抖音和京东三大平台为研究对象，基于不同行业之间的差异性，对比案例之间的共性和差异性，探究社会责任视角下平台企业如何参与乡村振兴。

4.2 研究设计与案例选择

4.2.1 研究方法

本章采用多案例研究法，探究社会责任视角下平台企业如何参与乡村振兴，属于"怎么样（how）"的研究问题，研究问题的属性决定了本章适合采用案例研究。多案例研究的复制逻辑能够得到适应性更强、效度更高的理论模型。扎根理论适用于未经探索的所有社会现象，强调"理论根植于实践"。该方法是一个从原始资料开始归纳概括，并上升到系统理论的过程，适用于理论模型构建，与本章的研究目的相契合。

4.2.2 案例选择

鉴于本章的研究目的和数据的可获得性，分别在旅游、短视频和电商行业中选取具有典型代表性的携程、抖音和京东三大平台作为案例研究对象，案例基本情况如表 4-1 所示。

表 4-1 案例基本情况

案例	基本介绍	乡村振兴方面主要贡献
携程	携程创立于 1999 年，是全球领先的一站式旅行平台，包括私人向导、酒店预订、车票预订、租车服务等，能够提供超过 120 万种全球住宿服务，480 多家国际航空公司，以及超过 31 万项的地内活动	（1）2004 年到 2014 年在全国各地建立公益小学； （2）2019 年上线壮美山河扶贫频道； （3）2021 年 3 月发布"携程乡村振兴五年计划"； （4）2021 年 7 月建立乡村度假农庄项目； （5）2021 年发布乡村游学项目
抖音	抖音创立于 2016 年，是由字节跳动公司孵化出面向全年龄段的音乐创意短视频社交平台，包括美食、旅行、文化教育、财经、公益等多种内容形式，目前，抖音用户数量在 8.09 亿左右，日常活跃人数超过 7 亿	（1）2018 年 11 月推出"山里 DOU 是好风光"活动； （2）2018 年 7 月"扶贫达人"计划； （3）2020 年 8 月推出新农人培训项目； （4）2021 年 6 月抖音开展"乡村守护人"项目； （5）2021 年 10 月推出"山货上头条"项目
京东	京东创立于 1998 年，是集供应链、物流、金融、技术和服务等功能的综合性电商平台，旗下设有京东商城、京东金融、拍拍网、京东智能、O2O 及海外事业部等	（1）2016 年，国务院扶贫开发领导小组办公室与京东集团签署《电商精准扶贫战略合作框架协议》； （2）2019—2022 年开设了 2000 多家地方政府授权的农特馆； （3）2019 年，京东公布"千县万镇 24 小时达"等乡村数智化服务体系； （4）2020 年 10 月提出"奔富计划"； （5）2020—2022 年帮助全国贫困地区实现产值超过 6200 亿元； （6）2022 年提出"千县名品国家地标产业带"

资料来源：作者自制。

4.2.3 资料收集

研究数据包括一手和二手资料，一手资料主要来自对企业内部管理人员和平台使用者的访谈资料，二手资料的来源是官方资料、文献资料、新闻资料、行业资料和其他资料，如表 4-2 所示。整理后得到有效资料约 9 万字，多种资料来源有利于实现三角验证，提高理论的构念效度。

表 4-2 数据资料来源

数据来源			资料内容
一手资料	访谈资料	高层管理人员	通过对三大平台的高层管理人员进行关于平台未来规划内容的访谈，共收集到访谈内容约 3000 字
		平台使用者	通过对三大平台内深度使用者进行关于各个平台乡村举措的了解内容的访谈，共收集到访谈内容约 2000 字
		贫困村村支书	通过寻找三名贫困村村支书进行关于乡村振兴内容的访谈，共收集到访谈内容约 4000 字
二手资料	官方资料		在携程、抖音、京东的官网、公众号，收集企业发布的权威信息，约 1 万字
	文献资料		在中国知网中以"京东""抖音""携程""企业社会责任""乡村振兴"等为关键词，检索到相关学术论文 24 篇，整理后得到有效资料约 2 万字
	新闻资料		搜索与乡村振兴和三大平台相关的新闻报道，收集了来自澎湃新闻、新浪新闻、腾讯网、中国新闻网、光明网、北京日报等的文本资料 4 万多字
	行业资料		在艾瑞网、极光网、观研报告网等收集乡村振兴发展战略相关资料，约 5000 字
	其他资料		在微博、知乎、贴吧等渠道获取相关资料，约 5000 字

资料来源：作者自制。

4.3 扎根理论程序化编码

在文献阅读基础上，采用"扎根理论"和"案例分析法"对三个代表性案例进行分析。从上述资料来源中按照 80% 的比例选取文本数据 7.2 万字进行扎根理论分析，其余的 1.8 万字进行理论饱和度检验。首先，对搜集到的数据进行开放性编码，讨论编码过程中遇到的问题。其次，将不同类型的平台企业逐个进行编码，将数据分析与编码过程中产生的差异根据预先设定的策略加以解决，并将其转化为案例文本库。在此基础上，通过对各个个案的对比分析，对已有的数据进行回顾和修正。最后，按照"开放性编码→主轴编码→选择性编码"的思想，逐步提炼概念、范畴，构建范畴间的联系，形成一个完整的故事线。

4.3.1 开放性编码

开放式编码是对原始资料进行分解、提炼和范畴化的过程。首先，对文本材料进行逐字贴"标签"，从中发现关键词；其次，对比不同标签后进行归类和整合，形成具有代表性的"概念"；最后，对概念的内涵进行深入分析，得出具有较强概括性和较强收敛性的"范畴"。因案例涉及数据太多，无法一一罗列，故仅列举部分编码过程，其中"A+序号"代表标签，"B+序号"代表概念，"C+序号"代表范畴，如表 4-3 所示。

表 4-3　开放性编码节选

原始资料	标签	概念	范畴
资料1：携程乡村振兴学园针对安阳林州民宿产业定制的培训课程，共设立了六大课程板块，旨在进一步提升民宿服务技能，培养一批综合素质高、服务意识强的民宿管家，大力推进林州当地民宿人才建设，并且打造携程高端乡村民宿，为目的地带来更强有力的标杆效应，带动周边民宿转型升级和相关消费的增长。携程打造了全国携程度假农庄样板，其品质、内部设施、服务都会做到五星级标准，并且标准高于当地环保要求与生态和谐。（摘自：环球网科技，2022年9月5日）	A1 建设高端乡村民宿 A2 样板度假农庄 A3 农庄人才培训计划 A4 标准化服务流程	B1 建设高端乡村民宿（A1, A2, A4） B2 乡村红色旅游项目（A5, A6, A7）	C1 打造高端乡村民宿（B1） C2 推广乡村文化旅游（B2） C3 支持文化遗产保护（B3）

第4章　平台企业参与乡村振兴的履责路径——基于三类平台的多案例研究

续表

原始资料	标签	概念	范畴
资料2：携程集团某管理人员表示，"红色旅游与乡村旅游相辅相成，越来越多目的地通过红色旅游吸引游客去乡村打卡，以乡村振兴计划带动红色旅游发展。我们一年内打造了9家度假农庄落地生根，红色旅游与乡村振兴的紧密结合，有助于打造'1+1＞2'的强效合力。该项目包括上线红色旅游频道、打造红色旅游文化节和红色旅游直播月、推出红色旅游定制线路和金牌领队计划等"。 （摘自：访谈资料，2022年10月28日）	A5 上线红色旅游频道 A6 打造红色旅游文化节 A7"红色+乡村"案例	B3 保护非遗文化（A9） B4 乡村文化交流项目建设（A8，A10，A11）	C4 建立文化交流平台(B4) C5 精准输送专业人才(B5) C6 加强本土人才培养(B6) C7 发挥人才作用机制(B7) C8 开拓农业产品市场(B8)
资料3：携程度假农庄以节气、农耕、非遗为主题，共研发实施了近20个项目，将多个非遗体验、农事活动、乡村民俗活动引入农庄。除此之外，游学品牌"乡村笔记"与携程独家合作的乡村游学项目在携程游学频道上线。首发的旅游产品"湘西乡土写作营"将带领10—18岁青少年体验湘西民俗，重走沈从文"湘行散记"之路。 （摘自：中国科技新闻网，2021年4月16日）	A8 携程游学频道 A9 非遗体验活动 A10 乡村游学项目 A11 乡村笔记	B5 提供人才专项赋能（A12，A13，A14） B6 定向帮扶本土创作者（A15，A16）	C9 建设农业产品品牌(B9) C10 建设乡村物流体系(B10)
资料4：抖音集团在2022年发起"乡村商学堂"项目，在全国招募优秀的乡村领域创业者、企业家。本期商学堂招募的57位学员来自全国25个省市，学员类型涵盖丰富，不仅包括农产品种植养殖、农产品加工、农产品流通等传统农企，还有农产品电商、农业科技和农文旅等企业；除企业主外，学员中还有各地负责促进产品销售和经济发展的产业工作负责人。未来，乡村商学堂将针对农业创业相关领域的具体应用场景和问题，进一步探索搭建提升乡村经营主体商业经营意识和数字化能力的人才输送平台。 （摘自：光明网，2023-07-06）	A12 学员类型涵盖丰富 A13 提供专项赋能 A14 针对不同场景进行人才输送	B7 按照个人特长安排岗位（A17，A18，A19，A20） B8 直播销售农产品（A21，A22，A23） B9 突出品牌形象（A24，A25，A26）	C11 推动基层医疗供应(B11) C12 完善乡村金融服务(B12)

续表

原始资料	标签	概念	范畴
资料5："抖音助力乡村人才培养案例"主要包括"乡村守护人""乡村英才计划"两个部分。"乡村守护人"项目旨在通过专业课程培训、定向扶持等方式,发掘乡村本地创作者,激励他们围绕乡村美景、美食特产、特色民俗、生产劳作等内容方向进行长期创作。 （摘自：网易新闻,2022-11-18）	A15 专业课程培训 A16 发掘乡村本地创作者	B10 物流设施建设（A27,A28,A29） B11 医疗设施建设（A30,A31）	
资料6：抖音管理人员表示：我们培养出各种类型的人才,并不是说全都出来做直播卖货,或者都开淘宝店,我们会做一个"分流",给不同类型的人才提供不同的岗位支持,比如这个人语言表达能力强,那就适合做主播；那个人上网打字很快,那就适合做淘宝售后；另一个人剪辑能力强,那就负责剪视频嘛,争取让每个人都能最大限度地发挥作用嘛。 （摘自：访谈资料,2022-10-29）	A17 不同类型人才分流 A18 语言表达能力强的人做主播 A19 打字快的人做售后 A20 剪辑能力强的人负责剪辑	B12 多元化金融服务（A32,A33,A34,A35）	
资料7：抖音平台发布"县长来直播"活动。县长亲自在抖音直播带货做推荐,增加对消费者的吸引力,直播镜头全方位展示风土人情、种植采摘过程,激发消费者的购买欲。在2020年下半年,抖音直播带货活动助农,抖音用户加入为国家打赢脱贫攻坚战、为贫困地区增收的战斗中,更是通过抖音平台直播带货为贫困地区百姓带去可观的经济收入。 （摘自：学术论文,2022年第3期）	A24 打造品牌形象认知 A25 按照视频个性差异制作品牌标志 A26 通过LOGO整合形象		

续表

原始资料	标签	概念	范畴
资料8：近年来，京东集团依托国家乡村振兴政策，以政府为主导、企业为主体，提升技术质量水平、塑造品牌形象、丰富品牌文化内涵。通过打造线上线下品牌认知形成品牌形象结果，从市场需求和自身优势出发，让消费者清晰识别，记住品牌特征和品牌核心价值，对食品的个性差异形成决策，比如统一品牌的标志和LOGO，通过高度整合形象，一目了然传达品牌信息，形成口口相传的品牌资产。（摘自：中国农村网，2023-07-24）	A21 县长带货做推荐 A22 全方位展示助销 A23 直播带货活动		
资料9：京东在助力乡村振兴的过程中，还结合自身供应链、物流、金融、技术和服务五大核心能力，为京东"奔富村"打通全产业链条。京东物流能力为乡村打造基础设施，助力构建完善农产品现代流通体系；京东技术能力以乡村数智操作系统推动乡村建设，全面推进乡村产业数智化、治理现代化与生活智慧化；此外，京东还为乡村提供供应链金融、综合服务站，以及产业带帮扶、产业生态体系建设、基层医疗健康等服务支撑。（摘自：人民网，2022年2月24日）	A27 建设现代农业全产业链条 A28 数智化赋能支持 A29 打造乡村基础物流设施		
资料10：为提升乡村医生用药、诊疗水平，服务农民健康，京东健康推出"诊京采"业务，能够帮助医药供应链下沉乡村、推动医生培训到乡村、提升基层医疗机构数智化水平，帮助乡村患者检测疾病并及时就医。（摘自：人民网，2022年2月24日）	A30 基层医疗健康服务 A31 助力医药供应链下沉		

续表

原始资料	标签	概念	范畴
资料11：京东金融在1500多个县30多万个行政村，开展乡村金融业务，构建了一个以农民个体、涉农企业、农产品消费者及众多合作伙伴为核心的乡村金融生态圈，通过京农贷、乡村众筹、乡村白条、乡村理财等产品线为乡村提供多元化金融服务；在推进农产品进城的过程中，京东金融与中华联合财产保险公司、新希望六和、杜邦先锋、通威等在内的40多家企业达成了深度合作，为农民提供从原料采购、种植、收购和销售的全过程金融支持和服务。（摘自：经济参考报，2018年9月18日）	A32 乡村金融业务 A33 乡村理财 A34 乡村众筹 A35 乡村白条		

资料来源：作者自制。

资料1-3与携程平台相关，资料4-7与抖音平台相关，资料8-11与京东平台相关。资料1是携程在乡村振兴中开展旅游项目，包括培育民宿人才、建设携程独家农庄样板、升级基础设施等，最终提炼为"打造高端乡村民宿"；资料2是携程管理人员关于携程业发展的说明，明确指出要将红色旅游与乡村旅游紧密结合，提炼为"推广乡村文化旅游"；资料3是携程利用旅游项目传承乡村非遗文化的举措，如开展各类线下非遗体验活动、打造线上携程游学频道，分别提炼为"支持文化遗产保护"和"建立文化交流平台"；资料4是抖音发起"乡村商学堂"项目，招募优秀不同领域创业者和企业家进行经验和技能传授，向乡村输送各类人才，提炼为"精准输送专业人才"；资料5是抖音通过专业课课程培训和定向扶持的方式发掘乡村本地创作者，提炼为"加强本土人才培养"；资料6是对培养出来的不同类型人才进行分流及分工，发挥其特长，提炼为"发挥人才作用机制"；资料7是抖音平台利用网红或者名人直播带货，促进农产品销售，因此提炼为"开拓农业产品市场"；资料8是京东依托自身优势构建产业链，为贫困地区创造特色农产品品牌，提炼为"建设农业产品品牌"；资料9中，京东依托自身资源和能力优势，为乡村物流产业链的数智化建设提供支持，提炼为"建设乡村物流体系";资料10中,京东推出"诊京采"业务,为乡村医疗发展助力,基于此提炼出"推动基层医疗供应"的范畴;资料11介绍了京东金融为打造乡村金融生态圈所开展的一系列举措,并由此提炼出"完善乡村金融服务"的范畴。

除表4-3呈现的资料之外,携程、抖音、京东在乡村振兴中还开展了其他各类社会责任实践活动。如携程推出"乡村振兴五年计划",包括网红村落孵化、精品乡村旅游路线打造、乡村旅游基础设施基金投入等;抖音打造"山里DOU是好风光""山货DOU起来""山货上头条"等活动,助力基层脱贫攻坚工作;京东通过建立"京喜农场"示范基地、"乡村振兴·京东千县名品"项目、"千县万镇24小时达"物流体系等为乡村振兴以实助实。经整理,开放性编码共得到范畴18个,具体见表4-4。

4.3.2 主轴编码

主轴编码的目的是实现类与类之间的关联。在此基础上,将18个类别按照"前因条件→情景→中介条件→行动/互动策略→结果"的顺序排列,建立类别间的关联关系,最后提炼出5个主范畴。主范畴与范畴的对应关系及各范畴的内涵如表4-4所示。依据典范模型形成的证据链如表4-5所示,共有3个证据链。

表4-4 主范畴与范畴的对应关系及各范畴内涵

主范畴	范畴	范畴内涵
现实困境 (3个)	人才困境	农村人才外流,缺乏具有一定的科学文化水平和技术专业水平的专业农业人才
	资金困境	农村面临金融体系不完善、财政支农资金投入不足和城乡金融结构失衡的难题
	文化困境	乡村发展面临传统文化没落、特色民俗文化离散、精神文化贫瘠的问题
社会需求 (3个)	农技人才需求	乡村整体发展滞缓,迫切需要一批高素质专业化人才参与乡村建设
	经济发展需求	城乡差距仍然存在,要减少贫富差距,必须促进农民增收和农村经济繁荣
	精神文化需求	优秀乡村文化存在极大发展潜力,农村居民精神文化需求不断增长

续表

主范畴	范畴	范畴内涵
人才振兴（3个）	精准输送专业人才	根据乡村发展需求，为当地培养和输送各类人才
	加强本土人才培养	发掘乡村本地创作者，通过专业课程等方式进行培育扶持
	发挥人才作用机制	根据各类人才不同特长领域，因事择人、因材施教
产业振兴（6个）	打造高端乡村民宿	建立乡村振兴产业园，通过培训乡村民宿管家，打造高端乡村民宿产业
	建设农业产品品牌	依托电商优势，加强农产品市场营销，实现农产品品牌建设
	开拓农业产品市场	通过直播实现线上引流和线下变现的形式为农产品销售提供渠道
	建设乡村物流体系	平台零售供应链能力为乡村物流供应链建设提供物流建设支持
	推动基层医疗供应	发挥资源优势，推动医生培训下沉到乡村，提升基层医疗水平
	完善乡村金融服务	建立乡村金融平台，为乡村产业提供融资支持
文化振兴（3个）	建立文化交流平台	打造多样化的乡村文化活动，让乡村文化得到更加广泛的交流和传播
	推广乡村文化旅游	推出乡村文化主题旅游路线、文化体验等，提高乡村旅游的知名度和吸引力
	支持文化遗产保护	通过挖掘乡村文化遗产，开展各类文化保护活动，赋能乡村文化遗产保护与传承

资料来源：作者自制。

表4-5 基于典范模型的证据链

证据链	典范模型				
	前因条件	情景	中介条件	行动/互动策略	结果
乡村人才培育之路	劳动者素质偏低 人才流失现象严重 劳动力市场不健全	乡村人才资源的匮乏使得乡村经济发展缓慢，需要高素质人才推动乡村经济发展	人才输送平台 专业课程培训 人才分流分工	精准输送专业人才 加强本土人才培养 发挥人才作用机制	人才振兴

续表

证据链	典范模型				
	前因条件	情景	中介条件	行动/互动策略	结果
乡村产业兴农之路	乡村资源利用程度不高 乡村基础设施建设不完善 农业生产体制残缺	乡村产业体系发展滞后 影响产业升级和现代化发展	政府+平台企业 平台企业+乡村产业	打造高端乡村民宿 建设农业产品品牌 开拓农业产品市场 建设乡村物流体系 推动基层医疗供应 完善乡村金融服务	产业振兴
乡村文化振兴之路	乡村文化被冲击和遗忘 文化建设呈现碎片化	精神文化需求日益增长 社会主义新农村建设的需求	短视频宣传 举办文化活动 政府支持	建立文化交流平台 推广乡村文化旅游 支持文化遗产保护	文化振兴

资料来源：作者自制。

各主范畴的具体解释如下。①现实困境：农村发展过程中面临人才外流、发展资金匮乏、传统文化没落和精神文化贫瘠的问题。②社会需求：城乡差距仍然存在，要缩小贫富差距，必须促进农民增收和农村经济繁荣，培养专业化农机人才，加强农村文化建设。③人才振兴：平台企业通过人才输送平台、提供专业课程培训与扶持，因才施用，推动乡村人才服务体系建设。④产业振兴：探索农业振兴发展路径过程中，平台企业因地制宜，通过打造高端乡村民宿、品牌建设、直播助销等促进乡村产业发展，并提供医疗支持、物流建设和金融服务。⑤文化振兴：平台企业通过建立文化交流平台，将乡村文化与旅游业相结合，与地方旅游局合作举办文化旅游活动，带动红色旅游发展，促进乡村文化和非遗文化传承。

4.3.3 选择性编码

选择性编码即通过对主范畴的进一步分析，得到概括性更强的核心范畴，进而形成能贯穿所有主范畴的故事线。经过对资料的深度研讨，最终发现5个主范畴共同构成"平台企业参与乡村振兴的创新路径"。其形成的故事线为：在现实困境和社会需求的双重驱动下（人才、资金和文化发展的困境和需求），平台企业从人才振兴、产业振兴、文化振兴三个层面出发，实施多元化的社会责任措施，形成了乡村人才培育之路、乡村产业兴农之路和乡村文化振兴之路，如图4-1所示。

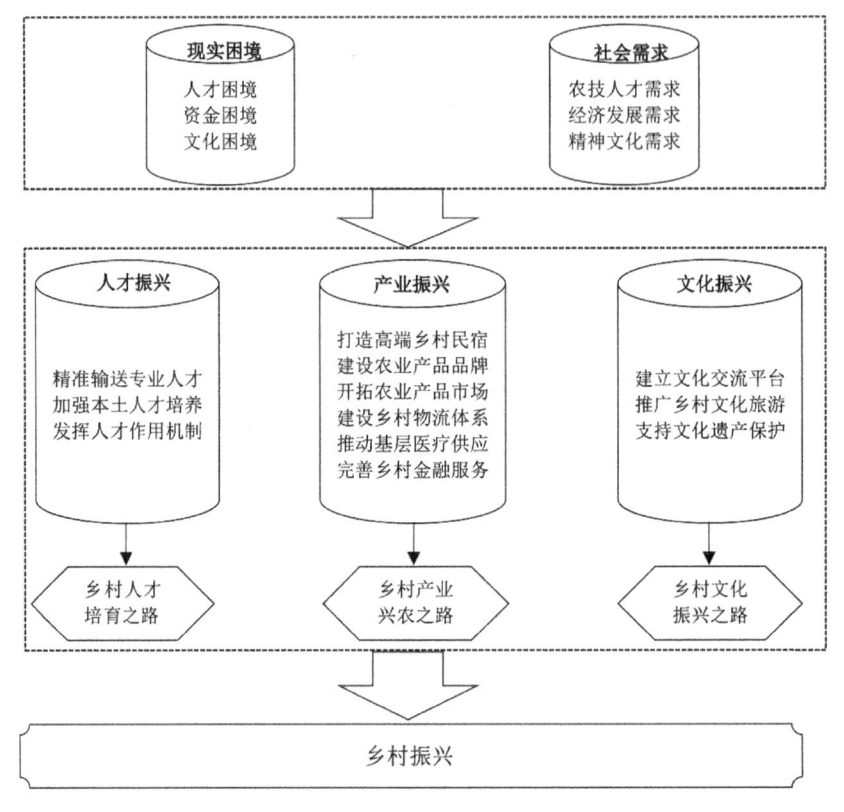

图 4-1 平台企业参与乡村振兴的创新路径

根据扎根理论构建出理论模型，在图4-1"平台企业参与乡村振兴的创新路径"中，现实困境和社会需求作为乡村振兴所面临的两大困境，推动平台企业发挥自身资源和能力优势，以国家乡村振兴政策为导向，从人才、产业、文化三方面展开多元实践，助推平台企业走上乡村人才培育之路、乡村产业兴农之路、乡村文化振兴之路。平台企业在助力乡村振兴的过程中，根据自身特质和资源的差异性，采取不同的社会责任措施，从多元角度助力乡村振兴，如短视频平台基于流量优势为乡村地区精准输送专业人才、加强对本土人才进行培养、促进各类人才优势互补，助力乡村人才振兴；电商平台基于自身产业链优势，通过为贫困乡村建立物流产业链、农业品牌建设、开拓农产品市场以及基础设施建设助力乡村产业振兴；旅游平台基于旅游资源优势，通过与地方政府等建立联系，设计乡村文化旅游路线，助力乡村文化振兴。

4.3.4 理论饱和度检验

对预先保留的 1.8 万字进行理论饱和度检验，采用同样的编码流程，结果未发现新的概念和范畴，并且符合图 4-1 所示的履责路径，因此，本研究构建的理论模型达到饱和。

4.4 平台企业参与乡村振兴的三大履责路径

乡村振兴是国家发展的重要战略之一，平台企业作为互联网发展过程中的新型组织形态，在全面推进乡村振兴中，发挥着促进农村经济发展、改善农村居民生活水平、促进乡村人才培养的多重作用。本研究从社会责任角度出发，采用多案例研究法，结合扎根理论，选取代表性的企业抖音、京东和携程作为研究对象，探究平台企业参与乡村振兴的创新路径。研究得出：平台企业会根据自身特质和资源的差异性，采取不同社会责任措施，从乡村文化振兴、产业质量兴农和乡村人才培育三方面出发助力乡村振兴。本章最终提炼了人才振兴、产业振兴、文化振兴三条路径。

4.4.1 乡村人才培育之路

乡村人才的缺失已成为乡村振兴的瓶颈，乡村振兴需要大量人才资源的支持，在现实困境和社会需求的双重影响下，平台企业针对不同的乡村人才需求，制订一系列人才培育计划，为乡村人才振兴赋能。在精准输送专业人才方面，根据当地需求展开人才培育，通过人才输送促进农业人才队伍的建设，同时，唤起乡村游子的共鸣，吸引乡村人才回流，共同建设美丽乡村；在加强本土人才培养方面，发掘乡村本土创作者，发挥本土居民的优势，建立乡村人才公共服务体系，为其提供专业课程培训和定向帮扶，让乡土人才"破土飘香"；在发挥人才作用机制方面，对人才进行分类分层的优化与管理，因事择人，因才施用，促进各级各类人才优势互补。

4.4.2 乡村产业兴农之路

产业振兴是乡村振兴的重要组成部分，统筹城乡发展的关键环节就是推进乡村产业现代化。平台企业主要通过提供技术、资金、市场等方面的支持，解决乡村产业结构单一、发展不均衡的问题，推动乡村产业实现升级和转型。在打造高端乡村民宿方面，平台企业通过打造高端乡村民宿等新兴产业，培养乡村民宿人才，为当地建立强有力的标杆效应，带动当地民宿等产业转型升级，同时为乡村经济注入新的活力，促进乡村消费的增长；在建设农业产品品牌方面，平台企业基于自身品牌建设经验，支持乡村品牌建设，提高产品的知名度和影响力；在开拓农业产品市场方面，平台企业依托自身的技术和销售运营优势，建立乡村电商平台，通过网络销售农产品、手工艺品等，提高农民经济收入，助力其拓展市场；在建设乡村物流体系方面，平台企业依托自身的物流网络，为乡村建立基础物流平台，帮助乡村产业打通物流渠道，提高乡村产业的运营效率和服务水平，推动农产品的销售和流通；在推动基层医疗供应方面，平台企业通过建立在线医疗平台，为乡村地区提供线上问诊、在线诊断、用药咨询等服务，带动医疗资源下沉乡村，解决乡村地区医疗匮乏的问题，提高乡村医疗保障水平，推动乡村地区的全面振兴；在完善乡村金融服务方面，平台企业通过建立乡村金融平台，为乡村产业提供融资支持等，包括提供贷款、保险、理财等方面服务，帮助乡村产业解决融资问题，为乡村经济发展提供资金保障。

4.4.3 乡村文化振兴之路

随着乡村经济的发展，文化振兴成为平台企业参与乡村振兴的一个新方向。缩小城乡发展差距，不仅在于提升农村居民生活水平，农民群众的精神文化需求同样不容忽略。平台企业通过对乡村文化挖掘和宣传，助力乡村实现文化资源的传承和再利用。在建立文化交流平台方面，平台企业通过在平台内打造多样化的乡村文化活动，如非遗体验、农事活动、文化节庆等具有特色的活动，让乡村文化得到更加广泛的交流和传播，让更多人了解和体验乡村文化；在推广乡村文化旅游方面，平台企业根据自身资源优势的不同，通过与旅游企业合作，共同推出具有不同特色的乡村文化旅游项目，增强乡村文化旅游的知名度和吸引力，打造乡村旅游品牌项目，推动乡村文化旅游业的发展；在支持文化遗产保护方面，平台企业通过挖掘乡村历史文化、非物质文化遗产、民俗文化等，联合相关部门和专业机构，举办各类文化遗产保护和宣传活动，建立乡村文化遗产数据库，收集、整理和展示乡村文化遗产，在提高本土乡村群众对文化遗产认同感的同时，扩大乡村文化传播范围和影响力，提升乡村的文化软实力。

综上所述，平台企业参与乡村振兴可以采取多种方式，最关键的方式在于实现文化、人才、产业的深度挖掘。文化振兴可以促进产业发展，人才振兴可以促进科技创新，产业振兴可以实现乡村经济的发展和转型升级。从文化、人才、产业振兴视角出发，平台企业不仅能助推乡村发展，还能为自身创造多元价值。因此，各类平台企业应创新思维，顺应时代潮流，为乡村地区的发展提供新的动力和新的活力，让更多的农民能够享受到新时代红利，促进乡村社会的全面繁荣与发展。

4.5 本章小结

随着平台经济的不断发展，平台企业成为乡村振兴中的重要力量，虽然学者对平台企业社会责任进行了丰富的研究，但缺乏对平台企业如何参与乡村振兴的关注。首先，本章从社会责任视角出发，提出平台企业参与乡村振兴的三大路径：人才振兴、产业振兴和文化振兴，将平台企业参与乡村振兴的路径具体化，扩展了平台企业社会责任履责的内涵和外延，完善了平台企业社会责任履责的研究体系。其次，本章选取携程、抖音和京东三大市场规模较大的平台作为研究对象，覆盖了多个领域，研究结论更具客观性和普适性，能够为平台企业参与乡村振兴提供借鉴意义。最后，本章通过探索平台企业在乡村振兴中的创新路径，提出平台企业参与乡村振兴的新模式和新路径，为乡村振兴战略提供决策支持。

平台企业参与乡村振兴是一种共赢的合作方式。乡村振兴需要平台企业的支持和参与，同时，平台企业也能抓住这一契机，实现自身的快速发展。在今后的发展过程中，平台企业应对乡村发展的实际情况和需求形成深刻的认识，将平台企业自身的优势和特色充分发挥出来，并与政府、社会组织和农民群众等各方保持紧密的合作关系，共同促进乡村振兴战略的实施，使得乡村振兴跑出加速度。此外，平台企业不仅要从人才、产业、文化三方面发挥优势赋能乡村振兴，同时，在参与乡村振兴的过程中，也要注重社会效益和经济效益相统一，实现社会价值和商业价值的有机结合，坚持以人为本的发展理念，推动乡村建设的可持续发展，最终实现城市与乡村的融合，给农民群众带来更多的获得感、幸福感、安全感，为中国现代化事业做出积极贡献。

第三篇 治理机制

第 5 章 可持续价值导向下平台企业社会责任治理的理论推演

平台企业社会责任治理是根据生态系统的构造原理和运行规律，以生态学的整体系统观、平衡和谐观和可持续发展观为指导，对事物在发展与运行中出现的问题进行审视、分析和治理的方法。平台企业社会责任治理建立在和谐可持续发展的商业生态系统基础上，强调系统内各主体之间的生态链接关系，以及它们在价值创造过程中所表现的整体性，推动它们之间的可持续发展，实现社会责任的有效履行和互动。平台企业社会责任治理与平台商业生态圈高度契合，有助于解决平台企业在社会责任方面的缺失和异化问题。

平台企业社会责任治理作为平台企业治理的新模式，对于平台企业的发展起到至关重要的作用，特别是在互联网大环境下，对平台企业的可持续性发展更有决定性作用。本章基于可持续发展理论、共生理论、复杂适应性系统理论视角提出了同层生态化治理和跨层生态化治理两种模式，并分别探讨了这两种模式的理论基础和应用场景。此外，还明确了各利益相关者在生态系统中的角色定位和功能作用，识别不同层次上的主要生态位和扩展生态位成员。同时，本章探索了不同层次之间的跨层治理和跨生态位之间的社会责任互动、互治与共生的机制，建立有效的合作机制和沟通渠道，促进信息共享、协商决策和资源整合。

5.1 可持续发展理论视角下的正当性分析

"可持续发展"是科学发展观的基本要求之一，旨在满足当代人的发展需求，同时不危害后代满足需求的能力。实现可持续发展需要社会主体的协同参与。中国正处于社会转型期,经济快速增长导致经济和社会资源紧张,因此积极探索可持续发展之路。平台企业社会责任治理是实现可持续发展的重要路径,随着以平台为节点的复杂商业生态圈的形成,商业生态圈中多元主体的相互影响和依存关系与自然世界相似。魏小雨(2021)认为,生态化治理基于生态系统构造和运行规律,以整体系统观、平衡和谐观和可持续发展观为指导,旨在实现健康可持续发展,通过审视、分析和治理,解决事物发展和运行中的问题,她认为这更是在传统逻辑基础上重构思维模式。因此,平台企业社会责任治理不仅是简单改变治理模式,而是在平台商业圈的经济、社会、环境等方面协调和治理的过程。它将可持续发展融入传统治理模式,以实现各种利益关系的协调和平衡为目标。

在平台企业社会责任生态化治理中,可持续发展理论提供了一个有益的视角,以评估和强化平台企业行为的正当性。可持续发展理论主张在经济、社会和环境方面实现平衡,以确保当前世代的需求不损害未来世代的利益。

在这一理论框架下进行的正当性分析的几个关键如下。①经济维度的正当性。在经济责任的履行方面,需要分析平台企业在经济层面的责任履行情况,包括合规性、税收贡献、经济增长和创造就业机会等,平台企业应当对其经济行为负责,确保其在社会经济系统中的积极贡献。在供应链可持续性方面,需要考察平台企业供应链中的可持续性实践,包括对供应商的要求、资源使用的效率以及减少负面影响的努力,这有助于确保平台企业经济活动不仅对自身有益,还对整个供应链产生积极影响。②社会维度的正当性。在员工权益和福祉上,评估平台企业对员工权益的尊重,包括公平薪酬、工作条件、培训和发展机会等,这有助于确保平台企业在社会方面的行为是正当的,符合社会公正的原则。在社区参与发展方面,分析平台企业与当地社区的互动,包括社区项目的支持、社会投资和对当地经济的促进。平台企业应积极参与社会事务,以推动社区的可持续发展。③环境维度的正当性。通过评估平台企业在资源使用、能源效率和减少碳足迹方面的努力来分析环境可持续性,平台企业需要采取措施减少对环境的负面影响,以确保其经营活动不会损害自然生态系统。在创新和环保责任方面,分析平台企业在产品和服务设计中的环保创新,以及其对环境的主动保护措施。通过采用可再生能源、减少废弃物和推动循环经济等实践,平台企业可以提高其在环境方面的正当性。④参与利益相关者的正当性。在利益相关者沟通与合作上，评估平台企业与各利益相关者的有效沟通和合作程度，包括客户、员工、投资者、政府等。积极参与利益相关者，并考虑其需求和意见，有助于提高平台企业的正当性。在透明度和问责制度上，平台企业应建立透明度机制，向公众和利益相关者公开其社会责任实践，并建立问责制度以应对可能的负面影响。

在进行这样的正当性分析时，平台企业需要以可持续发展理论为指导，并持续改进其社会责任实践，以确保其行为在经济、社会和环境方面都是正当的、可持续的。这不仅有助于提高平台企业的声誉和品牌价值，还有助于推动整个行业走向更加可持续的未来。

5.2 共生理论视角下的正当性分析

共生理论最初用于研究生物群体的共存关系。袁纯清（1998）将其扩展应用到经济社会领域，认为在经济组织中也存在共生现象。共生在生态学中表示多样性有机体长期演化中的和谐共存与共同发展。该理念也在组织管理、产业集群发展、生态系统等领域得到应用。平台企业生态化治理系统的形成和发展离不开共生理论。目前，一些平台企业将生态化治理仅限于环境层面，认为良好生态环境对可持续发展至关重要，将平台企业生态化治理视为"治理"而非"发展"。随着平台企业生态化治理的推进和平台企业的兴起，企业与上下游、周边社区等主体之间的关系变得复杂。人们开始重新审视这种"治理"背后的共生逻辑。从共生理论角度分析企业生态化治理，有助于更好地理解其本质含义，并为进一步构建企业生态化治理体系提供理论支持。

在共生理论的视角下，平台企业社会责任的生态化治理正当性分析将关注平台企业与其生态系统和利益相关者之间的相互依存关系。共生理论强调了各方之间的互动，强调了共同繁荣和互利共赢，包括了以下方面。①平台企业与生态系统的关系。评估平台企业与其生态系统之间是否存在互惠关系；平台企业的运营是否有助于生态系统的健康，而生态系统的状况是否影响了平台企业的可持续性；确保平台企业的运营和决策对生态系统的影响是可持续的，不会导致生态系统崩溃或不稳定；分析平台企业在生产和运营过程中对环境资源的利用方式，以及是否采取措施来保护生态系统，避免破坏生态平衡。②与利益相关者的共生关系。第一，双赢关系：研究平台企业与各利益相关者之间的关系，分析这些关系是否是共生的，是否带来双赢的局面。第二，共同利益保护：确保平台企业决策考虑到了所有利益相关者的需求，而不只是狭隘地服务于短期股东利益。第三，合作与共建：分析平台企业与利益相关者之间是否存在合作与共建的机会，以共同推动社会、经济和环境的可持续发展。③社会责任的共生性。评估平台企业的社会责任活动是否有助于社会的整体繁荣，而不只是平台企业形象的改善；确保平台企业与当地社区的互动是建立在相互尊重和合作的基础上，而不是单方面的利用。④透明度与问责机制。平台企业是否通过透明的沟通渠道向利益相关者传达其社会责任实践，包括平台企业目标、进展和困难；确保平台企业建立了有效的问责机制，对不符合共生原则的行为进行纠正，并接受批评和改进的机制。⑤未来导向的可持续性。平台企业是否通过创新实践来提高可持续性，以确保未来的共生关系得以维持；平台企业决策是否具有长远的视野，考虑未来生态系统和社会的需求，而非只追求短期的经济回报。

在这一分析框架下，平台企业需要确保其社会责任实践与共生理论的原则相一致，以创造可持续的商业生态系统，从而提高其社会责任生态化治理的正当性。这种共生性的方法有助于建立长期的信任关系，促进平台企业的长期可持续发展。

5.3 复杂适应性系统理论视角下的正当性分析

5.3.1 复杂适应性系统理论

复杂适应性系统理论（Complex Adaptive Systems, CAS）是由美国霍兰教授于1994年提出的，经历了三代演化而形成，主要强调主体的能动性。简而言之，复杂适应性系统在与环境相互作用中，可以有目的、有方向地改变自身的行动规则和内部结构，以适应环境。该理论适用于解释和响应生态、金融、互联网等系统，因此备受关注。黄溶冰和王跃堂（2009）将企业社会责任响应视为一个复杂适应性系统，从宏观和微观两个层面探讨了治理机制，在宏观层面，研究了政府如何通过外部治理机制推动企业遵从社会责任；在微观层面，分析了企业如何通过内部治理机制主动履行社会责任。慕静和王仙雅（2014）基于复杂适应性系统理论从微观视角建立了高校科研创新团队单个主体的刺激—反应模型，指出影响高校科研创新团队形成的驱动因素和制约因素，揭示了单个主体的运作机制，从宏观视角建立了高校科研创新团队多主体交互合作的回声模型，揭示了多个主体之间的交互合作机制并进行了实例分析。曾珍香等人（2020）将复杂适应性系统（CAS）理论运用于供应链社会责任（SCSR）治理，探讨了 SCSR 作为一个多主体协同的复杂系统，从宏观和微观层面分析了 SCSR 协同治理的内部自适应运行模式和外部选择性运行模式，提出了 SCSR 协同治理的机制，为应对企业社会责任缺失和环境污染等问题提供了新的思路和方法。周遂和汤璇（2021）指出复杂适应性系统理论具有三个特点：系统内的多元化主体是有主动性和目标的适应性主体，能够通过不断学习进行迭代和优化自身；复杂系统的重要条件是通过开放性和交流性产生协同行为；主体具有多层级结构，自然界或社会学中广泛存在的涌现现象可以被解释。近年来，随着平台经济的发展，平台企业的社会责任问题越来越受到社会各界的关注。企业社会责任治理成为企业发展中不可忽视的问题。平台企业的开放性、平台内利益相关者之间的交流性，以及平台内主体的多层级性等特征，使得复杂适应性系统理论可以应用于平台企业的社会责任治理活动，为平台企业的社会责任生态化治理提供理论支持。复杂适应性系统理论着眼于微观主体的相互作用，强调宏观环境是演化的，微观主体应从环境中主动学习。平台生态圈是一个复杂适应性系统，各个利益相关方具有自主性、适应性、交互性特征，运用复杂适应性系统理论分析各主体之间的互利互惠、各主体与外环境之间的适应性学习，构建微观层面的刺激—反应模型和宏观层面的回声模型，为可持续价值导向下平台企业社会责任治理提供理论支撑。

复杂适应性系统理论视角下，平台企业社会责任生态化治理的正当性分析侧重于理解平台企业与其环境、利益相关者之间的复杂相互关系和系统动力学。以下是在 CAS 理论框架下进行正当性分析的一些关键要素。①系统复杂性和自组织性。相互关系的复杂性：评估平台企业与其生态系统、利益相关者之间的相互关系的复杂性。CAS 理论强调系统中的相互依存和非线性关系，包括正反馈和负反馈循环。自组织和自调整：分析平台企业在社会责任方面的实践是否能够促使系统的自组织和自调整，以适应环境变化和维持系统的平衡。②新兴性和不确定性。新兴性的挑战：考虑平台企业在社会责任领域面临的新兴性挑战，CAS理论认为系统经常面临不断变化和新兴性的情况。应对不确定性：评估平台企业是否能够适应不确定性，包括通过灵活的战略和创新来回应新的社会、环境和经济趋势。③路径依赖和历史依赖性。路径依赖的考量：考察平台企业社会责任实践是否受到了历史决策和过去行为的影响，以及这是否有助于系统的演变。历史依赖性的考量：分析平台企业是否从过去的经验中学到教训，并能够通过反馈机制和适应性学习来不断改进其社会责任的实践。④多层次和多尺度的影响及其交互作用反馈。多层次和多尺度的社会责任：考虑平台企业在不同层次和尺度上的社会责任，包括个体、组织、社区和全球层面。多层次之间的交互作用和反馈：分析这些层次之间的相互作用和反馈机制，以了解平台企业社会责任如何在整个系统中产生影响。⑤参与和合作的网络。利益相关者的网络：评估平台企业是否在一个复杂的利益相关者网络中运作，以及如何管理这些网络关系。合作和共创：分析平台企业是否与利益相关者共同合作，通过共创性的方法来解决社会责任的挑战。⑥社会创新和演化。社会创新的驱动力：了解平台企业是否通过社会创新推动社会责任的演化，以适应不断变化的社会需求。演化的长期视角：确保平台企业的社会责任实践是基于演化的长期视角，考虑未来系统的变化和需求。

在复杂适应性系统理论框架下，平台企业的社会责任不再被视为线性的、可预测的过程，而是作为一个动态的、相互关联的系统来看待。通过这种视角，平台企业能够更好地理解和适应社会和环境的不断变化，提高其社会责任生态化治理的正当性。

5.3.2 刺激—反应模型

CAS理论中的刺激—反应模型立足于微观视角，旨在解释主体是通过什么机制来适应和学习的，它描述了不同主体在一定规则下产生的有组织行为。模型包括三个部分：探测器、规则集和效应器。探测器收集了主体从环境摄取的信息；规则集由一系列IF/THEN规则组成，描述了主体对信息的吸收和筛选能力；效应器反映的是主体的行为，效应器中的行为一旦被激活，将对环境产生影响。该模型的反应机理是：主体将探测器探测到的消息与规则集所具有的规则进行匹配，发现匹配的规则后可以直接激活效应器产生行为或激活另一个相匹配的规则。如图 5-1 所示，该模型主要包括探测器、规则集、效应器。

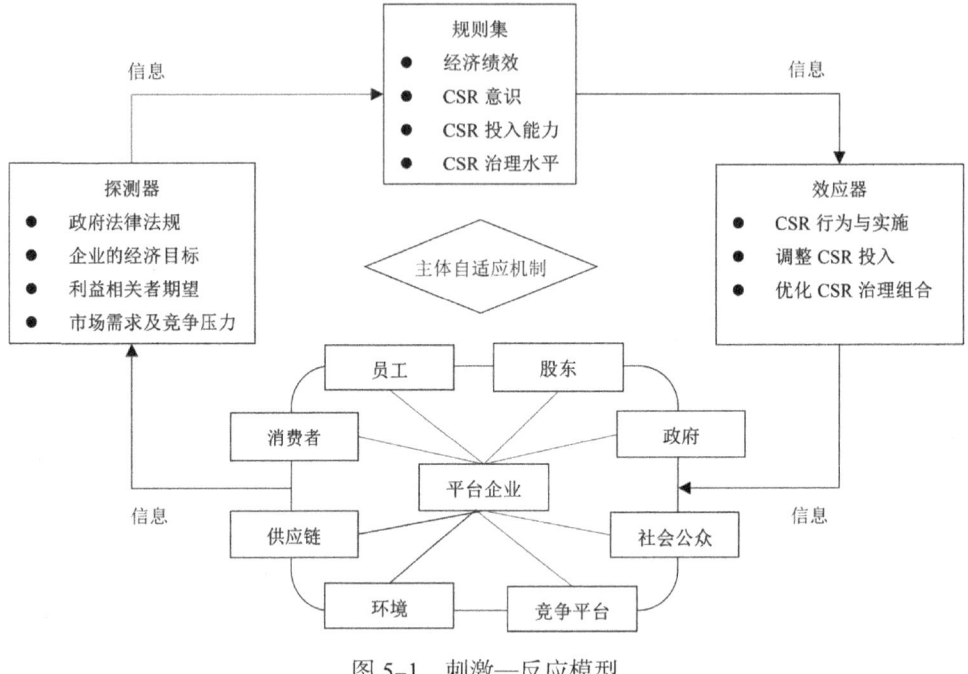

图 5-1 刺激—反应模型

由图 5-1 可知，平台企业社会责任生态化治理的形成取决于主体的自适应机制。主体与各利益相关方及外部环境进行信息交互，通过探测器探测环境信息，在规则集中进行筛选、匹配，进而引发一系列效应器中的反应，最终将反应信息反馈给平台生态。如此周而复始、循环反复，形成了平台企业社会责任生态化治理的稳健结构。下面对该模型中探测器、规则集和效应器的具体内容进行详细阐述。

1.探测器——感知外部信息

平台企业作为生态化治理系统的主体，通过自身的探测器感知外部环境中的政府法律法规、企业的经济目标、利益相关者期望和市场需求及竞争压力。这些信息随后传递给规则集进行筛选。

政府法律法规：政府政策和法律是所有社会组织必须遵守的规则，供应链上的企业也不例外。

企业的经济目标：供应链中上下游企业根据各自的经济目标制定 CSR 策略，直接影响主体平台企业的 CSR 决策。主体企业通过接收和分析这些信息，为自身 CSR 决策提供依据。

利益相关者期望：生态化治理的效果取决于各主体的合作，因此不能忽视利益相关者的期望和诉求，需要主动探测他们对企业 CSR 水平的态度和监督。

市场需求及竞争压力：随着供应链和企业越来越市场导向，谁的 CSR 水平能赢得消费者的青睐，谁就能占领市场。竞争对手的 CSR 策略和消费者对社会责任的偏好也会影响企业的 CSR 水平，这些信息需要探测。

2. IF/THEN 规则集——对信息进行反馈强化或弱化

规则集是刺激—反应模型的核心，通过分析探测器获取的信息，与规则进行匹配，进行正反馈强化或负反馈弱化，从而促使效应器采取相应行动。规则集包括经济绩效、CSR 意识、CSR 投入能力和 CSR 治理水平。

经济绩效：企业作为盈利主体，其任何经济投入都以盈利为目的。规则集中最重要的规则是经济绩效，用以衡量外界刺激，指导效应器做出相应决策。

CSR 意识、CSR 投入能力和 CSR 治理水平：在生态化治理中，社会责任的协同是重点。企业在接收到外界刺激后，将信息与自身的 CSR 意识、投入能力和治理水平进行匹配，确定 CSR 治理水平是否符合市场及外部环境需求，从而促使效应器做出调整。

3. 效应器——将规则集的信息转化为行动

将探测到的外界刺激通过规则集的匹配，传递给效应器，促使其产生相应的决策行为。效应器表现为 CSR 行为与实施、调整 CSR 投入、优化 CSR 治理组合以适应市场和环境变化。

5.3.3 回声模型

回声模型建立在宏观层面上，用来表达系统的整体行为模式。回声模型认为一个复杂适应性系统包括若干资源和位置，每个位置可以容纳多个主体，主体可以在同一位置或不同位置与其他主体进行交互。主体由三个基本的部分构成，即进攻标识、资源和防御标识。当两个主体在系统中的某个位置相遇时，一个主体的进攻标识会与另一个主体的防御标识进行匹配。主体之间匹配的前提条件是主体自身的异质性，当两个主体之间能够实现异质性的互补时，即彼此的进攻标识与防御标识非常匹配时，主体之间就会进行资源的交互。基于回声模型，本文建立了图 5-2 所示的多主体交互合作的回声模型。

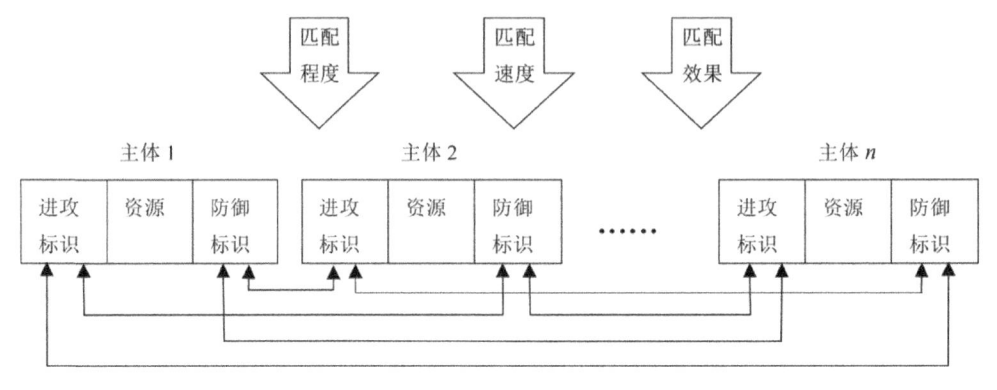

图 5-2　多主体交互合作的回声模型

由图 5-2 可知，平台企业社会责任治理涉及多个主体。每个主体都具备特定的资源、目标和反馈机制。这些因素包括企业的核心价值、社会责任目标、市场需求和利益相关者的期望。主体之间通过资源和目标的匹配情况决定是否建立合作关系。匹配情况由以下三个条件决定：一是匹配程度。主体在选择合作伙伴时，要求合作伙伴与自身有很强的资源互补性，才能达成合作的前提。高匹配程度意味着主体之间的资源和目标具有高度互补性，能够实现最佳的社会责任治理效果。具体来说，平台企业与其合作伙伴在社会责任领域应具备不同但互补的资源和能力，如技术资源、市场覆盖、社会影响力等，以便共同推动社会责任治理目标的实现。二是匹配速度。社会责任项目的实施往往具有时效性，快速响应和实施是合作成功的关键。高匹配速度意味着主体能迅速适应彼此，快速实现融合。对于平台企业来说，高匹配速度体现在能够迅速学习和适应合作伙伴的社会责任策略和行动计划，从而在最短的时间内实现最大的社会影响。例如，平台企业能够快速与公益组织合作，在灾难发生后迅速开展救援和支持工作。三是匹配效果。合作进行一段时间后，主体需要对合作效果进行衡量。效果好意味着匹配达到了理想的结果，即合作的主体实现了资源共享和优势互补，社会责任项目取得了显著成效，并形成了长期的合作关系。例如，通过合作，平台企业能够显著提升其社会责任声誉，增加用户信任，同时合作伙伴也能够获得更多资源和支持，共同推动社会进步。

5.4 平台企业社会责任治理共同体

作为一个以互联网技术为依托的新型业态，平台企业在推动新经济发展、满足人民美好生活需要和促进社会和谐方面发挥了重要作用。为了履行平台企业的社会责任，必须进行有效的治理措施。在平台企业的发展过程中，已经形成了复杂的层级系统，因此，本研究将平台企业社会责任治理分为双层级，并构建同层生态化治理模式，如图5-3所示。

在第一层级中，平台企业作为主体，对双边用户进行社会责任治理，并与生态圈内的其他成员协同合作，形成由平台企业主导的社会责任治理模式。在同层生态化治理模式下，各主体之间的关系是协同共生的。平台企业与政府、社会组织和双边用户形成了共同利益体，三者之间能够实现共同发展。在第二层级中，政府作为社会责任治理的主体，对平台企业起到监督制约的作用，同时把平台企业作为社会责任治理的对象。此外，双边用户、利益相关方和社会组织等也积极参与其中，形成网格化监督，促使平台企业积极进行社会责任的生态化治理。因此，各主体对社会责任治理的参与程度也将会提升，以实现更有效的社会责任履行。通过同层生态化治理模式，平台企业能够更好地履行社会责任，推动整个行业的健康有序发展。同时，政府、双边用户和其他利益相关方的积极参与也将促进社会责任治理的有效实施。这种协同合作的治理模式有助于构建一个积极、和谐的生态系统，为人民提供更好的服务，推动社会的可持续发展。

平台企业作为一个复杂的生态圈，存在着各个主体和客体之间层次不够分明的情况，常常呈现相互交织、相互嵌入和混合嵌套的现象。此外，在平台企业的各个发展阶段，不同层次的角色经常进行互换。因此，实现平台企业社会责任的生态化治理不仅需要建立同层次的生态化治理，还需要对跨层次的治理模式进行研究。

跨层次治理需要对每个层级中的成员关系进行整合，将相同生态圈中的成员在不同层级的社会责任治理中所起的作用进行协调，并解构其在同一层级和不同层级的社会责任网络中的作用。这样，才能为平台企业社会责任在跨层次治理中存在的缺失、混杂和嵌套异化等问题提供系统的解决方案。为此，需要利用多个治理主体、多个治理力量以及多个治理机制构建立体化的跨层次治理模型。这种跨层次治理模型将不同层级的参与者有机地结合在一起，形成相互协作、相互促进的治理体系。跨层次治理通过建立协调机制、信息共享机制和监督机制等，可以实现不同层级之间的有效沟通和合作，确保平台企业在社会责任履行方面的统一目标和行动。同时，本研究还需关注跨层次治理模式中的责任分配、监督机制和激励机制等关键要素，以确保整个生态圈的稳定发展和社会责任的全面落实。通过跨层次治理模式的应用，平台企业能够更好地应对复杂的社会责任挑战，推动可持续发展，并为构建一个健康、繁荣的平台生态系统做出贡献。

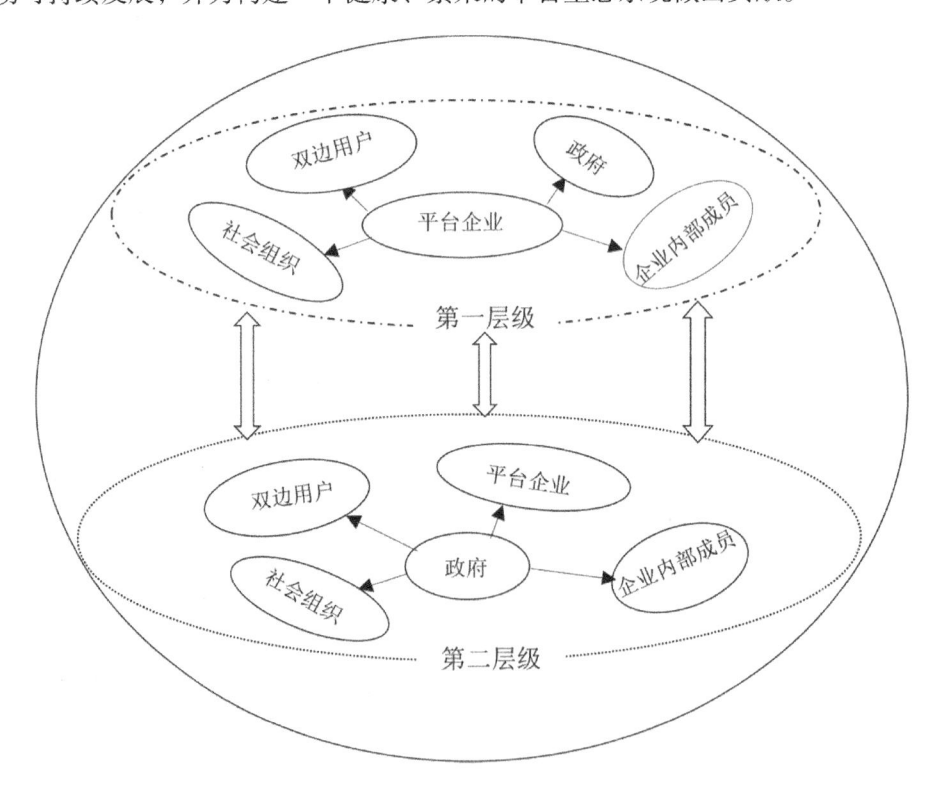

图 5-3 平台企业社会责任生态化治理的模式

生态视域下的企业社会责任治理共同体应由平台企业为主，辅之以平台投资者、平台运营者、平台使用者、平台创作者以及平台企业外的各类主体，以同一个社会责任治理愿景为目标，以主体之间的资源共享为基础，成员之间相互链接形成共生型结构。并且，共同体中的各个成员不再仅仅追求个人利益最大化，而是以共同体的整体利益为目标，进行社会责任治理活动。

市场环境与组织内成员行为是导致平台企业出现社会责任异化与缺失的主要原因。平台企业想要可持续发展就必须从自身出发，规范、引导与协调组织内成员的行为。平台投资者应当投资合法合规项目，在此基础上积极参与公益项目。平台运营者应当确保平台运营符合规范，升级算法机制，营造健康向上的平台生态。平台使用者和平台创作者应合法合规使用平台，发布正面的视频内容和评论，严禁出现违反公序良俗、违背社会主义核心价值观和损害未成年人身心健康的内容。同时鼓励平台创作者发挥自身潜在优势，以更加有效的方式创造更大范围的社会价值。平台企业在引导企业内成员与外部组织协同参与社会责任治理活动的基础上，通过相互合作的方式加强主体之间的嵌入度和紧密性，推动平台企业社会责任治理共同体的建设，激发企业社会责任治理共同体成员的履责意愿，最终形成企业社会责任治理实践的可持续性发展。

平台企业在当代社会发挥着越来越重要的作用，它们对社会、环境和经济都有着广泛的影响。了解平台企业社会责任治理共同体的运作，有助于理解这些企业如何履行其社会责任，从而推动社会的可持续发展。平台企业社会责任治理共同体的建立涉及多方利益关系，包括企业、政府、社会组织等。研究问题的重要性在于深入了解这一治理共同体对于促进平台企业的社会责任意识和实践的影响，以及对社会各界的积极影响。

5.5　本章小结

本章基于可持续发展理论、共生理论和复杂适应性系统理论，探讨了以创造可持续价值为目标的平台企业社会责任治理的正当性和科学性，构建了刺激—反应模型和回声模式，从微观自组织与宏观环境交互两个角度分析平台企业社会责任治理的内在动力和交互过程。针对商业利益与媒体价值的冲突、信息自由与网络安全的矛盾，剖析传统治理模式的缺陷，立足平台生态圈的概念，从和谐共生、可持续发展、网络生态共同体的视角提出社会责任生态化治理的正当性。剖析可持续价值导向下治理主体和治理客体的新特征，并论述了社会责任治理过程和可持续价值创造过程的相关性与交互性。

第6章　可持续价值导向下平台企业社会责任治理的三方演化博弈分析

随着国家政策和信息化技术的推动，互联网技术正在颠覆传统行业和商业模式，推动平台经济的崛起。平台企业在快速成长的同时也带来了诸多社会责任问题，主要体现为平台企业及利益相关方之间的社会责任缺失与异化行为，进而引起了社会各界及学者对平台治理的热切关注。可持续发展是科学发展观的基本要求之一，旨在满足当代人的发展需求，同时不危害后代满足需求的能力。近年来，可持续发展理念逐渐深入人心，社会各界开始更加关注平台企业履行社会责任所创造的可持续价值，这也引发了学界对平台企业可持续价值创造及平台企业社会责任治理的深入研究。

平台企业在面对不同利益相关方的协同创造价值时，能够实现可持续竞争优势，并通过构建可持续商业生态圈推动社会的可持续发展。通过融合可持续性理念和企业社会责任理念，平台可持续性商业模式能够整合经济、社会和环境价值，并创造出综合价值和共享价值，从而为广大利益相关方创造可持续的价值。肖红军等人（2019）认为，依托数字化平台构建可持续的商业生态圈有助于推动社会的可持续发展。宋岩和续莹（2022）通过实证研究证明了平台企业社会责任的履行能够提升平台企业价值，并且借用媒体关注度能够更好提高企业价值。魏想明和刘锐奇（2022）通过拼多多平台的案例研究探析平台企业可持续价值共创模式的实现机理和有效方法，指出共创过程是动态演化的、共创关系是多元发展的，只有立足于社会价值导向并着眼于解决社会问题，平台企业才能实现可持续发展。

可持续发展理念自提出以来便被社会各界广泛关注与应用，但目前尚缺乏有关可持续发展和可持续价值创造的理论研究，有关可持续价值创造视角下平台企业社会责任治理的系统性研究更是相对匮乏。因此，本章以可持续价值为导向，分析平台企业、平台双边用户和政府之间的博弈关系并构建三方演化博弈模型，对模型求解并进行复制动态分析和演化稳定性分析，通过 Matlab 数值仿真模拟不同情境、初始意愿和主要参数对演化路径的影响，以期为平台企业社会责任治理提出可持续价值导向下的治理策略。

6.1 博弈视角下的平台企业社会责任治理

在平台企业社会责任治理的研究方法上，学者比较重视理论分析和模型设计，以平台企业为案例分析的实证研究不断增多。如朱文忠和尚亚博（2020）通过 CiteSpace 工具考察平台企业社会责任治理的相关研究并进行文献定性分析，得出该研究数量与平台社会责任问题发生率相关性较高等结论，最后在定量分析基础上总结了我国平台企业社会责任的治理机制。阳镇等人（2020）运用逻辑演绎和案例研究方法分析了新冠疫情下平台企业社会责任的现实案例，剖析平台企业社会责任治理共同体的重要作用。

平台社会责任的治理需要平台企业协同各利益相关方的共同参与，由于平台企业、双边用户和政府的价值偏好和利益追求并不一致，而彼此之间又需要承担相应的责任，三方主体之间产生了博弈关系，运用演化博弈和数值仿真模拟方法有利于得出三方主体的最优策略。近年来，部分学者开始采用构建博弈模型的方法对平台企业社会责任治理相关问题展开了研究，基于多主体的演化博弈模型研究主要从平台企业、双边用户和政府的角度展开。曲薪池和侯贵生（2020）通过构建"平台—用户—政府"的三方演化博弈模型研究平台信息安全治理问题，并利用仿真分析主体初始意愿、政府惩罚力度、用户维权成本等因素对主体策略选择的影响进行分析。彭正银等人（2020）通过构建 UGC 平台、MCN 机构和头部用户的演化博弈模型探析影响 UGC 平台内容治理的因素，发现治理强度、惩罚成本等因素对三方主体策略选择的影响作用显著。汪旭晖和任晓雪（2021）构建了"平台电商—消费者"的演化博弈模型，从政府惩罚和激励两种机制下分析主体策略选择的影响因素，同时通过数值仿真模拟主体的演化路径。他们认为政府应将惩罚和激励相结合并适时调整，以达到监管的动态平衡。骆建彬和谢卫红（2022）将非参与互动公众引入模型，构建了"政府—非参与互动公众—直播平台"的三方演化博弈模型，来探究直播平台低俗内容治理机制问题，结果表明非参与互动公众的监督作用对主体策略选择具有显著影响，而政府单方面的监管影响较小。蔡昌和郭俊杉（2023）构建了"政府—平台企业"的演化博弈模型，分析政府在平台企业税收治理中的政策选择和制定情形，提出了"激励+监管"的新路径。杨秀云和梁珊珊（2023）构建了政府、社交平台企业和平台用户之间的演化博弈模型，通过三方主体间的策略选择及影响因素分析，研究我国互联网信息生态环境的治理机制问题，结果显示通过提高政府奖惩力度和加大企业对用户惩罚强度等方式可以加速达到理想稳定策略组合。

6.2 模型假设与构建

6.2.1 参数说明和模型假设

本文构建"平台企业—平台双边用户—政府"的三方演化博弈模型，现提出如下基本假设。此外，本文的相关参数和符号解释如表 6-1 所示。

表 6-1 平台企业社会责任治理演化博弈模型的相关参数设定及含义

参数	参数含义
U_1	平台企业的基本经济收益
U_2	平台双边用户的基本经济收益
U_3	政府积极监督的社会环境收益
C_1	平台企业积极履责的成本（$U_1 > C_1$）
C_2	平台双边用户积极参与的成本（$U_2 > C_2$）
C_3	政府积极监督的成本（$U_3 > C_3$）
μ_1	平台企业消极履责时的惩罚系数（政府积极监督）
μ_2	平台双边用户消极参与时的惩罚系数（平台企业积极履责）

续表

参数	参数含义
R_1	平台企业的可持续经济收益（当平台企业积极履责且平台双边用户积极参与时）
R_2	平台双边用户的可持续经济收益（当平台企业积极履责且平台双边用户积极参与时）
R_3	政府积极监督的可持续社会环境收益（当平台企业积极履责且平台双边用户积极参与时）

假设1：本文所构建的演化博弈模型存在三个参与主体，其中平台企业为参与主体1，平台双边用户为参与主体2，政府为参与主体3，三方主体都是有限理性个体，三方主体的策略选择会随时间演化并稳定于最优策略。三方决策主体都只追求自身利益最大化，决策一方无法知道其他决策方的具体策略收益，只能根据先行方的决策调整自己的策略。以下有关平台企业、平台双边用户和政府的相关参数变量都为非负数。

假设2：平台企业的策略选择空间为（积极履责，消极履责），其中以x的概率选择"积极履责"，以$(1-x)$的概率选择"消极履责"，$x \in [0,1]$。在平台企业社会责任治理过程中，平台企业可能出于自身强烈的责任使命选择积极履行社会责任，或由于积极履责所带来的高收益及可持续价值选择积极履责，也可能考虑到较高的积极履责成本、"搭便车"和投机等原因选择消极履行社会责任。假设平台企业正常经营的基本经济收益记为U_1，当平台企业选择"积极履责"策略时会耗费大量资源，增加企业成本，其积极履责所产生的成本记为C_1，其中$U_1 > C_1$。当平台企业选择"消极履责"策略时，若政府采取"积极监督"策略，此时平台企业会受到政府的惩罚，记为$\mu_1 U_1$，其中μ_1为政府对平台企业消极履责的惩罚系数。

假设3：平台双边用户的策略选择空间为（积极参与，消极参与），其中以y的概率选择"积极参与"，以$(1-y)$的概率选择"消极参与"，$y \in [0,1]$。在平台企业社会责任治理过程中，平台双边用户作为平台企业的经济利益相关方成员，可能由于参与平台社会责任治理能够取得更高的收益而选择"积极参与"策略，可能由于平台企业积极履责时会对消极参与的平台双边用户给予较高的惩罚而被迫选择"积极参与"策略，也可能由于积极参与治理的成本较高、社会责任意识欠缺等原因选择"消极参与"策略。假设平台双边用户在平台交易中的基本经济收益记为U_2，当其积极参与平台企业社会责任治理时的成本记为C_2，其中$U_2 > C_2$。当平台双边用户选择"消极参与"策略时，若平台企业积极履行社会责任并对平台双边用户进行监督，此时平台双边用户会受到平台企业一定的惩罚，记为$\mu_2 U_2$，其中μ_2为平台企业对平台双边用户消极参与的惩罚系数。

假设4：政府的策略选择空间为（积极监督，消极监督），其中以z的概率选择"积极监督"，以$(1-z)$的概率选择"消极监督"，$z \in [0,1]$。在平台企业社会责任治理过程中，政府作为扩展型生态圈成员，有责任有必要对平台企业履行社会责任的相关情况进行监督并作出相应处理，由于政府及公众等社会生态圈成员对社会责任问题治理的高度诉求，或考虑到平台企业积极履责能够带来一定的可持续价值，政府会选择"积极监督"策略，然而也可能由于积极监督的成本过高、与其他利益相关者狼狈为奸等原因选择"消极监督"策略。假设政府积极监督平台企业时，能够获得一定的社会环境收益，记为U_3，同时政府对平台企业进行日常检查等监督措施时会产生一系列的积极监督成本，记为C_3，考虑到模型求解及现实情况，假设$U_3 > C_3$。

假设5：当平台企业积极履行社会责任且平台双边用户也积极参与平台企业社会责任治理时，不仅能够为整个平台生态系统（平台企业及经济利益相关方）创造可持续经济收益，还能为包括政府在内的社会利益相关方成员带来可持续社会环境收益，本文将其定量化为可持续价值，并假设平台企业获得的可持续经济收益记为R_1，平台双边用户获得的可持续经济收益为R_2，政府获得的可持续社会环境收益记为R_3。

6.2.2 收益矩阵构建

根据6.2.1节的模型假设和参数设定得到平台企业、平台双边用户和政府三方的收益矩阵，如表6-2所示。

表6-2 平台企业、平台双边用户和政府的收益矩阵

平台双边用户		政府	
		积极监督	消极监督
平台企业 积极履责	积极参与	$U_1-C_1+R_1$, $U_2-C_2+R_2$, $U_3-C_3+R_3$	$U_1-C_1+R_1$, $U_2-C_2+R_2$, 0
	消极参与	U_1-C_1, $(1-\mu_2)U_2$, U_3-C_3	U_1-C_1, $(1-\mu_2)U_2$, 0
平台企业 消极履责	积极参与	$(1-\mu_1)U_1$, U_2-C_2, U_3-C_3	U_1, U_2-C_2, 0
	消极参与	$(1-\mu_1)U_1$, U_2, U_3-C_3	U_1, U_2, 0

由表6-1和表6-2可以得到平台企业在博弈时选择"积极履责"策略的期望收益E_{11}、选择"消极履责"策略的期望收益E_{12}及平均期望收益$\overline{E}_1$分别为：

$$E_{11} = yz(U_1-C_1+R_1) + y(1-z)(U_1-C_1+R_1) + (1+y)z(U_1-C_1) + (1-y)(1-z)(U_1-C_1) \tag{1}$$

$$E_{12} = yz[(1-\mu_1)U_1] + y(1-z)U_1 + (1+y)z[(1-\mu_1)U_1] + (1-y)U_1 \tag{2}$$

$$\overline{E}_1 = xE_{11} + (1-x)E_{12} \tag{3}$$

平台双边用户在博弈时选择"积极参与"策略的期望收益E_{21}、选择"消极参与"策略的期望收益E_{22}及平均期望收益$\overline{E}_2$分别为：

$$E_{21} = xz(U_2-C_2+R_2) + x(1-z)(U_2-C_2+R_2) + (1-x)z(U_2-C_2) + (1-x)(1-z)(U_2-C_2) \tag{4}$$

$$E_{22} = xz[(1-\mu_2)U_2] + x(1-z)[(1-\mu_2)U_2] + (1-x)zU_2 + (1-x)(1-z)U_2 \tag{5}$$

$$\overline{E}_1 = yE_{21} + (1-y)E_{22} \tag{6}$$

政府在博弈时选择"积极监督"策略的期望收益E_{31}、选择"消极监督"策略的期望收益E_{32}及平均期望收益$\overline{E}_3$分别为：

$$E_{31} = xy(U_3-C_3+R_3) + x(1-y)(U_3-C_3) + (1-x)y(U_3-C_3) + (1-x)(1-y)(U_3-C_3) \tag{7}$$

$$E_{32} = 0 \tag{8}$$

$$\overline{E}_3 = zE_{31} + (1-z)E_{32} \tag{9}$$

6.3 三方策略选择的复制动态分析

在平台企业社会责任治理的演化博弈中，平台企业、平台双边用户和政府三方主体是有限理性的，三方主体的行为策略会受到其他主体的影响进行动态调整以达到最优稳定状态。依据6.2.2节计算的各主体期望收益，可以分别计算得到三方主体的复制动态方程，以此求出均衡点并进行演化稳定性分析，下面先进行三方策略选择的复制动态分析。

6.3.1 平台企业的复制动态分析

由6.2.2节中计算的平台企业的期望收益，得到平台企业的复制动态方程为：

$$F(x) = \frac{dx}{dt} = x(E_{11} - \overline{E_1}) = x(1-x)(E_{11} - E_{12}) = x(1-x)(-C_1 + R_1 y + \mu_1 U_1 z) \quad (10)$$

x的一阶导数为：

$$F'(x) = (1-2x)(-C_1 + R_1 y + \mu_1 U_1 z) \quad (11)$$

由微分方程稳定性定理，当满足$F(x)=0$且$F'(x)<0$时才能达到稳定策略。当$-C_1 + R_1 y + \mu_1 U_1 z = 0$时，$F(x) \equiv 0$，此时$x$取任何值，即无论平台企业选择"积极履责"策略还是选择"消极履责"策略，该策略都是演化稳定策略。当$-C_1 + R_1 y + \mu_1 U_1 z \neq 0$时，令$\overline{y} = (C_1 - \mu_1 U_1 z)/R_1$，若$y < \overline{y}$，此时$F'(x)|_{x=0} < 0$，$F'(x)|_{x=1} > 0$，则$x=0$为平台企业的演化稳定策略，即平台企业选择"消极履责"策略；若$y > \overline{y}$，此时$F'(x)|_{x=0} > 0$，$F'(x)|_{x=1} < 0$，则$x=1$为平台企业的演化稳定策略，即平台企业选择"积极履责"策略。据此绘制三维坐标图，平台企业的策略演化相位图如图6-1所示。由$y = \overline{y} = (C_1 - \mu_1 U_1 z)/R_1$所形成的截面将空间划分为两个区域，分别为$A_1$和$A_2$，平台企业行为策略的演化稳定状态会同时受到平台双边用户和政府策略的影响。区域A_1在截面下方，满足条件$0 < y < \overline{y} < 1$，平台企业选择"消极履责"策略。在平台企业正常经营所得收益可控情况下，如果提高政府对平台企业的惩罚强度或增加平台企业积极履责，且平台双边用户积极参与平台企业社会责任治理所带来的可持续收益，会使得$0 < \overline{y} < y < 1$，平台企业会转换策略，倾向于选择"积极履责"策略，平台企业社会责任问题会得到治理。

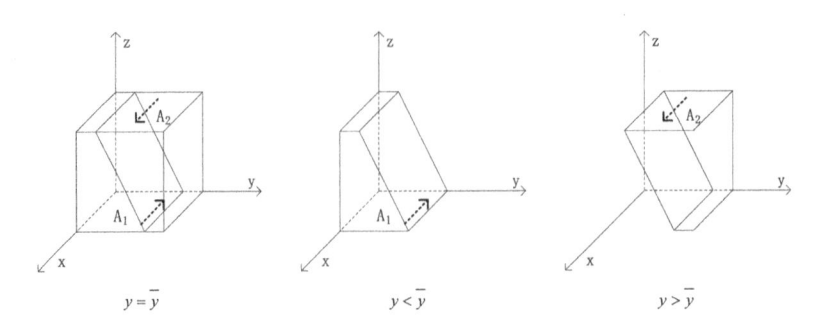

图 6-1　平台企业策略演化相位图

6.3.2　平台双边用户的复制动态分析

由 6.2.2 节中计算的平台双边用户的期望收益，得到平台双边用户的复制动态方程为：

$$F(y) = \frac{dy}{dt} = y(E_{21} - \overline{E}_2) = y(1-y)[-C_2 + (R_2 + \mu_2 U_2)x] \quad (12)$$

y 的一阶导数为：

$$F'(y) = (1-2y)[-C_2 + (R_2 + \mu_2 U_2)x] \quad (13)$$

当满足 $F(y)=0$ 且 $F'(y)<0$ 时才能达到稳定策略。当 $-C_2+(R_2+\mu_2 U_2)x=0$ 时，$F(y) \equiv 0$，此时 y 取任何值，即无论平台双边用户选择"积极参与"策略还是选择"消极参与"策略，该策略都是演化稳定策略。当 $-C_2+(R_2+\mu_2 U_2)x \neq 0$ 时，令 $\overline{x} = C_2/(R_2+\mu_2 U_2)$，若 $x<\overline{x}$，此时 $F'(y)|_{y=1}>0$，$F'(y)|_{y=0}<0$，则 $y=0$ 为平台双边用户的演化稳定策略，即平台双边用户选择"消极参与"策略；若 $x>\overline{x}$，此时 $F'(y)|_{y=0}>0$，$F'(y)|_{y=1}<0$，则 $y=1$ 为平台双边用户的演化稳定策略，即平台双边用户选择"积极参与"策略。据此绘制三维坐标图，平台双边用户的策略演化相位图如图 6-2 所示。由 $x = \overline{x} = C_2/(R_2+\mu_2 U_2)$ 所形成的截面将空间划分为两个区域，分别为 B_1 和 B_2，平台双边用户行为策略的演化稳定状态会受到平台企业行为策略的影响。区域 B_1 在截面后方，满足条件 $0<x<\overline{x}<1$，平台双边用户选择"消极参与"策略。在平台双边用户正常经营所得收益可控情况下，如果提高平台企业对平台双边用户的惩罚强度或增加平台企业积极履责，且平台双边用户积极参与平台企业社会责任治理所带来的可持续收益，会使得 $0<\overline{x}<x<1$，平台双边用户会转换策略，倾向于选择"积极参与"策略，平台企业社会责任问题会得到一

定治理。

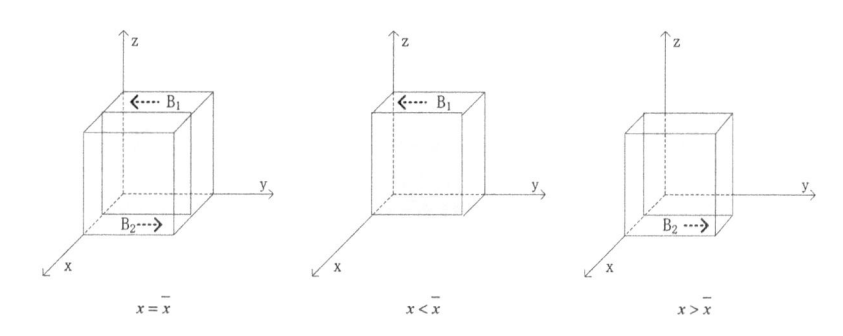

图 6-2 平台双边用户策略演化相位图

6.3.3 政府的复制动态分析

由 6.2.2 节中计算的政府期望收益，得到政府的复制动态方程为：

$$F(z) = \frac{dz}{dt} = z(E_{31} - \bar{E}_3) = z(1-z)(U_3 - C_3 + R_3 xy) \quad (14)$$

z 的一阶导数为：

$$F'(z) = (1-2z)(U_3 - C_3 + R_3 xy) \quad (15)$$

当满足 $F(z)=0$ 且 $F'(z)<0$ 时才能达到稳定策略。当 $U_3 - C_3 + R_3 xy = 0$ 时，$F(z) \equiv 0$，此时 z 取任何值，即无论政府选择"积极监督"策略还是选择"消极监督"策略，该策略都是演化稳定策略。当 $U_3 - C_3 + R_3 xy \neq 0$ 时，令 $y^* = (C_3 - U_3)/R_3 x$，若 $y < y^*$，此时 $F'(z)|_{z=1} > 0$，$F'(z)|_{z=0} < 0$，则 $z=0$ 为政府的演化稳定策略，即政府选择"消极监督"策略；若 $y > y^*$，此时 $F'(z)|_{z=0} > 0$，$F'(z)|_{z=1} < 0$，则 $z=1$ 为政府的演化稳定策略，即政府选择"积极监督"策略。据此绘制三维坐标图，政府的策略演化相位图如图 6-3 所示。由 $y = y^* = (C_3 - U_3)/R_3 x$ 所形成的截面将空间划分为两个区域，分别为 C_1 和 C_2，政府行为策略的演化稳定状态会同时受到平台企业和平台双边用户行为策略的影响。区域 C_1 在截面后方，满足条件 $0 < y < y^* < 1$，政府选择"消极监督"策略。当提高政府积极监督的社会环境收益、降低积极监督的成本或增加平台企业积极履责，且平台双边用户积极参与平台企业社会责任治理所带来的可持续社会环境收益时，会使得 $0 < y^* < y < 1$，政府会转换策略，倾向于选择"积极监督"策略，平台企业社会责任问题会得到更好的治理。

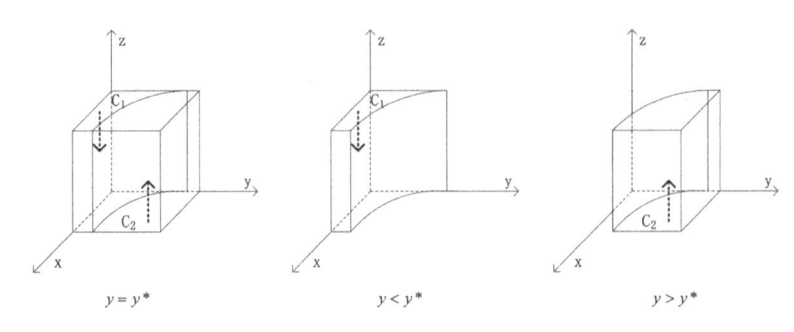

图 6-3 政府策略演化相位图

6.4 三方主体策略的演化稳定性分析

由 6.3 节可以得到平台企业、平台双边用户和政府的复制动态方程系统：

$$\begin{cases} F(x) = x(1-x)(-C_1 + R_1 y + \mu_1 U_1 z) \\ F(y) = y(1-y)[-C_2 + (R_2 + \mu_2 U_2)x] \\ F(z) = z(1-z)(U_3 - C_3 + R_3 xy) \end{cases} \quad (16)$$

在复制动态方程系统（16）中，令 $F(x)=0$、$F(y)=0$、$F(z)=0$，可以得到系统的 8 个局部均衡点，分别为 $E_1(0,0,0)$、$E_2(0,0,1)$、$E_3(0,1,0)$、$E_4(0,1,1)$、$E_5(1,0,0)$、$E_6(1,0,1)$、$E_7(1,1,0)$、$E_8(1,1,1)$。系统的雅可比（Jacobian）矩阵为：

$$J = \begin{bmatrix} \dfrac{\partial F(x)}{\partial x} & \dfrac{\partial F(x)}{\partial y} & \dfrac{\partial F(x)}{\partial z} \\ \dfrac{\partial F(y)}{\partial x} & \dfrac{\partial F(y)}{\partial y} & \dfrac{\partial F(y)}{\partial z} \\ \dfrac{\partial F(z)}{\partial x} & \dfrac{\partial F(z)}{\partial y} & \dfrac{\partial F(z)}{\partial z} \end{bmatrix} =$$

$$\begin{bmatrix} (1-2x)(-C_1 + R_1 y + \mu_1 U_1 z) & x(1-x)R_1 & x(1-x)\mu_1 U_1 \\ y(1-y)(R_2 + \mu_2 U_2) & (1-2y)[-C_2 + (R_2 + \mu_2 U_2)x] & 0 \\ z(1-z)R_3 y & z(1-z)R_3 x & (1-2z)(U_3 - C_3 + R_3 xy) \end{bmatrix}$$

$$(17)$$

由李雅普诺夫第一法，当雅可比矩阵的特征值均为负数的时候，该均衡点为稳定点；当特征值均为正数时，该均衡点为不稳定点；当特征值既包含正数也包含负数时，该均衡点为鞍点。将系统的 8 个局部均衡点分别代入雅可比矩阵（17）并计算均衡点对应的特征值，各均衡点对应的特征值、符号判定、稳定性分析和

第 6 章 可持续价值导向下平台企业社会责任治理的三方演化博弈分析

对应的条件如表 6-3 所示。

表 6-3 均衡点的稳定性分析

均衡点	特征值 λ_1	特征值 λ_2	特征值 λ_3	符号	稳定性	条件
$E_1(0,0,0)$	$-C_1$	$-C_2$	U_3-C_3	$-,-,+$	鞍点	/
$E_2(0,0,1)$	$\mu_1 U_1-C_1$	$-C_2$	C_3-U_3	$-/+,-,-$	ESS	①
$E_3(0,1,0)$	R_1-C_1	C_2	U_3-C_3	$-/+,+,+$	非稳定点	/
$E_4(0,1,1)$	$-C_1+R_1+\mu_1 U_1$	C_2	C_3-U_3	$-/+,+,-$	鞍点	/
$E_5(1,0,0)$	C_1	$-C_2+R_2+\mu_2 U_2$	U_3-C_3	$+,-/+,+$	非稳定点	/
$E_6(1,0,1)$	$C_1-\mu_1 U_1$	$-C_2+R_2+\mu_2 U_2$	C_3-U_3	$-/+,-/+,-$	ESS	②
$E_7(1,1,0)$	C_1-R_1	$C_2-R_2-\mu_2 U_2$	$U_3-C_3+R_3$	$-/+,-/+,+$	非稳定点	/
$E_8(1,1,1)$	$C_1-R_1-\mu_1 U_1$	$C_2-R_2-\mu_2 U_2$	$C_3-U_3-R_3$	$-/+,-/+,-$	ESS	③

注：非稳定点表示该均衡点可能为鞍点，也可能为不稳定点；① $\mu_1 U_1-C_1<0$；② $C_1-\mu_1 U_1<0$ 且 $-C_2+R_2+\mu_2 U_2<0$；③ $C_1-R_1-\mu_1 U_1<0$ 且 $C_2-R_2-\mu_2 U_2<0$。

由表 6-3 可以看出，$E_1(0,0,0)$、$E_3(0,1,0)$、$E_4(0,1,1)$、$E_5(1,0,0)$、$E_7(1,1,0)$ 都不会是演化稳定策略，$E_2(0,0,1)$、$E_6(1,0,1)$、$E_8(1,1,1)$ 可能是演化稳定策略，下面分三种情形进行讨论。

情形 1：当满足 $C_1>\mu_1 U_1$ 时，即平台企业积极履责的成本高于政府积极监督时给予消极履责的平台企业的惩罚时，系统存在稳定点 $E_2(0,0,1)$。考虑到积极履行社会责任的成本较高，平台企业会更倾向于选择"消极履责"策略；考虑到积极参与平台企业社会责任治理的成本较高，同时在平台企业消极履责时平台双边用户积极参与并不会得到额外收益，为实现自身利益最大化，平台双边用户倾向于选择"消极参与"策略；政府积极监管会得到一定的社会环境收益，因此其更倾向于选择"积极监督"策略。此时，（消极履责，消极参与，积极监督）为系统的演化稳定策略。

情形2：当满足$C_1 < \mu_1 U_1$且$R_2 + \mu_2 U_2 < C_2$时，即当平台企业积极履责的成本低于政府积极监督时给予消极履责的平台企业的惩罚，且平台企业给予平台双边用户的惩罚和平台双边用户的可持续经济收益之和，低于平台双边用户积极参与平台企业社会责任治理的成本时，平台企业转向"积极履责"策略，系统存在稳定点$E_6(1,0,1)$。当政府提高对平台企业的惩罚力度，考虑到高额的惩罚收益，平台企业将由"消极履责"策略转向"积极履责"策略；考虑到积极参与平台企业社会责任治理的成本较高，同时在平台企业消极履责时平台双边用户积极参与并不会得到额外收益，为实现自身利益最大化，平台双边用户仍然倾向于选择"消极参与"策略；政府积极监管会得到一定的社会环境收益，因此其更倾向于选择"积极监督"策略。此时，（积极履责，消极参与，积极监督）为系统的演化稳定策略。

情形3：当满足$C_1 < R_1 + \mu_1 U_1$且$C_2 < R_2 + \mu_2 U_2$时，即当平台企业积极履责的成本低于政府积极监督时给予消极履责的平台企业的惩罚和平台企业的可持续经济收益之和，且平台双边用户积极参与平台企业社会责任治理的成本低于平台企业给予平台双边用户的惩罚和平台双边用户的可持续经济收益之和时，平台双边用户转向"积极参与"策略，系统存在稳定点$E_8(1,1,1)$。当增加平台企业的可持续经济收益时，平台企业更倾向于选择"积极履责"策略；当提高平台企业给予平台双边用户的惩罚或增加平台双边用户的可持续经济收益时，平台双边用户更倾向于选择"积极参与"策略。此时，（积极履责，积极参与，积极监督）为系统的演化稳定策略，该策略也是本文所研究的理想演化稳定策略。

6.5 不同情境下的仿真模拟

为验证6.4节三方主体策略演化稳定性分析结果的有效性，同时更加直观地反映每个参数对系统稳定性的影响，本文利用Matlab 2018模拟分析平台企业、平台双边用户和政府在既定策略概率取值下，平台企业社会责任治理系统均衡策略的稳定状况，结合现实情况对各参数进行赋值。第一组数值的赋值情况为：$U_1=80$，$U_2=60$，$U_3=50$，$C_1=40$，$C_2=30$，$C_3=30$，$R_1=20$，$R_2=15$，$R_3=15$，

μ_1=0.1，μ_2=0.1，满足情形 1 的条件，仿真结果如图 6-4 所示。第二组数值的赋值情况为：U_1=80，U_2=60，U_3=50，C_1=30，C_2=25，C_3=30，R_1=20，R_2=15，R_3=15，μ_1=0.5，μ_2=0.1，满足情形 2 的条件，仿真结果如图 6-5 所示。第三组数值的赋值情况为：U_1=80，U_2=60，U_3=50，C_1=30，C_2=25，C_3=30，R_1=30，R_2=25，R_3=30，μ_1=0.6，μ_2=0.6，满足情形 3 的条件，仿真结果如图 6-6 所示。

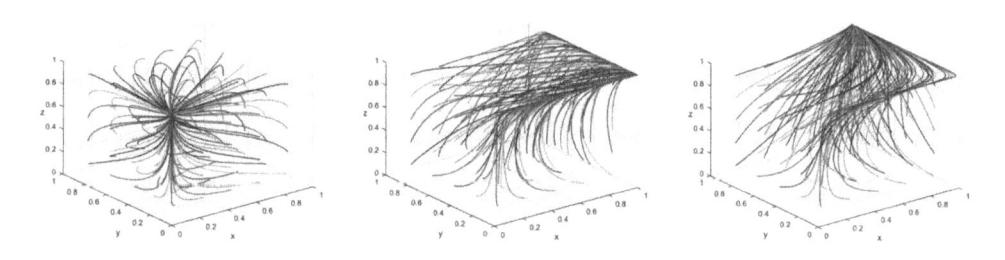

图 6-4 数组 1 演化 50 次的结果　图 6-5 数组 2 演化 50 次的结果　图 6-6 数组 3 演化 50 次的结果

由图 6-4、图 6-5、图 6-6 可知，经过 50 次演化后，系统的稳定点分别为（0,0,1）、（1,0,1）、（1,1,1）。系统的演化稳定策略分别趋向于（消极履责，消极参与，积极监督）、（积极履责，消极参与，积极监督）、（积极履责，积极参与，积极监督）。可以看出，演化结果与 6.4 节中的稳定性分析结论一致，具有有效性。

6.6 初始意愿和主要参数对演化路径的影响

6.6.1 初始意愿变化对主体演化路径的影响

以情形 3 为例，图 6-7 中是在其他参数不变的情况下，假设平台企业、平台双边用户和政府的初始意愿相同，即 $x=y=z$，三方主体初意愿分别由较低水平的（0.2,0.2,0.2）变为中等水平的（0.5,0.5,0.5），最后再改为较高水平的（0.7,0.7,0.7）。由图 6-7 仿真结果可知，当三方主体的初始意愿都处于较低水平时，政府的收敛速度最快，平台企业和平台双边用户的参与意愿会缓慢下降，但随着政府参与意愿的不断增大，平台企业和平台双边用户的参与意愿开始上升。当三方主体的初始意愿处于中等水平或较高水平时，平台企业、平台双边用户和政府的参与意愿都会直接上升，最后都趋向于（1,1,1）。

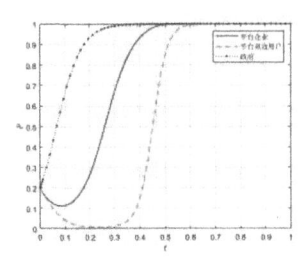

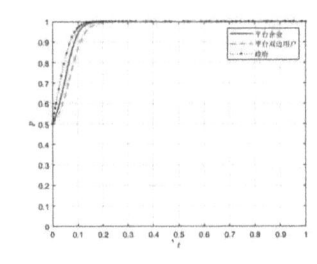

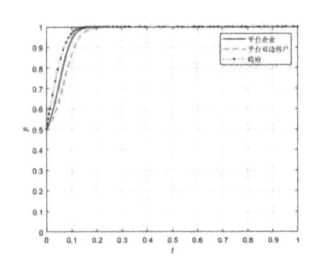

（a）低水平初始意愿演化结果　（b）中等水平初始意愿演化结果　（c）较高水平初始意愿演化结果

图 6-7　初始意愿 x,y,z 同时变化对主体演化路径的影响

图 6-8 中是在三方主体初始意愿都处于较低水平（0.2,0.2,0.2）时，平台企业初始意愿 x 变化对平台双边用户和政府策略影响的仿真。由图 6-8 可知，随着平台企业初始意愿的不断增加，y、z 收敛于 1 的速度加快，平台双边用户和政府的参与意愿不断上升，最终三方都趋向于积极参与平台企业社会责任治理。

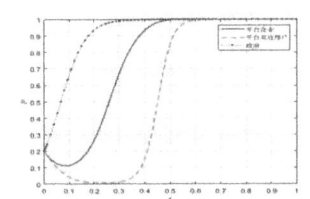

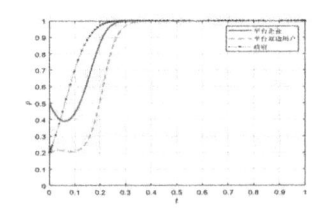

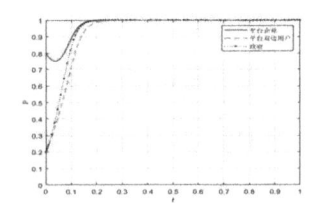

（a）初始意愿 x 为 0.2 的演化结果　（b）初始意愿 x 为 0.5 的演化结果　（c）初始意愿 x 为 0.8 的演化结果

图 6-8　初始意愿 x 的变化的演化结果

图 6-9 中是在三方主体初始意愿都处于较低水平（0.2,0.2,0.2）时，平台双边用户初始意愿 y 变化对平台企业和政府策略影响的仿真。由图 6-9 可知，随着平台双边用户初始意愿的不断增加，x、z 收敛于 1 的速度加快，平台企业和政府的参与意愿不断上升，最终三方都趋向于积极参与平台企业社会责任治理。

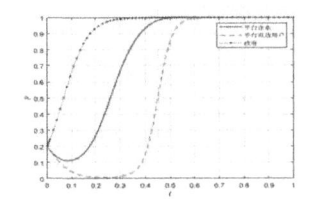

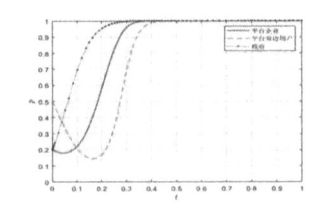

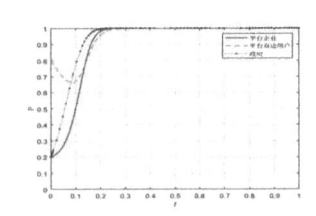

（a）初始意愿 y 为 0.2 的演化结果　（b）初始意愿 y 为 0.5 的演化结果　（c）初始意愿 y 为 0.8 的演化结果

图 6-9　初始意愿 y 的变化的演化结果

图 6-10 中是在三方主体初始意愿都处于较低水平（0.2,0.2,0.2）时，政府初始意愿z变化对平台企业和平台双边用户策略影响的仿真。由图 6-10 可知，随着政府初始意愿的不断增加，x、y收敛于 1 的速度加快，平台企业和平台双边用户的参与意愿不断上升，最终三方都趋向于积极参与平台企业社会责任治理。

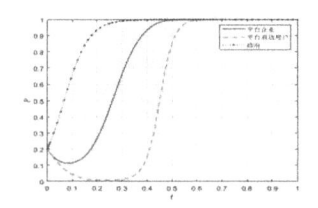

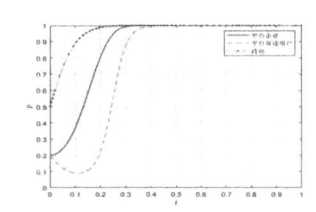

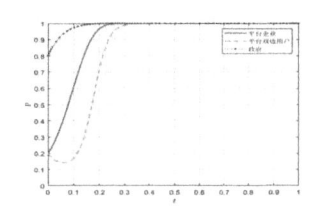

（a）初始意愿z为 0.2 的演化结果　（b）初始意愿z为 0.5 的演化结果　（c）初始意愿z为 0.8 的演化结果

图 6-10　初始意愿z的变化的演化结果

6.6.2　惩罚系数μ_1和μ_2对主体演化路径的影响

（1）考虑政府对平台企业的惩罚力度μ_1如何影响演化博弈系统的稳定性。在保持其他参数不变的情况下，分别取μ_1=0.2,0.5,0.8，仿真结果如图 6-11 所示，从左到右依次为μ_1变化对平台企业、平台双边用户和政府的演化路径图。由图 6-11 可知，μ_1变化对平台企业和平台双边用户的影响较明显，对政府无明显影响。当μ_1取 0.2 时，平台企业和平台双边用户参与平台企业社会责任治理的意愿都在下降，最终收敛于 0，随着μ_1的不断增大，平台企业和平台双边用户的参与意愿不断增加，最终平台企业收敛于积极履责，平台双边用户收敛于积极参与。可以看出，政府提高对平台企业的惩罚力度不仅能够促使平台企业积极履责，还能间接带动平台双边用户积极参与平台企业社会责任治理。

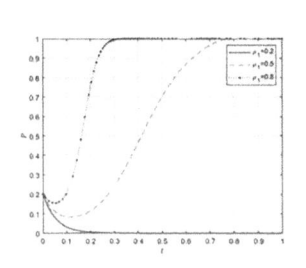

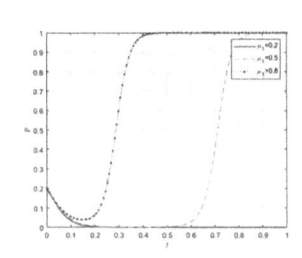

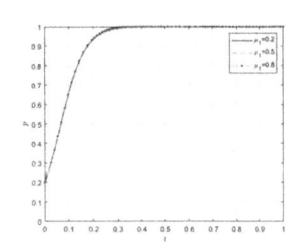

（a）μ_1变化对平台企业的影响　（b）μ_1变化对平台双边用户的影响　（c）μ_1变化对政府的影响

图 6-11　μ_1变化对三方主体演化路径的影响

（2）考虑平台企业对平台双边用户的惩罚力度μ_2的影响效应。在保持其他参数不变的情况下，分别取μ_2=0.2,0.5,0.8，仿真结果如图6-12所示，从左到右依次为μ_2变化对平台企业、平台双边用户和政府的演化路径图。由图6-12可知，μ_2变化对平台双边用户的影响较明显，对平台企业的影响较小，对政府无明显影响。随着μ_2的不断增加，平台双边用户收敛于积极参与的速度加快，三方主体始终趋向于（积极履责，积极参与，积极监督）的稳定策略。

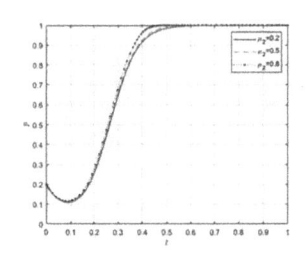

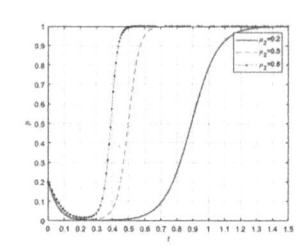

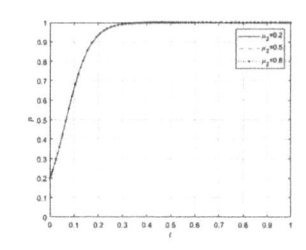

（a）μ_2变化对平台企业的影响　（b）μ_2变化对平台双边用户的影响　（c）μ_2变化对政府的影响

图6-12　μ_2变化对三方主体演化路径的影响

6.6.3　可持续收益R_1、R_2和R_3对主体演化路径的影响

（1）考虑平台企业的可持续经济收益R_1如何影响演化博弈系统的稳定性。在保持其他参数不变的情况下，分别取R_1=5,30,55，仿真结果如图6-13所示，从左到右依次为R_1变化对平台企业、平台双边用户和政府的演化路径图。由图6-13可知，R_1变化对平台企业和平台双边用户影响较小，对政府无明显影响。随着R_1的不断增加，平台企业收敛于积极履责的速度加快，平台双边用户收敛于积极参与的速度加快，三方主体始终趋向于（积极履责，积极参与，积极监督）的稳定策略。

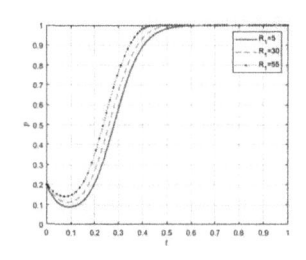

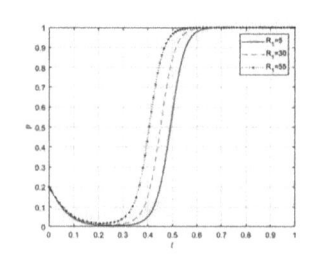

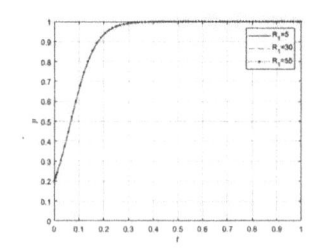

（a）R_1变化对平台企业的影响　（b）R_1变化对平台双边用户的影响　（c）R_1变化对政府的影响

图6-13　R_1变化对三方主体演化路径的影响

（2）考虑平台双边用户的可持续经济收益R_2如何影响演化博弈系统的稳定性。在保持其他参数不变的情况下，分别取R_2=5,25,45，仿真结果如图6-14所示，从左到右依次为R_2变化对平台企业、平台双边用户和政府的演化路径图。由图6-14可知，R_2变化对平台企业的影响较小，对平台双边用户影响较明显，对政府无明显影响。随着R_2的不断增加，平台企业收敛于积极履责的速度稍微加快，平台双边用户收敛于积极参与的速度明显加快，三方主体始终趋向于（积极履责，积极参与，积极监督）的稳定策略。

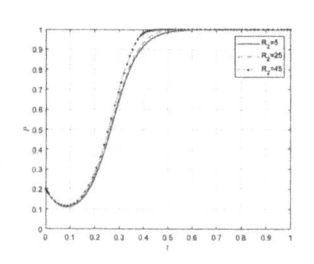

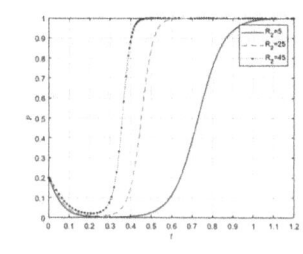

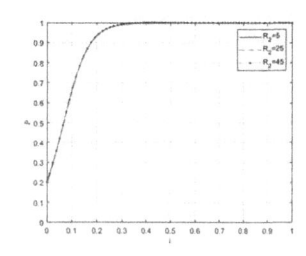

（a）R_2变化对平台企业的影响　（b）R_2变化对平台双边用户的影响　（c）R_2变化对政府的影响

图6-14　R_2变化对三方主体演化路径的影响

（3）考虑政府的可持续社会环境收益R_3如何影响演化博弈系统的稳定性。在保持其他参数不变的情况下，分别取R_3=5,30,55，仿真结果如图6-15所示，从左到右依次为R_3变化对平台企业、平台双边用户和政府的演化路径图。由图6-15可知，R_3变化对平台企业和平台双边用户的影响都较小，对政府无明显影响。

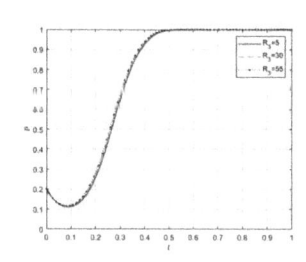

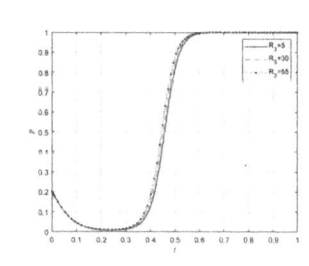

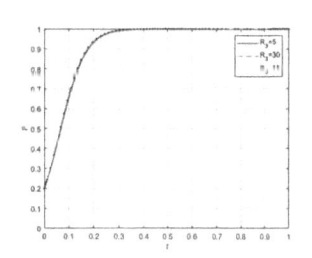

（a）R_3变化对平台企业的影响　（b）R_3变化对平台双边用户的影响　（c）R_3变化对政府的影响

图6-15　R_3变化对三方主体演化路径的影响

6.6.4 政府积极监督的社会环境收益U_3和成本C_3对主体演化路径的影响

（1）考虑政府积极监督的社会环境收益U_3如何影响演化博弈系统的稳定性。在保持其他参数不变的情况下，分别取U_3=40,70,100，仿真结果如图6-16所示，从左到右依次为U_3变化对平台企业、平台双边用户和政府的演化路径图。由图6-16可知，U_3变化对平台企业、平台双边用户和政府三方主体都有明显影响。随着U_3的不断增加，平台企业收敛于积极履责的速度加快，平台双边用户收敛于积极参与的速度加快，政府收敛于积极监督的速度也明显加快，三方主体始终趋向于（积极履责，积极参与，积极监督）的稳定策略。

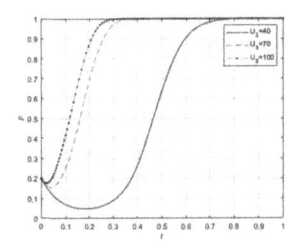

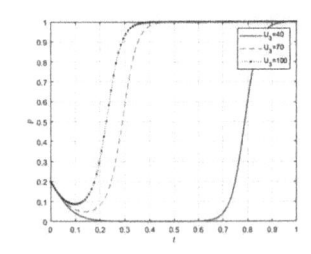

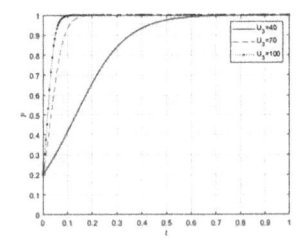

（a）U_3变化对平台企业的影响　（b）U_3变化对平台双边用户的影响　（c）U_3变化对政府的影响

图6-16　U_3变化对三方主体演化路径的影响

（2）考虑政府积极监督的成本C_3如何影响演化博弈系统的稳定性。在保持其他参数不变的情况下，分别取C_3=35,45,55，仿真结果如图6-17所示，从左到右依次为C_3变化对平台企业、平台双边用户和政府的演化路径图。由图6-17可知，C_3变化对平台企业、平台双边用户和政府三方主体都有明显影响。当C_3较小时，三方主体收敛于（积极履责，积极参与，积极监督）的稳定策略。随着C_3的不断增加，平台企业的参与意愿逐渐下降，最终收敛于"消极履责"策略；平台双边用户的参与意愿也随着C_3的增大而不断降低，最终收敛于"消极参与"策略；政府的监督意愿也随着成本的增加而降低，最终收敛于"消极监督"策略。

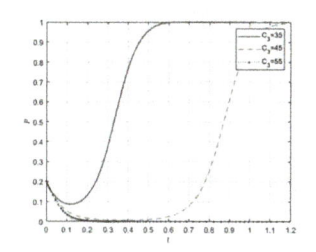

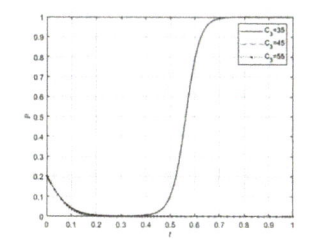

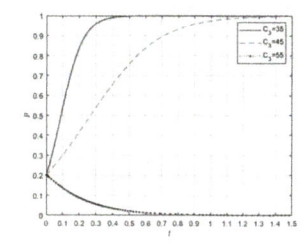

(a) C_3 变化对平台企业的影响　　(b) C_3 变化对平台双边用户的影响　　(c) C_3 变化对政府的影响

图 6-17　C_3 变化对三方主体演化路径的影响

6.7　本章小结

本章运用演化博弈方法构建了以可持续价值为导向的"平台企业—平台双边用户—政府"的三方演化博弈模型，进行了三方主体策略选择的复制动态分析和演化稳定性分析，并利用数值仿真模拟方法分析了不同情形下的演化路径、三方主体初始意愿和主要参数值对主体演化路径的影响。本研究得出以下四点结论。

（1）由三方策略选择的复制动态分析可知，平台企业的策略选择会同时受到平台双边用户和政府策略选择的影响，平台双边用户行为策略的演化稳定状态会受到平台企业行为策略的影响，政府行为策略的演化稳定状态会同时受到平台企业和平台双边用户行为策略的影响。

（2）由三方主体策略的演化稳定性分析可知，三方演化博弈系统中存在满足不同情境条件下的三个演化稳定策略，其中，当满足 $C_1 < R_1 + \mu_1 U_1$ 且 $C_2 < R_2 + \mu_2 U_2$ 时，即当平台企业积极履责的成本低于平台企业的可持续经济收益和政府积极监督时，给予消极履责的平台企业的惩罚之和，且平台双边用户积极参与平台企业社会责任治理的成本，低于平台双边用户的可持续经济收益和平台企业给予平台双边用户的惩罚之和时，系统存在稳定点 $E_8(1,1,1)$。此时，（积极履责，积极参与，积极监督）为系统的演化稳定策略，该策略也是本文所研究的理想演化稳定策略。

（3）由不同情境下的仿真模拟可知，在满足不同情境条件下的数组赋值后，经过 50 次演化后，系统的稳定点分别为（0,0,1）、(1,0,1)、(1,1,1)。系统的演化稳定策略分别趋向于（消极履责，消极参与，积极监督）、（积极履责，消极参与，积极监督）、（积极履责，积极参与，积极监督）。该演化结果与三方主体策略稳定性分析结论一致，具有有效性。

（4）由初始意愿和主要参数对演化路径的影响可知，平台企业、平台双边用户和政府的初始意愿对系统达到理想稳定状态的速度有一定影响，但对稳定性结果无明显差异。平台企业的策略选择主要受到政府对平台企业的惩罚力度μ_1的影响较大，间接受到政府积极监督的社会环境收益U_3和成本C_3的影响；平台双边用户直接受到平台企业的惩罚力度μ_2、可持续经济收益R_2影响较大，同时间接受到政府对平台企业的惩罚力度μ_1、政府积极监督的社会环境收益U_3和成本C_3的影响；政府的参与意愿主要受积极监督的社会环境收益U_3和成本C_3的影响。

第 7 章 可持续价值导向下的平台企业社会责任治理机制

基于前文研究，梳理制约可持续价值创造的社会责任因素，对各类因素分类汇总，归纳关键问题。本章基于平台企业社会责任治理共同体的目标、结构、模式、环境等要素，构建治理机制，包括平台企业社会责任自组织管理机制、利益相关方的协同共演机制、共同体内部多阶段监管机制和声誉激励机制。

7.1 平台企业社会责任自组织管理机制

随着社会责任意识的增强和企业经营环境的变化，自组织管理作为一种新型管理模式逐渐引起了广泛关注。企业社会责任作为企业可持续发展的核心组成部分，其与自组织管理的结合成为构建现代企业管理机制的重要议题。企业社会责任是指企业在经营活动中对社会、环境和利益相关者负有的责任。其涵盖经济、社会和环境三个方面，是企业可持续发展的重要保障。自组织强调员工的主动参与和协作，与企业社会责任的理念相契合。自组织可以成为实现社会责任的有效手段，促使企业更加注重社会、环境和利益相关者的利益。平台企业具有高度互联性和复杂性，自组织理念在此类企业中的应用更显得重要。建立企业社会责任自组织管理机制是一种组织资源的重新配置，是对现有管理机制的补充和完善。将自组织管理机制引入企业社会责任管理中，能够有效提升企业社会责任管理能力和水平。

"自组织"是指企业通过自我组织、自行组织和靠自身能力改变自身结构、模式、功能和属性的模式。它是一种基于自发性和分散控制的组织形式，强调组织成员之间的互动和合作，而非传统的层级式管理。其核心思想是通过内在动力和共享愿景实现组织的目标。企业自组织管理是在企业内部推崇自主、协作和创新的管理理念。其发展经历了从传统的层级制度到弹性网络化组织的演变，强调员工的参与和主动性。自组织在企业管理中的发展演变过程可追溯至管理学、组织学和系统论等多个领域的理论积累。从经典理论到现代复杂系统理论，自组织逐渐成为应对快速变化和不确定性的有效管理方式。企业的自组织管理利用这种方式将内部和外部的协同系统连接起来，以实现可持续发展的目标。自组织经历了从层次结构的"他组织"模式到平面结构的"自组织"模式，再到分布式结构的"自组织"模式的三次演化。随着互联网的快速发展和新经济形态的涌现，传统的层级限制和分工界限被打破，企业内利益相关者的关系也发生了变化。在数字技术的推动下，由管理者主导的"他组织"正发生深刻的变化，逐渐转向"自组织"。从某种程度上说，自组织已经成为组织发展的必然趋势，也是面向未来的组织形式。

构建平台企业的社会责任自组织管理机制涉及多个关键步骤和考虑因素。第一，明确平台企业的社会责任愿景和价值观，这是非常重要的一步，它将引导组织在制定政策和实施行动时的方向。制定明确的社会责任策略，设定可衡量的目标和指标，以便评估平台企业在社会责任方面的表现和成就。整合社会责任到核心业务中，将社会责任融入平台企业的战略规划和日常运营，确保其与业务目标相一致。第二，平台企业可以通过宣传、培训、激励等方式，鼓励平台企业内部优秀人员积极参与到社会责任治理活动中，可以在内部形成一种良好的自组织管理机制，激发员工对社会责任的关注，从而提升平台企业社会责任治理效率。平台企业可以设立社会责任委员会或团队，由各个部门的代表组成，以确保整个组织参与到社会责任事务中。提供员工社会责任方面的培训，帮助他们理解和参与公司的社会责任活动。平台企业应建立透明的报告机制，向利益相关者公开公司的社会责任成果，并建立问责制度以确保目标的实现；制订详细的实施计划，包括时间表、资源分配、监测和评估方法等。第三，平台企业应积极将自组织管理机制运用到与政府、媒体、公众等外部合作中。平台企业通过建立平台企业社会责任信息披露机制、加强与社会组织的交流合作、与其他平台企业和机构开展合作等方式，拓宽信息沟通渠道，提高信息公开透明度，使政府和公众更好地了解平台企业的社会责任履行情况，从而形成一种良好的自组织管理机制，提升平台企业的社会责任管理水平。在平台企业中，技术和数据的应用尤为关键。平台企业通过建立监测系统，实时跟踪社会责任指标，为决策提供科学依据，并增强透明度；进行定期的评估和审核，识别成功和改进的领域，并对自组织管理机制进行必要的调整和改进；使用技术和数据来监测社会责任指标和进展，以便更好地管理和改善行动。第四，平台企业应重视与相关利益群体的沟通，进一步增强平台企业与利益相关者之间的信任关系，与利益相关者合作，确保它们的需求和意见被充分考虑。同时平台企业可以为利益相关者提供更多的反馈信息，从而更好地提高平台企业的社会责任管理水平。平台企业通过建立有效的沟通渠道向内外界传达公司的社会责任举措和成果，增强员工和利益相关者的参与和认可。最后平台企业要接受反馈并进行改进，鼓励反馈并对其进行认真考虑，以便不断改进社会责任管理机制。构建一个自组织的社会责任管理机制需要全面的考虑和跨部门合作，这需要领导层的支持、员工的积极参与以及对社会责任的长期承诺和持续投入。

7.2 利益相关方的协同共演机制

利益相关者是指对公司有影响力、可以对公司产生帮助或损害的群体。这些群体包括与公司有直接关系的雇员、客户以及更广泛的公众。利益相关者理论最早由Freeman于1984年提出。该理论强调企业发展与利益相关者的参与密不可分。企业不仅要追求自身利益，还应关注利益相关者的整体利益。利益相关者可以包括股东、债权人、员工、消费者、供应商等与企业运营相关的交易伙伴，同时也包括政府、居民、社区、媒体、环保主义者等对企业行为进行监督和制约的力量，甚至还包括自然生态环境等对企业施加约束的因素。利益相关者模型明确了企业应该对谁负责的问题。

协同共演是根据生态系统的构造原理和运行规律，以生态学的整体系统观、平衡和谐观和可持续发展观为指导，对事物在发展与运行中出现的问题进行审视、分析和治理的方法。利益相关方的协同共演建立在和谐可持续发展的商业生态系统基础上，强调系统内各主体之间的生态链接关系，以及它们在价值创造过程中所表现的整体性，推动它们之间的可持续发展，实现社会责任的有效履行和互动。协同共演与平台商业生态圈高度契合，有助于解决平台企业在社会责任方面的缺失和异化问题。

协同理论是一门新兴学科，从 20 世纪 70 年代开始在多个学科领域上发展起来。它由联邦德国著名的物理学家 Haken 创立，指的是在一定条件下，系统内部完全不同的子系统通过自组织的方式，从无序状态逐渐转变为有序状态的过程。协同理念已经形成了多学科的分析框架，并广泛应用于社会科学研究中。平台企业是一个复杂的系统，其社会责任治理需要进行协同治理。协同治理意味着不同利益相关者、部门以及社会各方之间需要协同合作，共同努力解决社会责任问题。协同治理的思想和方法在平台企业的社会责任领域具有重要意义，有助于提升企业的可持续发展和社会影响力，平台企业社会责任生态化治理的机制如图 7-1 所示。

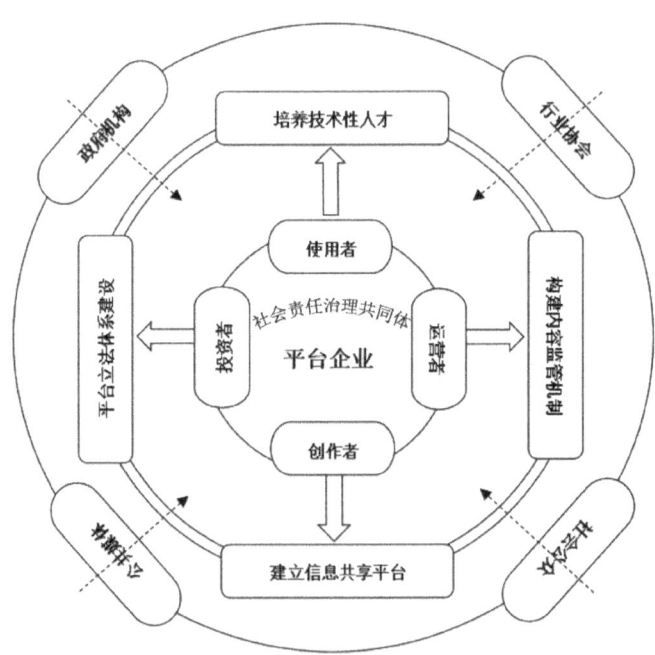

图 7-1 平台企业社会责任生态化治理的机制

由于平台企业与其他不同主体之间存在着复杂的利益关系，因此平台企业应建立多元协同共治机制，各主体之间通过相互协调配合与监督制约，形成合力。平台企业社会责任治理多元主体协同共治体系的构建，是政府机构、行业协会、公共媒体和社会公众在充分沟通、协同、合作的基础上，共同参与、共同发挥作用。

政府机构在平台企业社会责任治理中发挥积极作用，通过规划和引导企业发展方向，鼓励公共媒体和社会公众参与监督，构建"政府监管、企业自律、社会监督"的协同共治机制。行业协会应加强监督，提高行业标准和完善自律体系，规范企业行为，提升行业形象，创造积极的发展环境。公共媒体和社会公众积极参与企业社会责任治理活动，通过优势监督企业社会责任行为，及时发现问题。平台企业应提升标准、规范商业模式和履行社会责任，与政府机构合作推动治理体系和能力现代化。加强企业间交流与合作，通过平台进行信息共享和资源整合，提高治理效率，实现多方共赢。在协同治理下，重新定位企业地位和作用，迎接社会责任治理挑战，形成互动关系，优化政府能力和作用，增强行业协会和社会公众的责任感和认同感。多元主体协同共治体现新的社会治理模式，实现社会和谐。

7.3 共同体内部多阶段监管机制

面对庞大的内容生产与发布量，平台企业要积极承担社会责任，严格遵守相关法律法规，不断完善技术系统建设，构建优质内容生产创作机制，鼓励用户创作优质内容，并在这一过程中逐步形成健康、正向的网络生态环境。本文通过对现有理论和实证研究的分析，提出一系列适用于不同发展阶段的监管对策，以促进平台企业社会责任的全面实施；通过多阶段监管确保平台企业共同体内部社会责任的全面执行；通过对各个阶段的监管机制的设计和实施，促进平台企业实现可持续发展和社会责任的双赢。多阶段监管机制是社会责任生态化治理的核心组成部分，通过不同阶段的监管，可以更全面、有针对性地推动平台企业共同体履行社会责任。

第一，构建完善的内容生态监管机制。平台企业需内化社会责任意识，并充分利用技术和管理优势，主动把关发布的内容。在平台企业共同体内制定明确的社会责任政策和标准，确保各成员了解并接受这些基本原则。成立专门的社会责任管理部门，负责监管和推动社会责任的实施。建立社会责任绩效评估机制，通过指标和评估工具对成员的社会责任履行进行定量和定性评估。设立奖励机制鼓励社会责任的积极履行，同时建立惩戒机制对不履行社会责任的行为进行制约。另外，应强化社会责任意识，接受公众和其他方面的监督和建议，建立健全内容生态治理体系。可从政府监管、行业自律和社会监督三个维度构建监管机制。政府可通过政策规范内容生产和发布秩序，并考虑平台企业的特殊性，发挥监管职能。行业协会可加强对平台的监管和指导，在内容把关的基础上进行引导管理。社会监督应借助公众、媒体和社会力量的作用，通过宣传教育等形式普及社会责任理念，鼓励平台企业参与社会责任生态治理活动。定期对平台企业共同体的社会责任实施进行审计，发现问题并及时纠正。

第二，要构建多样的信息共享与互动平台。平台企业社会责任治理还要考虑治理措施的多样性，要充分发挥技术优势，构建多主体参与下的信息共享与互动平台，在主体之间建立起有效的信息共享和经验交流机制，推动形成主体之间的良性互动，还可通过信息共享与互动平台的构建来提升各主体责任履行效果。另外，重视网络安全保护措施，及时进行信息披露并不断完善相关制度设计，在保证数据安全的基础上充分利用技术优势推动用户体验的优化，促进各主体之间的信息共享与互动。平台企业共同体应制定明确、可执行的社会责任政策和标准，涵盖企业道德、环境保护、员工权益、社区贡献等方面。这些政策和标准应适应不同规模和业务特点的企业，并获得平台企业共同体内所有成员的认可和遵守。成立专门的社会责任管理部门或委员会，负责监督和推动社会责任政策的实施。该部门应该包括跨部门的代表，确保决策和执行的全面性和协调性。鼓励平台企业共同体成员提出创新性的社会责任实践，这可以通过组织分享会议、创新竞赛或奖励机制来激励共同体成员分享最佳实践并鼓励创新。

第三，加强技术人才培养。平台企业面临技术人才短缺的挑战，这是由平台快速发展和对制作人员要求提高所导致的。为解决这一问题，需要加大技术人才培养的力度，支持平台企业根据需求培养和储备专业技能人才。可通过加强技术人才培训和鼓励专业技能提升等方式来满足紧缺情况。鼓励利益相关者参与共同体社会责任事务,可以通过咨询小组、利益相关者论坛等方式实现。此外,可以制定优惠政策、建立实习平台、提供专业指导等方式来加强技术人才培养。同时,注重建设平台企业社会责任治理能力体系,这对技术水平和企业社会责任治理能力有所要求。开展社会责任培训,确保共同体成员对政策和标准的理解,并提供必要的资源和工具来实施这些政策。建立有效的信息传递机制,确保共同体成员了解和参与到社会责任管理中。这可能包括定期报告、内部通信、社交媒体或其他沟通渠道。通过加强技术人才教育培训和职业道德教育,培养适应平台企业发展需求的专业技能人才,鼓励利益相关者参与社会责任治理活动。

第四,建立"事前—事中—事后"三阶段监管。以电商平台为例,按照交易发生的先后顺序,把平台治理机制分为事前、事中和事后三个阶段。商家规范机制是指在交易发生之前,电商平台设置的商家审核经营资格机制、缴纳保证金机制、制定市场规范机制、确定行业规范和违规处理规范等行为,以此筛选优质商家进入平台,规范商家行为。交易保障机制是指在交易发生过程中即在整个交易过程中,为保障消费者的合法权益,电商平台建立了健全的交易流程、提供了第三方交易中介(支付宝)、搭建了即时通信软件(阿里旺旺);平台还提供了消费者保障计划(假一赔三、运费险、七天无理由退换货等)和信用评价机制(商品和店铺的交易量和评分)的服务。争议处理机制是指在网络交易结束后,电商平台用来解决消费者投诉、监督市场的公平竞争、保障市场秩序而建立解决交易双方出现矛盾和纠纷的渠道。显然,商家规范机制(事前)显性约束商家行为,交易保障机制(事中)和争议处理机制(事后)以降低交易活动的不确定性、保护消费者的合法权益为目的,间接或隐性地约束商家行为。因此,将平台治理机制划分为商家规范机制(事前)、交易保障机制(事中)、争议处理机制(事后)三种。

事前:商家规范机制对商家强、弱投机行为的影响。有学者认为,为筛选高品质商家、减少商家出现违规行为的现象,电商平台设置较高的商家准入门槛,避免商家因不知道平台规则而发生违规行为。关于平台型网络市场中"柠檬问题"的研究,汪旭晖和张其林(2017)认为平台设置入驻门槛、设定技术服务费用按年返还制度、设计惩罚和处置措施、制定续签制度和淘汰制度,商家的投机成本大大增加，一定程度上打消了劣质商家进入平台的想法。Chakravarty 等人（2014）、Grewal 等人（2010）研究得出，平台只有对用户进行严格的控制和管理，才能把真正的用户留下，这是提高平台绩效的最佳选择。电商平台如果对所有商家提供一样的指导、评估、奖励、惩罚，就会给商家营造出一种公平的市场氛围，从而提高了商家的满意度和忠诚度。基于交易成本理论，平台设置的审核经营资质、缴纳保证金等方面提高了入驻商家的资产专用性，这些资产是当商家收益不景气转移到其他行业时，无法直接变现的成本。由此可以看出，商家规范机制（事前）通过严格控制进驻商家的准入门槛，一方面提高了商家的投机成本，另一方面避免了商家故意或以不知道平台规则为借口销售低质量商品，有效抑制商家强投机行为，导致消费感知商家强投机行为减少；另外平台严格规范商家的入驻门槛，有利于营造公平公正的网络交易环境，有助于净化平台型网络市场的交易环境，这也有效地限制了商家发生弱投机行为。因此，消费者感知的商家投机行为会减少。

事中：交易保障机制对商家弱投机行为的影响。交易保障机制（事中）的第三方支付平台、即时通信软件以及规范的交易流程既保障了交易的便捷性和安全性，又保障了沟通机制的建立。然而，信用评价机制和消费者保障计划中的"七天无理由退换货"助长了商家发生投机行为的可能性，已经沦为商家投机的工具。第三方支付的使用、规范的交易流程和即时通信的阿里旺旺，对消费者来说，早已使用习惯，不能成为消费者的增值服务，真正属于消费者购物中增值的服务是消费者保障计划和商家信用评价机制。因此，交易保障机制（事中）的消费者保障计划和商家信用评价机制对消费者感知有影响，而且这些所代表的交易保障机制正向影响消费者感知的商家弱投机行为。

事后：争议处理机制对商家强、弱投机行为的影响。当消费者在平台投诉中心举报商家具有价格欺骗、销售假冒伪劣商品、弄虚作假等行为时，平台网站管理者会依据后台数据分析、交易记录和聊天记录等进行事实联合调查，调查属实的，会依据企业规章制度对商家进行惩罚，进而保障消费者权益。然而，平台的争议处理机制属于典型的"可能实施监督"，对于投诉渠道方面，如果存在高质量的投诉渠道，投机行为的曝光率就会大大增加，一旦平台及相关部门对商家投机行为的惩处变得严格，商家的投机行为就会大大减少。对发生投机行为的商家实行严格的处罚措施，能够营造出平台诚信经营、交易市场公平公正的氛围，消费者就会提高对该家平台企业的信任。有研究显示，网络商家与消费者的关系价值会影响消费者的忠诚度。可以看出，争议处理机制（事后）对商家强、弱投机行为均具有威慑作用。

7.4 声誉激励机制

在传统治理模式中，存在政府、市场和企业三方主体。然而，在新经济条件下，平台企业的社会责任行为具有非经济和社会特征，使其与社会生态系统相关联，不再是孤立的个体。然而，市场调节具有自发性和盲目性等缺陷，形成有效治理机制困难，政府监管能力有限。因此，鼓励平台企业积极主动进行社会责任治理势在必行。平台企业的可持续发展和良好声誉至关重要。声誉机制是指企业为了保持长期伙伴关系而舍弃当前利益的行为。因此，将声誉理论引入社会责任治理活动中，可促进政府、平台企业、用户等利益相关者参与和投资。声誉作为一种隐性的激励和制约机制，单独使用效果有限，需要与奖励和惩罚相结合。因此，将声誉模型纳入事后激励约束机制中，旨在改善激励约束机制，加强社会责任治理活动与补偿资金之间的关联，提高平台企业在社会责任治理活动中的投资水平。

在进行平台声誉的研究之前，首先需要梳理企业声誉的概念。早在1990年，Fombrum（1990）就提出了企业声誉的定义，他认为这是一个基于对公司过去行为和未来发展的总体评估，这种评估是以利益相关者感性评价为基础的。Gotsi和Wilson（1985）生动地揭示了声誉的本质，他们认为企业的声誉是利益相关者根据长此以往经验建立起来的对一个企业的综合性的评价。通过文献梳理总结，学术界普遍认为：一个企业的声誉是其过去业绩和结果的结合，反映了其为不同利益相关者提供价值的能力。有学者认为，考虑到自身企业长期利益的发展，企业能自觉、持续地付出努力以建立和维持声誉，它不需要外界的干扰便能实现。有研究指出，社会交换理论认为非正式治理机制中的沟通、信任、声誉等均显著抑制投机行为。

声誉是企业基于长此以往的行为表现和交易活动所积累下来的一种资产，它能隐性地增加企业在交易市场中的竞争优势。声誉能通过建立交易主体的信任关系，减少交易成本，并且在重复的交易过程中，逐渐降低信息不对称，进而能够约束交易主体的机会主义行为。由此，声誉机制成为交易主体行为的重要治理机制。声誉机制的基本原理认为，声誉不需要外界采取强制措施，具有自我建立和维护的特点。声誉作为一种信号机制，能够弥补信息不对称。在交易过程中，尤其是在平台型网络交易市场中，交易存在虚拟性，交易双方信息存在不对称性，消费者对商品的信息质量并不完全了解，处于信息劣势方，而商家作为信息优势方具有完整的信息。因此，消费者在进行交易时会根据商家以往的交易记录和信用水平进行决策，如果商家的信用水平较高且无不良交易记录，消费者就会选购该商品，反之亦然。在消费者看来，商家的声誉是对产品质量的担保，是对消费者传递产品服务质量的信号。因此，声誉最基本的功能是信息传递。

声誉能明显抑制经济主体发生机会主义行为。其他主体倾向于信任声誉高的经济主体。他们愿意与高声誉的经济主体建立稳定的交易关系，高声誉的经济主体往往与其他经济主体建立长期且稳定的交易关系，这使得高声誉主体获得更长久的利益。在信息不对称的情况下，高声誉的企业总是比低声誉的企业拥有更高的价格，消费者认为高声誉代表高品质，消费者愿意为高品质"买单"。Schiff 和 Kennes（2004）通过研究发现，声誉机制对企业主体提供高质量的产品具有积极影响。在一个健全的市场经济中，高声誉企业会因为"声誉租金"的作用获得长远收益。但是声誉本身非常脆弱，一旦发现违反合同约定或道德规范的行为，声誉的价值就会降低，原本的声誉拥有者也就无法再获得长远的收益，进而有效阻止企业发生投机行为。良好的声誉能够提高企业绩效，给企业带来更多利益，这激励企业提高产品、服务质量，用很大的努力建立和维护企业声誉。声誉惩罚或声誉损失提高了企业发生投机行为的机会成本，能够抑制投机商家发生损害消费者利益的行为。因此，企业会考虑未来的长远利益，而放弃眼前的一次性好处的诱惑，不发生机会主义行为，这正是声誉机制的核心所在。然而，声誉的口头传播对声誉拥有者会产生极大的影响，例如，个人认为商家的商品质量很好，他会把信息传递给与他相关的人群，然后一一传播形成对该商家的良好口碑；反之若商品的质量或服务不好,进行口头传播会形成对该商家不好的口碑,相比正向的口头传播,负向传播的影响更大。

声誉是能够降低交易成本的机制。有学者通过研究得出,声誉能降低交易成本,也就是社会主体的声誉越高,与其他经济主体发生交易的过程中,交易成本越低,原因有三个:第一,声誉能够全面而且准确地体现出商品的价值,节省了在交易过程中出现的搜索信息、辨别信息、签订合同所需要的各方面费用;第二,声誉具有自我约束力,能够保证交易顺利进行,实现自我履约和自我考核;第三,人们对声誉拥有者会形成稳定的预期,使短期交易转化为长期交易成为可能,有利于减少交易不确定性,减少签订合同和谈判的次数,也有利于减少交易成本。在一定程度上,声誉能够防止信息发生扭曲、增加信息的真实性、减少交易成本。对其他经济主体来说,声誉机制不仅能够帮助识别优质主体,而且能够避免遇到不利的行为。

因此,高声誉的经济主体相较于低声誉主体具有特别优势,能够巧妙地解决某些低声誉主体无法解决的问题。声誉一旦建立,就会给经济主体带来无形的价值。在解决实际问题时,人人具有有限理性的特点,而且信息具有不对称性。声誉机制作为一种非正式治理机制,可以有效降低交易不确定性、增加信息透明度、减少信息不对称,进而抑制商家发生投机行为。因此,在治理商家投机行为时声誉可能成为有效的治理机制。声誉治理相比市场治理具有成本低的特点,相比政府治理具有自我主动性。由此,声誉机制可以弥补市场和政府治理的局限性,并发挥互补作用。在平台型网络市场环境下,声誉机制作为一种自发的私人契约,可以弥补法律制度和信用体系的不足,在一定程度上保障交易者的交易行为,有助于建立声誉信心。

平台声誉来源于互联网的兴起和发展,它不完全相同于传统的企业声誉。因为在平台型网络市场中,交易活动具有虚拟性和不确定性,所以声誉成为识别优质商家的重要标志,可以降低交易风险。在电商平台背景下,平台声誉表现为平台对商家的评分或等级评定。汪旭晖和张其林(2017)在研究中认为,平台买家把平台企业声誉作为一个独立的个体,基于感知的角度进行评价。汪旭晖和郭一凡(2018)认为平台企业的声誉是顾客对平台企业和商家群体所提供的产品或服务的总体评价，是依赖于顾客对平台企业过去行为的偏好而形成的。基于价值共创的视角，平台企业和平台商家共同营造了平台的声誉。同时它们也共享交易平台声誉带来的隐形价值，这也说明平台声誉具有双元驱动结构的特点，换言之，消费者对电商平台的评价中，不仅涉及对电商平台的感知，也涉及消费者对商家的感知。这样的双元结构声誉，不仅能够自行约束平台企业和商家的行为，也能够为消费者提供制度保障。关于平台声誉的测量，学者的测量指标存在区别，有学者发现，消费者从企业属性和行为的角度测量企业声誉，如企业感染力、企业社会责任、产品、服务。有学者发现消费者从交易时间、交易金额、欺诈惩罚、消费者保障服务测量企业声誉。目前在C2C模式下，主要从产品、质量、交易安全等方面进行测量，涉及企业社会责任、卖家能力较弱。李昕宸等人（2016）基于认知理论，提出企业声誉是认知声誉和情感声誉的总和，并揭示消费者对企业声誉感知的形成过程，即消费者首先对产品、服务、企业社会责任形成感知，再形成认知声誉感知，最后形成情感声誉感知。相较于传统交易渠道的企业声誉，平台声誉的形成和管理更加复杂，而且由于平台市场的特殊性，导致平台声誉与商家声誉相互影响、相互作用。换言之，消费者对商家商品和服务的感知会间接影响到对平台企业的感知。在网络交易情境下，企业声誉包含平台声誉和商家声誉两种。

7.5 本章小结

平台企业作为信息时代的新技术产物，在发展过程中也需要更多的社会责任意识和理念。本章探讨了可持续价值导向下的平台企业社会责任治理机制，包括构建平台企业社会责任自组织管理机制、利益相关方的协同共演机制、共同体内部多阶段监管机制和声誉激励机制。进而实现平台企业可持续性发展，增强平台企业社会责任治理体系的系统性、整体性和协同性，健全生态化治理视域下的平台企业社会责任治理体系，创新社会责任治理新体系，构建社会责任治理新格局，以期更好地促进平台企业社会责任治理生态圈的良性发展，实现平台企业的可持续发展。

第四篇

价值实现

第8章　平台企业社会责任治理创造可持续价值的探索性分析——基于五类平台的多案例研究

随着物联网、大数据、人工智能等新兴技术在经济社会中的广泛渗透，传统组织载体与商业模式受到较大程度颠覆，适应平台经济发展需要的平台企业快速崛起。平台企业借助互联网平台有效链接市场双边用户，生成同边网络效应和跨边网络效应。目前，我国正处于经济高质量发展阶段，平台经济作为新动能的主要组成部分，其培育壮大离不开平台企业的可持续发展。可持续发展必然要创造可持续价值。现有研究从不同视角探究可持续价值创造的驱动因素，然而，对于可持续价值创造过程尚未进行深入挖掘。因此，本研究将可持续价值创造具体化、过程化，尝试挖掘不同阶段的可持续价值创造机理，厘清可持续价值创造路径。

本研究分别从短视频平台、电商平台、外卖平台、旅游平台和种草平台中选取具有代表性的平台企业，进行多案例研究。其中，抖音是短视频行业主流平台，备受大众喜爱，截至目前，日活跃用户数量已经超过6亿；京东在2023年凭借10462.36亿元的营业收入，稳居民营企业500强的首位；美团以"吃"为核心构建生活消费服务，依托2800多个城市的配送体系和600多万家品类商户，年交易用户数量达6.87亿；携程是中国最大的互联网在线旅游平台，目前占据市场份额的54.7%，位居第一；小红书作为一个内容分享和发现的工具型平台，以其独特的"种草"营销传播模式，月活跃用户数量坐拥3亿，已经成为年轻人购物的风向标。抖音、京东、美团、携程和小红书作为各行业头部平台企业，具有极大的发展潜力和研究价值。本研究结合案例研究法和扎根理论程序化编码过程，揭示平台企业通过社会责任治理创造可持续价值的动态路径，以期为平台企业的履责与发展提供决策支持。

8.1 平台企业社会责任治理与可持续价值创造的关系

万锶锦（2019）认为平台企业社会责任治理不仅能实现自身的可持续性发展，还能实现环境价值和社会价值的创造，减少环境破坏和污染、满足多样化的社会需求。武佳媛（2022）发现美团在社会责任治理过程中将企业社会责任嵌入商业模式创新后，能够更加积极主动地发挥平台优势与作用，解决平台商业运营过程中造成的各类社会问题，如餐品质量问题、骑手安全问题，带来一定的社会价值。凌鸿程（2024）认为平台企业社会责任治理是发挥平台企业公共社会属性，承担平台企业对社会环境的公共价值，因此具有鲜明的公共价值与环境价值导向。李志斌等人（2020）认为创造价值是其履行社会责任最根本的动力机制，社会责任能否为公司创造价值决定了企业是否愿意承担社会责任以及履责到何种程度。因此，企业履责在实现社会价值和环境价值的同时，能否实现企业的商业价值和经济收益尤为关键。邢小强等人（2021）发现字节跳动通过承担扶贫的社会责任，帮助农民提高收入、增强能力、拓展社会关系，实现社会价值的创造。同时给平台企业自身创造了新的商业机会和商业资源、构建了新的商业能力、拓展了新的商业生态，实现了经济价值的创造。Freeman（1984）认为平台企业积极履行社会责任有助于提升公司形象、解决企业与利益相关者之间的信息不对称的难题。尚洪涛和吴桐（2022）发现平台企业通过推动社会责任治理，不仅有助于降低企业经营成本，还能建立共生的网络生态，以社会效益反哺经济效益，实现平台企业商业价值的增值。Burke 和 Logsdon（1996）提出"战略性企业社会责任"，认为企业社会责任可以与企业战略管理相融合，从战略角度进行社会责任治理，同时实现经济和社会价值。Porter 和 Kramer（2002）指出实行战略性企业社会责任就是把企业社会责任作为战略工具，寻找企业发展的商业机会，实现企业战略地位的提升和战略性资源的获取，最终实现经济绩效的增加。在战略性企业社会责任的基础上，Porter 和 Kramer（2011）提出的共享价值则强调企业可以将解决社会问题视为创造商业价值的机会，通过创造社会价值来创造经济价值。解本远（2012）认为共享价值对企业和社会而言是双赢的结果，因为企业通过创造共享价值获得经济上的成功，而社会的其他成员也因为企业创造共享价值的活动而受益。因此，平台企业社会责任治理不仅能够创造社会价值和环境价值，还能创造经济价值。

8.2 研究设计与案例选择

8.2.1 研究方法

本文的研究主题"平台企业可持续价值创造的动态路径"属于"怎么样"（How）类型的问题，多案例研究可以在多个典型案例中从重复迭代的关系线索中进行对比、总结和分析，找出不同案例间的相似性、异质性，从而构建新的理论框架。多案例研究能增加理论框架的合理性、说服性和适用性。扎根理论是质性研究的重要方法，强调"理论根植于实践"，能从具体实践情境中对数据进行对比、分析和提炼，可以更全面地把握研究的情境性。

8.2.2 案例选择

本研究分别选取不同行业内的代表性平台企业进行分析，如电商平台中的京东平台、短视频平台中的抖音平台、外卖平台中的美团平台、旅游平台中的携程平台、种草平台中的小红书平台。本研究主要基于以下三方面的考虑。①案例典型性，各个平台企业都是行业内头部平台，备受用户喜爱，有大量的用户基础。各个平台的发展规模和建设成效足以为本研究提供典型素材。②数据的可获得性。抖音集团的企业社会责任报告重点披露其在经济、社会和环境等领域担当社会责任的主要工作和成效，且有关该平台的新闻报道和学术研究较多，能够获取丰富完整的研究资料。③理论适配度。抖音持续从经济、社会和环境层面推进社会责任议题，且取得了良好的成效，其探索和实践与本文的研究相适配。

8.2.3 资料收集

本文数据主要来自以下五个方面。①文献资料。中国知网以"京东""抖音""美国""携程""小红书""可持续价值""平台企业社会责任"等为关键词,通过检索数据库获取相关理论知识。②官方资料。从平台官网、公众号,收集企业社会责任及其他主题相关报告。③新闻资料。从中国经济新闻网、搜狐网、环球网等获取与平台相关的新闻报道。④访谈资料。对平台工作人员、拥有一定粉丝量的创作者和高活跃度的平台用户进行访谈,形成访谈资料。⑤其他资料。从微博、知乎、贴吧等渠道搜索与抖音相关的主题资料。

8.3 扎根理论程序化编码

8.3.1 开放式编码

开放式编码对原始数据进行概念化和范畴化,旨在界定概念和发现范畴。在开放性编码过程中,需从客观数据出发让概念和范畴自然涌现,脱离主观思维的影响。依据上述标准,对 3/4 的原始数据进行贴标签、概念化和范畴化,编码范畴直接从文本内容中概念化后归纳合并,部分概念化和范畴化内容如表 8-1 至表 8-5 所示。

表 8-1 开放性编码示例规范表格(京东)

原始资料	贴标签	概念化	范畴化
资料 1. 为规范经营秩序,保障合规经营,保障消费者合法权益与购物体验,营造良好购物环境氛围,京东将持续打击恶意倒卖行为,对违规设置商品价格行为开展专项治理,包括但不限于价格虚高/虚低、极端频繁变价、运费虚高等场景。如发现销售商家出现商品价格违规情形的,京东有权依据相关规则条例,对商家违规行为进行治理。 摘自:(电商报,2022-05-05)	A1 规范经营秩序 A2 保障合规经营 A3 开展专项治理 A4 治理价格异常 A5 治理运费虚高	B1 商家运营规范治理(A1、A2、A3、A4、A5) B2 平台适老化服务(A6、A7、A8、A9、A10)	C1 平台生态治理(B1) C2 技术人文关怀(B2) C3 社会公益行动(B3)

续表

原始资料	贴标签	概念化	范畴化
资料2：为了帮助老年人适应快速变化的数字化场景，我们持续优化京东App"长辈模式"，精简信息及操作流程，并成立长辈客服专属团队，对服务标准进行适老化升级，制定"长辈服务七大标准"，为长辈提供7×24全时段暖心守护，帮助长辈跨越数字鸿沟。2020年起，京东推出"生命通道"项目，建立心理健康预警机制，通过大数据实时预警、劝阻，紧急情况下联动警方介入阻断。截至2022年12月31日，该项目在574起案件中救助了有轻生倾向的用户。 摘自：（《京东集团2022环境、社会及治理报告》，2023-06-25）	A6 长辈模式 A7 客服专属团队 A8 服务适老化升级 A9 上门护理服务 A10 心理健康预警机制	B3 赈灾救援行动（A11，A12，A13，A14） B4 助力滞销农产品销售（A15，A16，A17，A18） B5 多元扶贫方式（A19，A20，A21，A22，A23） B6 发明环保产品（A24，A25，A26，A27）	C4 便捷平台搭建（B4） C5 乡村发展扶持（B5） C6 创新绿色服务（B6） C7 低碳环保行动（B7） C8 物种保护行动（B8） C9 用户增长价值（B9）
资料3：2023年12月18日深夜至19日凌晨，甘肃临夏州积石山县连续发生多次地震，最大震级6.2级，震源深度10公里，造成当地及周边地区重大损失。京东集团第一时间成立应急响应专班，快速启动应急救援预案，从多个就近仓库中紧急调拨饮用水、食品、御寒衣物等物资，以专人专车方式运往灾区。 摘自：（金融界，2023-12-19）	A11 成立应急响应专班 A12 启动应急救援预案 A13 紧急调拨救助物资 A14 专人专车运往灾区	B7 低碳环保主题活动（A28，A29，A30） B8 生物多样性保护方式（A31，A32，A33） B9 供应链创新吸引用户（A34，A35，A36）	
资料4：据悉，几天前京东发布了"告全国农人书"，提供25项涉及供应链、物流、运营、推广等核心方面的举措，解决当下滞销农产品上行中的困境，同时开放全渠道和业态优势，让产品送达消费者的餐桌。截至目前，已接到400多个滞销求助，同时为包括四川草莓、海南芒果、湖南冰糖橙、云南木瓜等生鲜商品在内的滞销农产品售出超300吨。 摘自：（江西网络广播电视台，2020-02-18）	A15 提供25项核心举措 A16 解决农产品滞销困境 A17 开放全渠道和业态优势 A18 接受滞销求助		

续表

原始资料	贴标签	概念化	范畴化
资料5：京东采用产业扶贫、用工扶贫、创业扶贫、金融扶贫、健康扶贫、公益扶贫等方式，在实际中摸索出培训、金融、农资、物流、销售、招工等八大环节，帮扶贫困地区，实现脱贫致富。在武邑县的跑步鸡项目中，京东生鲜部门对扶贫跑步鸡养殖方式做了持续优化。面对缺乏养鸡经验的贫困户建立合作社统一管理，为农户提供系统科学的培训，帮助农户修整院落以达到养殖标准，聘请长期派驻专家进行知识辅导。目前，武邑县纳入扶贫跑步鸡项目的贫困户已超千户，每户都至少从跑步鸡上拿到了3000元纯收入，武邑县已摘帽贫困县。 摘自：（周天财经公众号，2020-11-19）	A19 产业扶贫等方式 A20 跑步鸡项目 A21 建设统一合作社 A22 提供系统科学培训 A23 帮助农户修整院落等		
资料6：京东协同行业合作伙伴及社会力量，加速物流行业的绿色升级。具体成果颇丰，在循环利用方面，研发出了"专利防撕袋"，采用安全环保新材料。2016年，京东率先在生鲜业务中使用无污染的全生物降解包装，此外京东还尝试在顾客取货后，配送员回收包装袋循环使用，全面推行后，每年节省PE包装袋至少1亿个。 摘自：（论文《循环经济下绿色快递的现状分析》，2019-02-05）	A24 物流行业绿色升级 A25 安全环保新材料 A26 无污染生物降解包装 A27 包装袋循环利用		
资料7：为吸引更多用户接触、了解并参与到红树林生态修复工作中，京东物流也在同期于京东快递小程序"包裹的旅行"专题页面上线红树林主题活动，通过记录在寄快递过程中的绿色环保及减碳行为，用户不仅可以在活动页面中通过查看实时守护进度条，了解当前红树林湿地的修复进度，还能够以捐赠碳积分的形式为红树林的修复工作提供助力。 摘自：（东方财富网，2024-06-07）	A28 "包裹的旅行"主题活动 A29 记录环保减碳行为 A30 助力湿地修复		

续表

原始资料	贴标签	概念化	范畴化
资料8：京东集团将生物多样性考量纳入项目的全生命周期。作为平台电商，我们严格禁止平台内开展野生动物非法交易，并对平台商家可能涉及国家重点保护动物或明令禁止交易的野生动植物相关商品，以及可能用于捕捉野生动植物的捕猎工具进行下架处理，积极助力生态保护与生态文明建设。 摘自：（《京东集团2022环境、社会及治理报告》，2023-06-25）	A31 生物多样性考量 A32 禁止野生动物非法交易 A33 下架相关捕猎工具		
资料9：京东最吸引我的点在于物流速度，最初电商巨头可以说是淘宝，京东在供应链上的创新让自己赢得了一席发展之地。它真正考虑到了用户的需求，因为生活中工作中难免有着急要的东西，京东就能做到次日送达。我觉得经济物流速度的突破，吸引了大量用户，让更多的用户关注它、使用它。 摘自：（访谈资料，2024-03-25）	A34 考虑用户需求 A35 物流速度快 A36 吸引大量用户		

表8-2 开放性编码示例规范表格（抖音）

原始资料	贴标签	概念化	范畴化
资料1：抖音包含的海量视频资源使大学生在践行社会主义核心价值观时能够拥有大量可供参考的素材和生动形象的资源。许多官方平台，如"人民日报""中国共青团"已入驻抖音，进行时事热点分享。大学生也可以将自己身边充满正能量的人或事拍摄并制作出短视频发布到抖音平台上，进一步扩充了大学生践行社会主义核心价值观的内容和形式。 摘自：（论文，《"抖音"对培养大学生社会主义核心价值观的研究》，2022-06-01）	A1 社会主义核心价值观 A2 时事热点分享 A3 充满正能量	B1 主流文化借助平台传播（A1，A2，A3） B2 弘扬传统文化（A4，A5）	C1 正向文化弘扬（B1，B2） C2 平台生态治理（B3） C3 用户增长价值（B4）

142

第8章 平台企业社会责任治理创造可持续价值的探索性分析——基于五类平台的多案例研究

续表

原始资料	贴标签	概念化	范畴化
资料2：过去一年，包括戏曲、民乐等传统艺术在内的演艺类直播在抖音开播超过3200万场，场均观众超过3900人次。直播不仅为传统文化带来新生机，也让濒危非遗项目的传承更有动力。 摘自：（中国经济新闻网，2023-10-17）	A4 传统文化新生机 A5 非遗项目的传承动力	B3 平台乱象管治（A6，A7，A8，A9） B4 用户吸引力（A10，A11，A12，A19） B5 平台发展前景（A13，A14）	C4 发展前景价值（B5） C5 文化弘扬价值（B6） C6 技术人文关怀（B7） C7 乡村发展扶持（B8）
资料3：自"清朗·互联网用户账号运营乱象专项整治行动"开展以来，抖音针对以下乱象深入开展治理：打击转售账号（一个用户多个账号）、严禁账号资料包含违法违规信息、深入清理大V账号虚假粉丝、整治互联网用户账号恶意营销行为、禁止租售账号。 摘自：（抖音安全中心公众号，2022-01-06）	A6 打击"转世"账号 A7 严禁违规账号 A8 清理虚假账号 A9 整治恶意营销和租售账号	B6 知识传播与分享（A15，A16，A17，A18） B7 平台功能适老化建设（A20，A21，A22，A23） B8 赋能乡村产业（A24，A25，A26，A27，A28）	C8 绿色科普宣传（B9）
资料4：我认为抖音很受欢迎，它凭借视频时长"短""有趣"的特点吸引了很多用户来玩。作为最早用它的一拨人，我是看着它一步步走向大众的。其实不仅有我们这种喜欢冲浪的年轻人爱玩，还有老年人、小孩儿都喜欢看，比如我姥姥、我侄女，可能也是因为操作简单吧。而且抖音还可以进行社交，我妈就经常在抖音跟她的朋友们点赞评论送花之类。因此作为短视频平台中的"领袖"，它的覆盖面和影响力都很大，发展前景还是非常好的。 摘自：（访谈资料，2023-08-20）	A10 抖音很受欢迎 A11 吸引了很多用户 A12 走向大众 A13 覆盖面和影响力很大 A14 发展前景很好	B9 鼓励生产和传播绿色内容（A29，A30，A31）	

143

续表

原始资料	贴标签	概念化	范畴化
资料5：抖音平台突破了时空界限，其创意短视频的兴起引发了知识传播活动的大变革，它塑造了一个全新的知识生态系统，已成为中国最大的知识普惠平台。如浙江图书馆抖音账号定位主要围绕关键词"大咖"，着重于分享和讲述业界知名大咖观点，让知识的分享更有趣，使信息资源得到最大程度的共享。抖音平台具有即时互动性和分享便捷性，增加了社交黏性。 摘自：（论文，《基于SWOT-PEST分析法的5G时代高校图书馆阅读推广研究——以抖音短视频为例》，2023-09-20）	A15 知识传播大变革 A16 全新知识生态系统 A17 最大的知识普惠平台 A18 让知识分享更有趣 A19 增加了社交黏性		
资料6：抖音银龄守护计划是真的。它是国家针对老年群体提出的一个惠民政策，抖音发力于平台功能场景优化与助老内容传播，开发了大字模式、长辈模式等功能，还通过开展老龄群体公益培训课程、号召创作者发布手机使用教程等方法，向老年用户传授数字时代的必备技能，让老年人更好地融入数字生活。 摘自：（贴吧，2023-11-22）	A20 场景优化与助老内容传播 A21 大字模式和长辈模式 A22 老龄公益培训课程 A23 向老年用户传授数字技能		
资料7：由抖音公益和抖音生活服务联合发起的文旅帮扶公益项目，通过赋能本地文旅达人和商家、打通线上种草与线下体验，助力乡村文旅发展，快速并持续产生市场影响力，提升村民收入，带动产业可持续发展，沉淀可复制的策略打法。 摘自：（论文，《2022年字节跳动企业社会责任报告》2021-03-14）	A24 文旅帮扶公益项目 A25 助力乡村文旅发展 A26 产生市场影响力 A27 提升村民收入 A28 产业可持续发展		

第8章 平台企业社会责任治理创造可持续价值的探索性分析——基于五类平台的多案例研究

续表

原始资料	贴标签	概念化	范畴化
资料8：抖音集团持续发挥自身内容平台优势，激励知识创作者生产绿色科普视频，并结合世界地球日、生物多样性日、世界海洋日等，发起主题活动，丰富绿色知识内容。2022年，今日头条、抖音、西瓜视频与环境保护、自然生态、物种保护、碳中和等相关的"绿色"内容数量达3900万条，获得超25亿次点赞。 摘自：（论文，《短视频平台主体社会责任探析——以抖音为例》，2022-04-26）	A29 生产绿色科普视频 A30 丰富绿色知识内容 A31 环保等绿色主题内容		

表8-3 开放性编码示例规范表格（美团）

原始资料	贴标签	概念化	范畴化
资料1：近日，美团发布针对"虚假门店"的专项治理公告，公示了今年3月通过技术审核过滤、人工主动巡查等识别方式处置的一批虚假商户名单，并对相关门店进行下线处置。"虚假门店"的存在，既会影响到用户的到店体验，也会影响到平台的流量分配。因此，美团需要加强治理，维护平台经营生态。 摘自：（电商报，2024-04-17）	A1 "虚假门店"的专项治理 A2 技术审核过滤 A3 人工主动巡查识别 A4 维护平台经营生态	B1 多种方式维护平台生态（A1，A2，A3，A4） B2 校企合作（A5，A6，A7） B3 运营经验分享（A8，A9，A10）	C1 平台生态治理（B1） C2 产学研一体化（B2） C3 行业共享共建（B3） C4 社会公益宣传（B4）
资料2：清华大学深圳国际研究生院党委书记武晓峰表示，清华大学与美团于2021年建立了数字生活联合研究院，双方始终保持着紧密合作。"我们希望本次产学研深度合作的积极尝试，在更好地服务师生生活需求的同时，激发学生们对于无人机、机器人科技的兴趣，老师们可以基于美团的科技零售场景开展学术研究，而美团则可以借助高校科研力量和场景需求，加速产品迭代，优化服务体验，最终实现'以产助学'和'以研促产'的良性互动，共同推动科技进步，为社会创造更大价值。" 摘自：（中国青年报，2023-12-21）	A5 激发学生兴趣 A6 基于科技场景的研究 A7 优化服务体验	B4 宣传禁毒知识（A11，A12，A13） B5 灾害支援（A14，A15，A16，A17） B6 反餐饮浪费设计（A18，A19，A20，A21）	C5 社会公益行动（B5） C6 创新绿色服务（B6） C7 乡村发展扶持（B7） C8 物种保护行动（B8）

续表

原始资料	贴标签	概念化	范畴化
资料3：5月22日，美团在北京成功举办第一届合作伙伴大会，大会以"同频、聚力"为主题，现场齐聚数百位合作伙伴，美团工作人员现场分享用户增长经验、产品能力及渠道合作案例，全面交流探讨合作模式，实现聚力共赢。 摘自：（美团企业版，2024-05-31）	A8 合作伙伴大会 A9 分享用户增长经验 A10 交流探讨合作模式	B7 多元方式扶贫（A22，A23，A24，A25，A26） B8 守护动植物（A27，A28，A29，A30，A31）	
资料4：5月17日，利通区上桥镇社区戒毒（康复）中心与上桥镇工会携手，开展了一场以"美团外卖'骑'助力，禁毒知识进万家"为主题的禁毒宣传活动，充分发挥外卖骑手"走千万路、进千万家"的职业优势，将毒品预防知识传递到千家万户。活动还特别设计了禁毒宣传海报，张贴在美团骑手的送餐箱上。这些醒目的海报不仅吸引了路人的目光，也引发了顾客对禁毒问题的关注。外卖车辆的穿梭使禁毒知识得以广泛传播，为构建无毒社会营造了良好氛围。 摘自：（澎湃新闻，2024-05-17）	A11 禁毒宣传活动 A12 禁毒宣传海报 A13 禁毒知识广泛传播		
资料5：2023年，受超强台风"杜苏芮"影响，北京、天津、河北等多地因暴雨受灾严重。美团与公益机构等合作，捐款支援北京门头沟、房山及河北等受灾严重地区群众的救灾物资、生活安置和灾后重建等。面对甘肃临夏州积石山县发生6.2级地震后，美团买药第一时间将9.4万盒医药用品由专车送到积石山县中医院，并在"问医生主页"上线定向给甘肃临夏、青海海东两地的心理义诊专区。 摘自：（《美团2023企业社会责任报告》，2023-05-18）	A14 捐款支援 A15 提供救灾物资等 A16 灾后重建 A17 线上义诊		

第8章　平台企业社会责任治理创造可持续价值的探索性分析——基于五类平台的多案例研究

续表

原始资料	贴标签	概念化	范畴化
资料6：我们推动更多商户提供"小份菜""小份饭"；鼓励"拼好饭""一人食"等新模式，给予消费者多样化的分量选择。开发并免费投放小份环保餐盒。在外卖点餐全流程环节，平台推出"适量点餐"提醒，并在视觉醒目性上进一步优化。 摘自：(《美团2023企业社会责任报告》，2023-05-18)	A18 提供"小份菜" A19 多样化的分量选择 A20 小份环保餐盒 A21 "适量点餐"提醒		
资料7：自2017年开始，美团充分利用自身互联网企业及其平台的优势，在促进贫困地区产业发展、帮助贫困地区转移就业、教育扶贫、健康扶贫等方面做出了巨大努力，为我国脱贫攻坚贡献了不朽力量，美团也因此获2020年全国脱贫攻坚奖。美团通过旅游直播等方式帮助扶贫县美景出山，并且通过"最美乡聚"项目，帮助更多贫困县推广"最美乡村"、"最美民宿"和"最美家乡菜"等品牌，利用数字平台流量优势及数字化能力推动贫困县域旅游业发展。 摘自：(智行乡土公众号，2021-07-11)	A22 产业扶贫 A23 就业转移扶贫 A24 教育扶贫 A25 健康扶贫 A26 旅游直播扶贫		
资料8：4月22日是世界地球日。美团青山公益商家来到了大熊猫国家公园荥经片区，在这里，工作人员常年进行熊猫的科学监测与植物补植，与时间赛跑，挽救正在退化的大熊猫栖息地。早先，这些商家参与了青山计划自然守护行动，每笔外卖成交后都有一笔钱被捐赠给中华环境保护基金会，用来支持自然保护地的修复，正是一笔笔小额稳定的捐赠，为栖息地工作人员的工作开展提供了支持。原来一份外卖背后，也有这么多温暖而有意义的事情。 摘自：(微博，2024-04-22)	A27 熊猫的科学监测 A28 植物补植 A29 挽救大熊猫的栖息地 A30 自然守护行动 A31 自然保护地修复		

表 8-4 开放性编码示例规范表格（携程）

原始资料	贴标签	概念化	范畴化
资料1：专项行动期间，携程集团将严格落实整治要求，压实平台主体责任，进一步加大排查清理整顿的力度，针对以下三类违规问题进行重点打击。①分环节治理"刷分"控评、"刷单"炒信、"刷量"增粉、"刷榜"拉票等流量造假问题。②持续整治"网络黑公关"乱象。③坚决查处涉"网络水军"信息、账号及相关操控平台。 摘自：（携程黑板报公众号，2021-12-25）	A1 严格落实整治要求 A2 加大排查清理整顿力度 A3 针对违规问题重点打击	B1 平台专项整治行动（A1，A2，A3） B2 技术助力旅游产业（A4，A5，A6，A7） B3 与院校的合作发展（A8，A9，A10）	C1 平台生态治理（B1） C2 平台科技创新（B2） C3 产学研一体化（B3） C4 技术人文关怀（B4）
资料2：作为旅游行业的头部企业，携程集团积极利用新技术，发布首个行业大模型"携程问道"，塑造新型旅游业。不同于此前以问答类为主的通用大模型，"携程问道"不仅可以对用户在旅行前中后期的需求做意图了解，还能链接后续的功能响应。事实上，在行业大模型之外，携程早已将AI技术落地到旅游产业各个场景，发挥出重要的生产力作用。 摘自：（新浪财经，2024-04-16）	A4 积极利用新技术 A5 发布行业大模型 A6 塑造新型旅游业 A7 将AI技术运用到旅游场景	B4 老年用户关怀（A11，A12） B5 促进乡村多元发展（A13，A14，A15） B6 春运公益活动（A16，A17，A18）	C5 乡村发展价值（B5） C6 社会公益行动（B6） C7 创新绿色服务（B7） C8 物种保护行动（B8）
资料3：近年来，携程集团与各大职业院校深入合作，积极探索产业院校的人才培养发展模式，取得多项代表性成果，包括携手重庆师范大学和重庆海联职业技术学院在重庆成立全国首家"携程文旅产业学院"，深耕"互联网+旅游"人才培养；与三亚中瑞酒店管理职业学院签约揭牌携程文旅产学中心，共同赋能海南自贸港建设等。 摘自：（环球网，2023-11-01）	A8 与院校深入合作 A9 人才培养发展模式 A10 携程文旅产学中心	B7 低碳化差旅服务（A19，A20，A21） B8 生物多样性保育（A22，A23，A24）	
资料4：携程认识到老年群体在智能应用方面感知度不强和产品理解困难的问题，推出了"App关怀版"，为老年群体提供专属关怀，如专属视觉（页面设计、字体扩大、对比度更高）、专属功能（网页端适老化改造、文字朗读功能）、专属服务（跟团游板块）、专属热线（免前置、一键抵达人工客服）。 摘自：（携程集团2022年环境、社会及管治报告，2023-12-08）	A11 推出"App关怀版" A12 为老年群体提供专属关怀		

第8章 平台企业社会责任治理创造可持续价值的探索性分析——基于五类平台的多案例研究

续表

原始资料	贴标签	概念化	范畴化
资料5：携程度假农庄副总经理张洁表示，目前，31家携程度假农庄已在国内13个省（自治区、直辖市）落地，累计带动超2万人的相关行业就业，其中，超过80%雇员为当地人，带动乡村人均年收入增长超4万元，在乡村振兴方面发挥了积极作用。例如，通过促进当地民宿数量新增和产业发展，农庄间接带动所在地区上下游产业增长约2000万元。 摘自：（携程集团官方账号，2024-07-18）	A13 带动大量就业 A14 人均年收入增长 A15 促进产业发展		
资料6：经过为期10天的公开报名、媒体推荐及活动合作单位的支持，目前"2023安心过年医护公益计划"入选人员名单已经确定。这也是携程持续发起春运公益活动的第六年，此前携程春运公益计划还面向城市基层务工者、北上广务工人员、贫困县外出务工人员等送出返乡礼金、免费核酸检测礼包、往返机票等补贴。 摘自：（扬子晚报，2023-01-19）	A16 医护公益计划 A17 送出返乡礼金 A18 往返机票补贴		
资料7："携程商旅的低碳风潮，始于2022年，携程商旅率先上线航班碳排放数据，开启国内差旅低碳数据先河，此后新增酒店、火车、用车碳排放数据和企业差旅碳排放账单，并逐步获得更多企业客户的认同。"携程商旅ESG项目负责人查召表示。作为排名前列的商旅平台，随着低碳火车、低碳用车碳排放数据上线，携程商旅从产品端覆盖了低碳全场景，带动企业低碳差旅意愿度猛增。 摘自：（论义，《携程商旅百万用户热推低碳出行》，2023-11-18）	A19 上线航班碳排放数据 A20 覆盖低碳全场景 A21 带动低碳差旅意愿		
资料8：为保护海洋生物，携程启动我国首个热带"海洋牧场"项目，多次实施造礁石珊瑚移植和培育苗圃修建工作。截至目前，该项目已经修复了近4万株珊瑚，修复面积达到5万平方米。此外，携程还积极参与动物救助，投入专项基金提升动物福利、成立动物救助小组、分享先进技术繁育保育海洋濒危生物、开展海龟科普展和打卡赛。 摘自：（携程集团2022年环境、社会及管治报告，2023-12-08）	A22 "海洋牧场"项目 A23 参与动物救助 A24 保育海洋濒危生物		

149

表 8-5　开放性编码示例规范表格（小红书）

原始资料	贴标签	概念化	范畴化
资料 1：首先是要依靠站内举报，当针对同一问题的大量举报出现，往往就是重要的信号。其次我们也会关注是否有异常的内容波动——比方说，低俗化的内容，不一定会被用户举报，但是突然同时大量出现，我们就会加重审核，看是否在引流或导向上有问题。我们还会依据站外的反馈，比如媒体报道。有时候媒体报道不只是针对小红书，而是对整个行业进行监督。那么如果有别的平台的问题被报道出来，我们也会参考自查。 摘自：（新京报，2024-06-26）	A1 站内举报 A2 关注异常波动 A3 加重审核 A4 参考自查	B1 平台风险干预（A1，A2，A3，A4） B2 用户推荐服务（A5，A6，A7） B3 销售农产品渠道（A8，A9，A10，A11）	C1 平台生态治理（B1） C2 平台科技创新（B2） C3 便捷平台搭建（B3） C4 乡村发展扶持（B4）
资料 2：小红书上有大量的商品，而用户的需求千差万别，如何将合适的商品推荐给用户，是一个很大的挑战。为了解决这个问题，小红书的算法采用了商品匹配的方法。通过分析用户的兴趣、购买记录、评价等信息，算法能够为用户推荐符合其需求的商品。例如，当用户在小红书上搜索一款口红时，算法会根据用户的肤色、口红偏好等信息，推荐适合的口红和色号。这种精准推荐的方式，能够提高用户的购物体验，增加用户的购买转化率。 摘自：（搜狐网，2023-12-10）	A5 商品匹配算法 A6 精准推荐 A7 提高用户体验	B4 乡村多元发展（A12，A13，A14，A15） B5 特殊群体帮助（A16，A17） B6 号召公众参与公益（A18，A19，A20）	C5 技术人文关怀（B5） C6 社会公益宣传（B6） C7 用户增长价值（B7） C8 物种保护宣传（B8）
资料 3：最初我们是只给专门的商家供货，后来我发现这样我们到手的利润会大打折扣。后来我就想，能不能自己创出销路，所以我就从自己比较熟悉的小红书平台入手，我开始学着怎么去营销，怎么去吸引其他用户的目光，甚至开始直播……我没想到效果还是挺好的，然后我增加了土特产品类，通过"基地+店铺+直播带货"模式，让农产品有了销路。我觉得是小红书平台给我们提供了机会和流量。 摘自：（访谈资料，2024-03-22）	A8 成立线上店铺 A9 土特产品销售 A10 打开农产品销路 A11 提供机会和流量	B7 用户增长较快（A21，A22，A23） B8 传播科普知识（A24，A25，A26，A27）	

第 8 章　平台企业社会责任治理创造可持续价值的探索性分析——基于五类平台的多案例研究

续表

原始资料	贴标签	概念化	范畴化
资料4：2024年3月8日，小红书首个乡村工坊在浙江省安吉县夏阳村正式挂牌，并成功举办首期活动。为将小红书的文旅振兴经验推广至更多乡村，小红书推出了"乡村工坊"品牌项目。该项目借助平台流量和达人资源，重点支持一批特色乡村的手工艺发展，培养具有创造力的乡村带头人，促进非遗及传统手艺的地区间交流和代际传承。通过手艺创收，改善当地留守村民的生活状况，促进在地特色文化的新生，激发乡村振兴的新活力。 摘自：（农学谷研修院，2024-07-22）	A12 支持乡村手工艺发展 A13 培养乡村带头人 A14 促进非遗传承 A15 促进特色文化新生		
资料5：为了让视障用户更好地使用和融入，帮助他们在网络中顺畅地获取信息并进行自我表达，2023年5月初，小红书首先针对站内使用最高频的场景——内容消费，在IOS端的更新版中适配了苹果系统的"旁白"辅助功能。视障用户在进入小红书社区、刷笔记时，旁白功能会提示每个按钮的具体功能；在搜索场景时，视障用户能够通过语音提示了解整个页面的结构。 摘自：（观察者网，2023-05-21）	A16 帮助视障用户融入 A17 "旁白"辅助功能		
资料6：5月15—21日，小红书公益、小红书好事发生、我身边的无障碍联合中国残疾人福利基金会、北京乐平基金会·残障融合实验室共同发起"大家小事"行动倡议，倡导大家关注残障融合体验，共创无障碍生活。同时小红书公益、小红书好事发生在北京·西店记忆落地"谢谢你，导盲犬"城市公益展，通过现场一系列的视障互动体验，让人们了解和感受视障人士的日常生活，增加对导盲犬的认知。号召大家在每一个平常的日子里，都能通过随手的小事，来表达对残障群体的尊重和善意。 摘自：（《环球时报》公众号，2024-06-08）	A18 "大家小事"行动倡议 A19 倡导大家关注残障融合体验 A20 视障互动体验		

续表

原始资料	贴标签	概念化	范畴化
资料 7：作为国内年轻人最喜爱的生活方式平台，小红书已经拥有超 1.5 亿的用户数量，且还在以 300% 的速度增长。截至 2018 年 6 月 6 日，我们的用户数过亿了，这个增长相对而言还是比较快的了。回想 2014 年年底、2015 年年初我刚加入小红书的时候，当时小红书只有 20 人左右的规模，而现在我们用 1644 天完成了用户数过亿，大量用户聚集与我们共创价值。 摘自：（小红书公众号，2018-12-26）	A21 拥有超 1.5 亿的用户数 A22 以 300% 的速度增长 A23 与用户共创价值		
资料 8：气候变化、低碳生活已经引起很多人的关注，小红书上的年轻人也正在用自己的方式传递和践行绿色低碳的理念。2021 年 9 月 20 日，世界自然基金会正式入驻小红书，在这里，你可以获取新鲜有趣的科普知识。为了向更多人传递"共建地球生命共同体"的理念，小红书与中华环境保护基金会在 10 月也将发起联合活动，和我们一起关注生物科普，关爱生物，分享你对生物多样性的理解吧！ 摘自：（小红书官网，2021-09-22）	A24 世界自然基金会入驻 A25 获取新鲜有趣的科普知识 A26 传递"共建地球生命共同体"的理念 A27 关注生物科普		

8.3.2 主轴编码

主轴编码是通过聚类分析，对开放性编码形成的具体范畴进行归纳，发现和建立范畴之间的各种联系。本研究通过对开放性编码抽象的具体范畴进行内在联结与逻辑关系，最终形成 12 个主范畴，具体范畴内涵如表 8-6 所示。

表 8-6 主范畴与范畴的对应关系及各范畴内涵

主范畴	范畴	范畴内涵
浅层经济议题（2 个）	平台生态治理	平台对低俗暴力血腥内容、不良价值观、违规账号及虚假信息开展专项治理
	平台科技创新	平台通过科技创新不断优化产品与服务，提升用户的平台体验

续表

主范畴	范畴	范畴内涵
深层经济议题（3个）	技术人文关怀	平台技术创新与青少年保护、老年群体等特殊群体的数字化使用需求相结合
	行业共享共建	平台主动举办行业交流会，促进行业经验分享，开展行业交流合作项目
	产学研一体化	平台依托真实的业务场景与高校和科研机构合作，共同培育人才、促进创新
浅层社会议题（2个）	社会公益宣传	平台借助自身传播优势，向公众传播公益理念、倡导社会公益
	便捷平台搭建	利用平台的优势，为落后地区的发展提供通道，如打通农货销售通道
深层社会议题（3个）	社会公益行动	通过链接社会各主体和资源，采取社会化的公益行动，如线下公益活动
	乡村发展扶持	借助平台流量，帮助乡村发展产业、就业、教育、医疗、文化、基建
	正向文化弘扬	借助平台传承非遗、古籍等优秀传统文化，弘扬爱国主义精神
浅层环境议题（2个）	低碳环保宣传	通过创作物种保护视频、纪录片、答题或竞赛活动，宣传低碳环保知识
	物种保护宣传	通过创造物种保护视频、纪录片、答题或竞赛活动，宣传生物多样性保护
深层环境议题（3个）	创新绿色服务	通过创新绿色节能产品，实现产品全流程低碳化，为用户提供绿色服务
	低碳环保行动	平台发起低碳环保相关主题实践活动，并带动不同主体共同参与
	物种保护行动	平台发起物种保护相关主题实践活动，并带动不同主体共同参与

续表

主范畴	范畴	范畴内涵
初始性经济价值（2个）	用户增长价值（高速）	平台新用户的增长量较多，增长速度较快，整体呈现为高速发展
	用户黏性价值（薄弱）	平台内现有用户使用时间较长，使用频率及参与度较高，表现为黏性薄弱
可持续经济价值（3个）	用户增长价值（平稳）	平台新用户增长量和增长速度较为平缓，呈现为平稳增长
	用户黏性价值（强韧）	平台内现有用户使用时间较长，使用频率及参与度较高，表现为黏性强韧
	发展前景价值（广阔）	平台优质合作对象增加、各利益主体的认可度上升，表现出广阔的发展前景
初始性社会价值（2个）	社会公益价值（宣传）	平台参与社会公益，表现为公益理念的宣传与倡导
	乡村发展价值（单一）	平台业务促进了乡村发展，表现为农产品销量增加
可持续社会价值（3个）	社会公益价值（行动）	平台参与社会公益，表现为直接的公益行动
	乡村发展价值（全面）	平台业务促进了乡村发展，表现为农业产业、就业、教育、医疗、文化的发展
	文化弘扬价值（深入）	平台进行优秀文化传承，表现为深层次弘扬
初始性环境价值（2个）	低碳环保价值（宣传）	平台参与绿色低碳环境保护，表现为环境保护和碳中和等绿色理念宣传
	物种保护价值（宣传）	平台参与物种保护，表现为物种种类科普和保护理念宣传
可持续环境价值（2个）	低碳环保价值（行动）	平台参与绿色低碳环境保护，表现为行动层面
	物种保护价值（行动）	平台参与物种保护，表现为行动层面

8.3.3 选择性编码

选择性编码是从主范畴中挖掘出核心范畴，将其与其他主范畴进行比较和联系，不断地验证核心范畴与主范畴之间的关系，对全部现象进行全面概括和简要说明，并以"故事线"的形式说明全部现象，总结出最终的理论模型。通过开放性编码、主轴编码及其分析比较，最终得出的主范畴共同验证了"平台企业可持续价值创造的动态路径"这一核心范畴，总结出以平台企业可持续价值创造为核心的故事线，即在价值生成阶段，平台企业通过平台生态治理、平台科技创新、社会公益宣传、便捷平台搭建、低碳环保宣传、物种保护宣传等浅层经济、社会和环境类社会责任议题，创造出了初始性经济价值、社会价值和环境价值；在价值延续阶段，平台企业在初始性价值的基础上，深入推进各类社会责任议题，通过技术人文关怀、行业共享共建、产学研一体化、社会公益行动、乡村发展扶持、正向文化弘扬、创新绿色服务、低碳环保行动、物种保护行动等深层经济、社会和环境类社会责任议题，创造可持续经济价值、社会价值和环境价值。具体价值创造路径如图 8-1 所示。

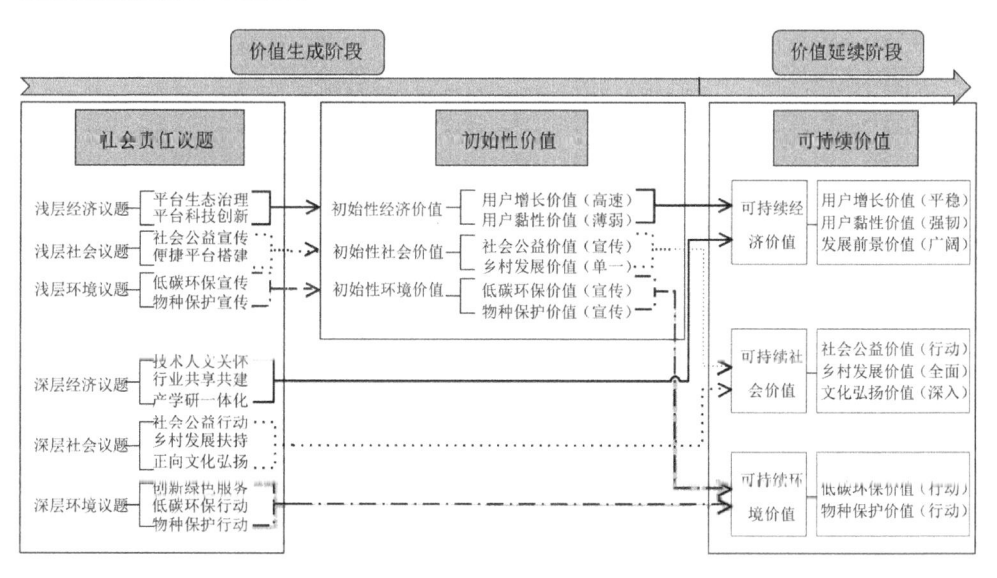

图 8-1 平台企业可持续价值创造的动态路径

8.4 初始性价值与可持续价值

初始性价值是平台企业开展社会责任议题初期创造出来的经济价值、社会价值和环境价值，强调价值"从无到有"的生成状态；可持续价值出现在平台企业在开展社会责任议题的后期，是以初始性价值为基础，创造出来的经济价值、社会价值和环境价值,强调价值"持续深入"的延续状态。初始性价值以浅层社会责任议题为主导,可持续价值以深层社会责任议题为主导。

初始性价值与可持续价值都涵盖经济、社会和环境三个维度,如表8-7所示。经济价值指平台企业通过平台治理为各利益相关方主体创造经济利益;社会价值指平台企业利用自身资源与优势帮助弱势群体,增加社会福利;环境价值指平台企业通过低碳运营和环保行动对绿色环境做出的贡献。从维度的广泛性来看,可持续价值都比初始性价值的维度更广泛、更多元。从同一维度的表现程度来看,可持续价值较初始性价值更深入、更持久。在经济价值上,可持续价值新增了发展前景价值,用户增长价值由高速转变为平稳,用户黏性价值由薄弱转变为强韧;在社会价值上,可持续价值新增了文化弘扬价值,社会公益价值由宣传转变为行动,乡村发展价值由单一变为全面;在环境价值上,低碳环保价值和物种保护价值都从宣传变为行动。

表8-7 初始性价值与可持续价值比较

维度	初始性价值 内涵	初始性价值 表现程度	可持续价值 内涵	可持续价值 表现程度
经济价值	1. 用户增长价值	高速	1. 用户增长价值	平稳
	2. 用户黏性价值	薄弱	2. 用户黏性价值	强韧
			3. 发展前景价值	广阔
社会价值	1. 社会公益价值	宣传	1. 社会公益价值	行动
	2. 乡村发展价值	单一	2. 乡村发展价值	全面
			3. 文化弘扬价值	深入
环境价值	1. 低碳环保价值	宣传	1. 低碳环保价值	行动
	2. 物种保护价值	宣传	2. 物种保护价值	行动

8.5 从价值生成到价值延续的动态路径

8.5.1 可持续经济价值创造路径

价值生成阶段:浅层经济议题(平台生态治理+平台科技创新)→初始性经

济价值。平台企业经过前期的成长与发展，已形成一定规模。但在前期发展中，企业以经济利益获取为主要目标，忽略了发展质量，导致各类社会责任问题出现。为解决这些问题，企业开始尝试社会责任议题，在初期表现为浅层经济议题。在平台生态治理上，京东、美团、抖音等平台根据相关法律法规制定管理规则，清理负面不良导向内容，处置违规账号，坚决打击各种违规行为，对破坏网络秩序、欺骗误导大众、炮制煽动性、宣扬审丑和低级趣味、传播低俗信息等内容进行处理，维护平台网络生态。在平台科技创新上，各平台根据自身业务进行相应的创新。例如，京东利用高精度定位、融合感知、行为预测、仿真、智能网联等十大核心场景，为消费者的"x""最后 100 米"配送服务提供科技助力，为京东"211 限时达"服务提供了强劲的支撑。小红书采用基于用户行为的个性化推荐算法，根据用户的行为数据分析用户的兴趣爱好和购买需求，为用户推荐更加精准的商品。当用户反馈某个商品不感兴趣或者购买后发现与自己需求不符时，小红书会记录这些反馈并将其用于算法调整和优化，从而更好地满足用户的需求。通过平台生态治理和平台科技创新，平台企业会吸引更多群体加入，形成高速的用户增长价值。但此时的平台治理较为片面，主要针对不良内容，缺乏对其他主体的有序规制，如电商售卖虚假劣质产品、主播的低俗擦边行为，导致部分群体对平台存在抵制和排斥心理，用户黏性薄弱。平台的算法推荐技术可能会侵犯用户隐私，甚至非法盗取用户信息，导致用户的使用积极性降低。综上所述，该阶段形成了由高速的用户增长价值和薄弱的用户黏性价值组成的初始经济价值。

价值延续阶段：初始性经济价值 + 深层经济议题（技术人文关怀 + 行业共享共建 + 产学研一体化）→可持续经济价值。初始性经济价值的实现，表明经济议题的有效性。基于此，平台企业进一步推进经济议题，表现为深层经济议题。在技术人文关怀上，为解决青年人网络成瘾问题，给青少年提供更长远的保护和引导。例如，抖音积极落实实名制和防沉迷制度、增加法律帮助和心理咨询入口，为有需要的未成年人提供有效快捷的帮助。携程认识到老年人在智能应用方面存在感知度不强和产品理解困难的问题，推出了"App 关怀版"，为老年群体提供专属关怀，如专属视觉（页面设计）、专属功能（文字朗读）、专属服务（跟团游）、专属热线（免前置、一键抵达人工客服）。在行业共享共建上，抖音牵头制定《行业特色优质内容指南》，引领行业规范和健康发展，以金融安全和网络安全为主题搭建行业交流平台，促进行业经验分享，以网络安全前沿技术引领产业变革，助推行业蓬勃发展。京东举办商品安全共建合作论坛，与行政执法部门、商品安全领域的专家学者、行业协会以及各大品牌权利人等，共同探讨商品安全联合共建的新趋势、新挑战，并围绕知识产权保护、食品安全、药品安全、质量安全、禁限售商品防控等五大领域进行了主题分享和交流探讨。在产学研一体化发展上，美团依托丰富的业务场景、数据资源和真实的产业问题，与来自国内外近50所知名高校及科研机构开展约200个科研合作课题，有多项技术成果在不同业务场景落地应用，促进了科技创新与产业发展。同时，美团在高校开设的课程，为在校学子还原真实的产业环境和挑战性实践场景，让知识更早在实践中发挥价值，为人才培养助力。京东举办"2023京东院校开放日"，推出2023年度师资培训计划，签约天津十家院校，共同筹建智能供应链产教融合共同体，通过课堂讲授、现场解答、互动交流、实践操作、直播比赛等多种方式，探索出了产教融合新机制、校企合作新模式。在该阶段，一方面，平台企业基于现实困境推进平台生态净化，加快科技创新步伐。另一方面，通过技术人文关怀、行业共享共建和产学研一体化提升平台形象、增强平台竞争力和影响力。因此，新用户数量依然呈现涨势，但增长速度趋于平稳，用户黏性随着认可度的提升而增强，发展前景可观。综上所述，该阶段形成了由平稳的用户增长价值、强韧的用户黏性价值、广阔的发展前景价值组成的可持续经济价值。

8.5.2　可持续社会价值创造路径

价值生成阶段：浅层社会议题（社会公益宣传＋便捷平台搭建）→初始性社会价值。为实现多元价值创造，平台企业多管齐下，实施社会责任议题，在初期表现为浅层社会议题。在社会公益宣传上，各平台企业都利用自身传播优势，进行公益宣传。例如，小红书公益携手中国残疾人福利基金会、乐平公益基金会·残障融合实验室，共同发起了"大家小事"公益行动，以唤起社会各界对残障群体的关怀，推动无障碍理念传播。同时，小红书还举办了以"谢谢你，导盲犬"为主题的城市公益展，设置多处创意打卡区域及富有趣味的互动环节，旨在吸引公

第 8 章　平台企业社会责任治理创造可持续价值的探索性分析——基于五类平台的多案例研究

众目光聚焦视障群体，增进社会对导盲犬重要性的认识与接纳。美团充分发挥外卖骑手"走千万路、进千万家"的职业优势，开展以"美团外卖'骑'助力，禁毒知识进万家"为主题的禁毒宣传活动，将毒品预防知识传递到千家万户。同时通过在美团骑手的送餐箱上张贴海报，引发用户对禁毒问题的关注。在便捷平台搭建上，平台企业的出现为落后地区的发展提供了渠道。例如，美团平台将全国 832 个原贫困县中 98% 的县接入线上，2020 年，全年即实现 7 亿笔订单及 348 亿元交易额。抖音实施的电商战略，持续通过短视频、直播、商城等全域兴趣电商模式助力农产品上行，让远在各地乡村、尚未被更多人看见的优质农特产出山，走向全国消费者和更大的市场。京东的"告全国农人书"，提供了 25 项涉及供应链、物流、运营、推广等核心方面的举措，解决滞销农产品上行中的困境，同时开放全渠道和业态优势，将产品送达消费者的餐桌。平台企业利用自身的传播优势和流量优势，促进了公益理念的传播、打开了农产品市场。综上所述，该阶段形成了由宣传层面上的社会公益价值和单一的乡村发展价值组成的初始性社会价值。

　　价值延续阶段：初始性社会价值 + 深层社会议题（社会公益行动 + 乡村发展扶持 + 正向文化弘扬）→可持续社会价值。为进一步创造社会价值，平台企业进一步推进社会责任议题，表现为深层社会议题。在社会公益行动上，各平台基于自身发展水平采取实际行动主动参与其中。例如，京东携手"宝贝回家"寻亲平台，共同开启"宝贝寻亲文件封"计划。通过将失踪儿童信息印在快递单上，借助其自身强大的物流能力和传播效果，让失踪儿童的信息散发传播至全国各地。2023 年，台风"杜苏芮"使多地因暴雨受灾严重，美团与公益机构等合作，支援北京门头沟、房山及河北等受灾严重地区群众的救灾物资、生活安置和灾后重建等。为帮助乡村儿童发展，美团联合壹基金为乡村校园建设多功能操场，2023 年的"家乡捐"活动已经为全国 29 个省捐建操场。在乡村发展扶持上，各平台将自身业务与乡村发展进行结合与拓展，使乡村获得了全面发展。例如，抖音建立了乡村发展资源合作与互补平台，共同助力乡村产业升级、乡村文化传播、农产品品牌打造、乡村人才孵化、农业信息技术普惠，借助直播和短视频赋能本地文旅达人和商家、打通线上种草与线下体验，助力乡村文旅发展，服务乡村与区域产业。携程的"乡村旅游振兴"战略，通过发展旅游业、打造农庄、培育人才、创造就业机会、增加流量曝光等方式促进了乡村发展。在正向文化弘扬上，各平台积极参与传统文化、非遗文化、爱国主义文化的传播。例如，美团依靠平台优势服务中华老字号，通过"中华老字号数字化发展专项行动"，将传统经典美食品牌与数字化手段结合，为老字号提供餐饮零售化咨询服务，共同设计、开发和生产符合当下消费趋势的预制菜产品、烘焙产品，支持老字号的品牌创新，助力老字号的经营与传承。面对传统文化传播途径单一、难以吸引年轻人等问题，抖音和小红书通过丰富艺术形式创新了文化传播方式，根据用户年轻化、潮流化的特点，将传统文化与当下热点相结合，吸引了大量年轻用户的关注，传统舞蹈、音乐、绘画等传统文化元素都借助平台重焕生机。因此，该阶段形成了由行动上的社会公益价值、全面的乡村发展价值和深入的文化弘扬价值组成的可持续社会价值。

8.5.3 可持续环境价值创造路径

价值生成阶段：浅层环境议题（低碳环保宣传＋物种保护宣传）→初始性环境价值。为实现环境价值，平台企业开始实施环境议题，在初期表现为浅层环境议题。在低碳环保宣传上，平台一般通过作品创作、主题活动或公益项目展开宣传。例如，抖音激励知识创作者生产绿色科普视频，并结合世界地球日、生物多样性日、世界海洋日发起主题活动，如专业口播讲述、公益微纪录片、深度访谈等，为用户答疑解惑、科普公益知识。携程通过"绿色引力"永续旅行项目，建立低碳旅游概念宣传平台，呼吁旅客实践低碳生活方式，号召游客共同加入可持续旅行，鼓励他们从减碳、减塑等多个层面参与其中。在物种保护宣传上，为解救流浪动物的困境，抖音平台鼓励博主创作剧情演绎来呼吁大众关注保护流浪动物，并在视频中发起"让流浪动物返航回家"的公益捐助。小红书鼓励博主进行相关视频的创作，来自广西师范大学的"石山精灵"科普团队运用小红书账号向用户科普了白头叶猴的外部形态、栖息环境与分布、繁殖方式、生活习性、食性、声音通信以及相关法律知识，呼吁人们保护白头叶猴。携程积极参与生物多样性保育工作，与中国野生动物保护协会、野生救援组织等一同举办了"旅游行业抵制非法野生动植物非法交易自律公约倡议活动"，作为行业内首个企业签署了《旅游行业抵制野生动植物非法交易自律公约》，通过加强员工训练和旅客引导，促进野生动植物保护。因此，该阶段形成了由宣传上的低碳环保价值和物种保护价值组成的初始性环境价值。

价值延续阶段：初始性环境价值+深层环境议题（低碳环保行动+物种保护行动）→可持续环境价值。在创新绿色服务上，携程推出"绿色酒店"和"绿色飞行"相关专题，并在App中上线"绿色住""绿色飞""绿色行""绿色差旅"等环保产品，带动超1600万人次选择低碳出行。携程租车累计服务20万绿色出行用户，每年新能源订单以130%的增长趋势发展，累计减少的碳排放相当于种植27万棵树。抖音积极响应联合国"净零排放"号召，践行低碳经营，从绿电交易、绿证购买、可再生能源和储能建设等方面打造绿色数据中心，从工区管理、建筑节能和员工环保等方面推进绿色办公，不断探索行业低碳减排路径的新可能。在低碳环保行动上，小红书加入由世界自然基金会及相关协会和企业联合发起的"可持续旅行联盟"，致力于减少塑料垃圾污染、减少食物浪费，投入更多技术与资源，在具体生态项目中深度践行可持续旅行。京东在小程序"包裹的旅行"专题页面上线红树林主题活动，用于记录在寄快递过程中的绿色环保及减碳行为，用户可以在活动页面中通过查看实时守护进度条，了解当前红树林湿地的修复进度，还能够以捐赠碳积分的形式为红树林的修复工作提供助力。在物种保护行动中，抖音开展野生动物保护、流浪动物救助、海洋保护和动物保育等公益项目，带领专业团队参与动物保护，助力生物多样性保护。由抖音员工组成的"跳跳糖"团队在2022年为全国25座城市的流浪动物提供了总计8615小时的志愿服务，为它们梳毛洗澡、清洁小窝，并协助领养日活动的开展。携程启动我国首个热带"海洋牧场"项目，多次实施造礁石珊瑚移植和培育苗圃修建工作，截至目前，已经修复了近4万株珊瑚，修复面积达5万平方米。因此，该阶段形成了由行动层面的低碳环保价值和物种保护价值组成的可持续环境价值。

综上所述，平台企业可持续价值创造包括价值生成和价值延续两个阶段。在价值生成阶段，平台企业通过平台生态治理和平台科技创新的浅层经济议题，创造了高速的用户增长价值和薄弱的用户黏性价值；通过实施社会公益宣传和便捷化平台搭建的浅层社会议题，实现了宣传上的社会公益价值和单一的乡村发展价值；通过推进低碳环保宣传和物种保护宣传的浅层环境议题，生成了宣传上的低碳环保价值和物种保护价值。由此，浅层社会责任议题下的6种价值共同构成了初始性价值。在价值延续阶段，平台企业持续推进社会责任议题，由技术人文关怀、行业共享共建和产学研一体化建设组成的深层经济议题，带来了平稳的用户增长价值、强韧的用户黏性价值和广阔的发展前景价值；由社会公益行动、乡村发展扶持和正向文化弘扬形成的深层社会议题，创造了行动上的社会公益价值、全面的乡村发展价值和深入的文化弘扬价值；由低碳环保行动和物种保护行动构成的深层环境议题，实现了行动层面的低碳环保价值和物种保护价值。由此，深层社会责任议题下的9种价值共同构成了可持续价值。

8.6 本章小结

本章通过扎根理论对多个案例数据进行分析，构建可持续价值创造的理论模型，从价值生成和价值延续两阶段路径揭示了平台企业初始性价值和可持续价值的内涵和差异，具体结论如下。

（1）揭示了初始性价值和可持续价值的内涵和差异。首先，两者形成的阶段和时期不同，初始性价值出现在平台企业发展前期的价值生成阶段，可持续价值出现在平台企业发展后期的价值延续阶段，分别强调价值"从无到有"过程和"持续深入"的状态。其次，可持续价值比初始性价值的维度更全面，在经济价值和社会价值维度新增了发展前景价值和文化弘扬价值。最后，初始性价值与可持续价值在同一维度呈现不同的表现程度，后者较前者更深入更全面，表现为更平稳的用户增长价值、更强韧的用户黏性价值、更全面的乡村发展价值、更具体更直接的社会公益价值、低碳环保价值和物种保护价值。

（2）明晰了平台企业可持续价值创造的两阶段路径：价值生成阶段和价值延续阶段，两阶段由不同程度的议题主导，分别创造不同价值。价值生成阶段由浅层社会责任议题，即平台生态治理、平台科技创新、社会公益宣传、便捷平台搭建、低碳环保宣传和物种保护宣传的共同作用下，共同创造初始性经济价值、初始性社会价值和初始性环境价值；价值延续阶段由深层社会责任议题，即技术人文关怀、行业共享共建、产学研一体化、社会公益行动、乡村发展扶持、正向

第8章 平台企业社会责任治理创造可持续价值的探索性分析——基于五类平台的多案例研究

文化弘扬、创新绿色服务、低碳环保行动、物种保护行动的共同作用下，共同创造可持续经济价值、可持续社会价值和可持续环境价值。

平台企业作为社会经济发展的关键力量，可持续价值创造是必然趋势。为此，平台企业应该主动承担社会责任，找寻企业社会责任与企业运营的契合点，通过各类社会责任议题创造可持续经济、社会和环境价值，促进平台企业经济的可持续发展。基于此，平台企业可以从以下两个方面展开实践。

（1）在平台企业发展前期，应主动转变发展模式，主动实施社会责任议题。此时，处于价值创造的"探索阶段"，社会责任履行结果充满不确定性，平台企业可以从浅层的社会责任议题开始推进。如对平台内容进行规制、进行技术创新、凭借流量宣传社会公益、为地域发展提供渠道、传播低碳环保知识和物种保护知识，既能解决平台发展中的问题，还能提升平台发展优势，吸引更多用户进入，创造初始性经济价值、社会价值和环境价值。

（2）在平台企业发展后期，浅层性社会责任议题经过实践已取得一定成效。平台企业应该抓住时机持续深入推进，实施深层社会责任议题，以社会责任引领可持续经济价值、社会价值和环境价值，形成经济、社会和环境全面发展格局。如以"科技向善"为创新理念进一步融合公众需求与创新目标，通过组建行业交流平台和合作项目促进行业发展，加强与科研机构合作加强人才培养，主动带领用户、商家、创作者、合作者共同参与公益行动，从乡村产业、乡村文化、乡村人才、乡村医疗、乡村就业、乡村基建和农业信息技术等方面全方位搭建乡村发展的资源合作及互补平台，通过直播、短视频、打造产品IP等方式弘扬优秀传统文化和优良当代文化，不断创新和优化绿色产品和服务，积极开展低碳环保和物种保护行动，在经济、社会和环境领域分别探索与企业相匹配的发展议题，最大限度发挥平台优势，创造可持续的经济价值、社会价值和环境价值。

第9章 平台企业社会责任治理对用户响应价值的影响——基于短视频平台的调查

短视频平台兼顾平台属性和媒体属性，是碎片化的快生活理念下催生的新业态，第49次《中国互联网发展状况统计报告》显示，截至2021年12月，中国手机网民规模达10.32亿，其中短视频用户规模达9.34亿，超九成的网民在使用短视频平台。可见，短视频平台逐渐超越了传统媒体，成为人们信息获取、情感交流和意见交换的重要场所，移动媒体的形态也从文字时代、图片时代向短视频时代快速发展。针对发展初期短视频平台出现的"侵权违法""血腥暴力""庸俗媚俗""歪曲红色经典"等问题，短视频平台开展了全方位的社会责任治理行动。例如，2017年，快手成立社会责任部门，开展低俗直播专项治理行动、建立未成年人保护体系、实施五亿流量计划助力乡村扶贫等。2018年，抖音联合社会各界共同制定"抖音社区公约"，成立社会责任部门和安全中心、开展色情与暴力专项治理行动；为进一步打造和谐健康的内容生态，抖音还开展了宣传红色经典的专题活动、推出了提升老年人生活质量的"老友计划"、助力文化传承的"非遗合伙人计划"等。

平台企业是企业社会责任的主要治理者，平台用户是企业社会责任的主要感受者和响应者。平台企业践行企业社会责任能否达到预期的效果、赢得平台用户的响应是值得探究的重要问题。纵观现有研究，有学者认为用户会对企业的社会责任行为无动于衷，甚至产生抵触心理。但也有研究指出用户出于对社会利益的关心，会通过增加社会责任参与的方式来响应企业社会责任行为。那么，作为短视频平台主要使用者和评价者的用户，能否感受到平台的社会责任治理行为，进

第9章 平台企业社会责任治理对用户响应价值的影响——基于短视频平台的调查

而能否产生积极的用户行为。因此，本章试图探究短视频平台的企业社会责任治理与用户响应价值之间的关系。用户响应最早源于 Holbrook 和 Hirschman（1982）提出的消费者响应概念，是指用户在特定环境下对企业提供的产品、品牌、经营决策等做出的内部心理响应和外部行为响应。并且，内部心理响应是一种慢反应过程，通常伴随短期和长期两种路径。用户响应价值指的是用户对企业提供的产品、品牌或服务产生的一系列感知、认知和情感上的价值，以及由此产生的用户行为响应。用户响应价值通常反映了用户在使用产品或服务过程中获得的实际和主观感受，对企业的吸引力和竞争力具有重要影响。

综上所述，本章基于"刺激—机体—反应（SOR）"理论建立研究模型，从内部心理响应和外部行为响应两个角度来衡量用户响应价值。在内部心理响应方面（即机体 O），采用满意度代表短期心理反应，采用认同度代表长期心理反应；在外部行为响应方面（即反应 R），采用平台用户的持续使用意愿和社会责任参与意愿为研究变量，以短视频行业中的头部企业抖音平台为研究对象，揭示短视频平台企业社会责任治理和用户响应价值之间的关系，及其可能存在的中介变量。

9.1 研究假设与理论模型构建

9.1.1 平台企业社会责任治理对用户内部心理响应的影响

本章将用户内部心理响应定义为用户因平台企业社会责任治理而引起的一种内在心理的反应，包括满意度和认同度两方面。满意度是指用户在使用平台的过程中产生的满意感，表现在用户对平台的期望水平和实际服务的内在比较。满意度是相对短暂的心理表现，因为人们常常会因为一句话或一件事对环境产生满意或不满意的情绪反应。因此，我们将满意度作为衡量用户短期内部心理认知的变量。有学者发现良好的社会责任治理水平可以满足消费者对企业的期望进而提高消费者对企业的满意度。Luo 和 Bhattacharya（2006）以 500 强公司的历史数据为研究对象，指出企业社会责任对满意度有正向影响作用。王瑞等人（2012）认为正面的企业社会责任行为能够得到消费者积极的评价和形象感知，进而刺激消费者对企业的满意度。

综上所述，本研究提出以下假设。

H1：平台企业社会责任治理（底线责任治理 H1a、合理责任治理 H1b、贡献责任治理 H1c）正向影响满意度。

基于组织认同理论，有研究将消费者与企业建立稳定认可关系的现象定义为消费者认同。认同度是一种长期的心理反映，企业需要日积月累的努力才能赢得用户认同，进而建立长期稳定的关系。因此，本章选取认同度作为衡量用户长期内部心理认知的变量。企业社会责任特征是获得消费者认同的重要前置因素。积极承担社会责任的企业会增强消费者的正向感知，进而提升消费者认同度。张楠和李雪欣（2022）指出当企业积极承担社会责任时，消费者会对企业有更高的认同度。综上所述，本研究提出以下假设。

H2：平台企业社会责任治理（底线责任治理 H2a、合理责任治理 H2b、贡献责任治理 H2c）正向影响认同度。

9.1.2 平台企业社会责任治理对用户外部行为响应的影响

本文将外部行为响应定义为用户感受到平台企业社会责任治理行为后做出的行为反应，包括持续使用意愿和社会责任参与意愿两个方面。其中持续使用意愿是指用户在较长的一段时间内对短视频平台维持特定使用频率的意愿。Chernev 和 Blair（2015）指出积极正向的企业社会责任形象会影响消费者对企业的综合评价，进而影响消费者的购买意愿，并且消费者会更倾向于购买积极履行社会责任的企业产品。

综上所述，本研究提出以下假设。

H3：平台企业社会责任治理（底线责任治理 H3a、合理责任治理 H3b、贡献责任治理 H3c）正向影响持续使用意愿。

社会责任参与意愿定义为用户在使用短视频平台的过程中，对涉及企业社会责任治理活动所做出的关注和参与倾向等现实反映。有学者指出企业社会责任各个维度对于组织公民行为具有正向影响。Nguyen 和 Pervan 等人（2020）以零售商为研究对象指出企业社会责任与消费者公民行为正相关。Mohr 和 Webb（2005）从公益事业和环境保护两方面指出企业社会责任治理行为会赢得消费者在行为上的支持，表现为乐于参与社会责任活动。另外，履行社会责任有助于在消费者心中形成良好的社会形象，从而获得消费者在情感和行为上的支持。综上所述，本研究提出以下假设。

H4：平台企业社会责任治理正向（底线责任治理H4a、合理责任治理H4b、贡献责任治理H4c）影响社会责任参与意愿。

9.1.3 用户内部心理响应对用户外部行为响应的影响

现有研究认为，满意度和认同度作为内部心理响应，通常会对外部行为响应产生影响。赵文军和任剑（2017）基于SOR模型研究了移动阅读服务的影响因素，指出满意度对用户持续使用意愿呈现显著的正向影响。Yang（2021）在分析社会推荐系统的使用意愿时，发现满意度对系统的持续使用意愿具有显著正向影响。张森（2021）提出履行企业社会责任可以提高消费者的感知价值，进而产生更多的积极感受，驱动消费者发生重复购买行为。Agyei等人（2021）研究发现满意度对消费者参与具有重要驱动作用。

综上所述，本研究提出以下假设。

H5a：满意度正向影响持续使用意愿。

H5b：满意度正向影响社会责任参与意愿。

Lichtenstein等（2004）发现了认同度对消费者购买行为和支持行为均会产生影响。并且消费者认同对消费者的忠诚和合作行为（品牌维护、推荐、低质负面信息）均具有促进作用。张宇婷和卢璐（2018）指出认同度越强烈，当消费者受到正向企业社会责任信息的刺激时，会更容易对企业产生正面的评价。田敏等（2020）认为消费者对企业的品牌认同度越高，对消费者积极响应的影响越大。综上所述，本研究提出以下假设。

H6a：认同度正向影响持续使用意愿。

H6b：认同度正向影响社会责任参与意愿。

9.1.4 用户内部心理响应的中介作用

有学者提出满意度在企业社会责任和公民行为之间发挥中介作用。Oliver

（1980）在研究消费者时提出满意度这一变量，他认为满意度承担了中介变量的角色，并对持续使用意愿起决定作用。谢佩洪和周祖城（2009）通过探索企业社会责任对消费者购买意愿的影响机制发现，认同度在企业社会责任与购买意愿之间起到中介作用。综上所述，本研究提出以下假设。

H7：满意度在平台企业社会责任治理（底线责任治理 H7a、合理责任治理 H7b、贡献责任治理 H7c）与持续使用意愿之间起到中介作用；满意度在平台企业社会责任治理（底线责任治理 H7d、合理责任治理 H7e、贡献责任治理 H7f）与社会责任参与意愿之间起到中介作用。

H8：认同度在平台企业社会责任治理（底线责任治理 H8a、合理责任治理 H8b、贡献责任治理 H8c）与持续使用意愿之间起到中介作用；认同度在平台企业社会责任治理（底线责任治理 H8d、合理责任治理 H8e、贡献责任治理 H8f）与社会责任参与意愿之间起到中介作用。

9.1.5　模型构建

从平台企业社会责任的角度而言，现有研究主要关注平台的履责范畴、内涵和边界，且主要为理论阐述，很少有学者通过实证研究进行理论检验。在探讨企业社会责任的影响力和效果方面，多以传统企业为主，鲜有聚焦平台企业的研究，在传统企业中得到支持的结论是否适用于平台企业，还有待进一步验证。除此之外，关于用户响应价值方面的实证研究，虽然学者基于内部心理和外部行为两个方面去衡量响应，但没有探讨两种响应之间的关系。因此，本文基于 SOR 模型，致力于研究用户对平台企业社会责任的感知，用户内部心理响应和用户外部行为响应之间的关系，旨在回答短视频平台的企业社会责任治理能否带来用户响应价值，能否激发短视频平台的积极履责。

综上所述，以平台企业社会责任治理（底线责任治理、合理责任治理、贡献责任治理）作为外部刺激（S），以用户内部心理响应（满意度和认同度）作为机体（O），以用户外部行为响应（持续参与意愿和社会责任参与意愿）作为反应（R），构建理论模型，如图 9-1 所示。

第 9 章　平台企业社会责任治理对用户响应价值的影响——基于短视频平台的调查

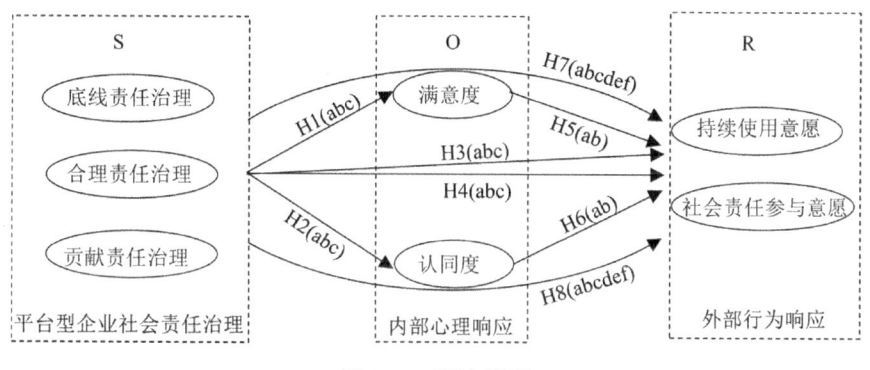

图 9-1　理论模型

9.2　问卷设计与预调查

9.2.1　问卷设计

本章采用问卷调查法收集数据。问卷包括平台企业社会责任治理（底线责任治理、合理责任治理、贡献责任治理）、用户内部心理响应（满意度和认同度）、用户外部行为响应（持续使用意愿和社会责任参与意愿），以及人口统计变量四部分内容。关于平台企业社会责任治理的测量尚无可直接利用的量表，为保证测量的内容效度，邀请了 4 位领域内学者共同探讨，结合研究者短视频平台使用经历，设计了 14 个测量题目。满意度、认同度、持续使用意愿和社会责任参与意愿采用现有的成熟量表，并根据本义研究情景进行了修改与完善，每个变量设计了 4 个测量题目，共 16 个测量题目。综上所述，该调查形成了一份包含 30 个测量题目的量表。采用李克特五点法进行评分，1 代表"非常不符合"；5 代表"非常符合"。平台企业社会责任治理得分越高，意味着用户感知的平台治理程度越高；用户内部心理响应得分越高，代表着用户对于平台的满意度和认同度越高；用户外部行为响应得分越高，代表着用户会更愿意增加使用平台的频率，并更积极地参与平台企业社会责任治理。人口统计变量包括性别、年龄、学历、平台每天使用情况、平台使用午限、平台使用频率 6 个方面。

9.2.2　预调查

本文借助问卷星平台制作问卷，通过微信发放问卷，将问卷填写时间低于 120 秒的作为无效问卷进行删除，共收集到 96 份有效问卷。采用探索性因子分析的方法，对预调查数据进行效度分析，以验证各因子的结构是否符合预期。SPSS 分析结果显示：KMO 为 0.726，Bartlett 球形度检验卡方值为 4255.31（PF03C0.001），说明数据适合进行因子分析。选择主成分分析法，按最大方差旋转，最终共提取 7 个因子。累计解释方差贡献率为 84.14%，第一个因子的方差贡献率为 15.60%，小于 30%，说明共同方法偏差未起到决定性作用。

删除 1 个因子载荷小于 0.6 的测量题目和 1 个同时在两个因子上具有较大因子载荷的测量题目，最终得到 28 个测量题目如表 9-1 所示。题目 1~4 测量底线责任治理，题目 5~8 测量合理责任治理，题目 9~12 测量贡献责任治理，题目 13~16 测量满意度，题目 17~20 测量认同度，题目 21~24 测量持续使用意愿，题目 25~28 测量社会责任参与意愿。各个测量题目均在所属成分下具有较高因子载荷，在其他成分下具有较低因子载荷，因子结构清晰，符合预期。

表 9-1 测量题目与预调查探索性因子分析结果

测量题目	成分 1	2	3	4	5	6	7
1. 抖音平台积极治理用户的违法违规行为（如禁言或删除涉黄视频等）	0.870	0.207	0.183	0.074	0.209	0.159	0.100
2. 抖音平台会根据问题不断完善功能，确保平台合规运行	0.844	0.207	0.169	0.098	0.215	0.144	0.067
3. 抖音平台能够妥善处置用户的合理性举报	0.835	0.225	0.191	0.078	0.257	0.138	0.112
4. 抖音平台严格遵守党和国家的大政方针	0.818	0.219	0.147	0.177	0.205	0.162	0.126
5. 抖音平台在显眼位置设置红色专栏和话题讨论（如讲好红色故事）	0.250	0.854	0.194	0.136	0.172	0.183	0.179
6. 抖音平台与官方媒体合作，发布权威信息（如新冠疫情信息）	0.177	0.834	0.158	0.120	0.140	0.156	0.159
7. 抖音平台响应扶贫政策，助力乡村振兴（如销售扶贫产品）	0.251	0.785	0.171	0.186	0.208	0.182	0.192

续表

测量题目	成分						
	1	2	3	4	5	6	7
8.抖音平台发挥流量优势,赋能实体产业(如旅游、餐饮)	0.280	0.749	0.142	0.206	0.221	0.217	0.181
9.抖音平台积极组织公益活动(如开展环保、防疫讲座)	0.178	0.159	0.863	0.154	0.130	0.153	0.182
10.抖音平台关爱弱势群体(如老友计划、向日葵计划)	0.148	0.106	0.862	0.148	0.138	0.152	0.177
11.抖音平台积极弘扬传统文化(如非遗文化、民间艺术)	0.164	0.114	0.833	0.123	0.149	0.225	0.138
12.抖音平台积极宣传当代文化(如城市文化短视频大赛)	0.167	0.218	0.831	0.120	0.128	0.159	0.146
13.使用抖音平台让我感到满意	0.088	0.097	0.107	0.909	0.130	0.171	0.103
14.使用抖音平台让我感到愉快	0.063	0.136	0.095	0.879	0.179	0.124	0.186
15.使用抖音平台的经历比预期更好	0.165	0.134	0.155	0.851	0.154	0.179	0.168
16.使用抖音平台满足了我的需求	0.081	0.170	0.169	0.840	0.095	0.163	0.167
17.我认同抖音平台的企业文化	0.169	0.116	0.127	0.209	0.819	0.209	0.122
18.我认同抖音平台的宣传推广活动	0.245	0.169	0.106	0.136	0.818	0.230	0.169
19.我认同抖音平台的内容审核制度	0.248	0.220	0.212	0.155	0.780	0.172	0.077
20.我认同抖音平台是高品质平台	0.292	0.212	0.160	0.135	0.769	0.182	0.164
21.我愿意继续使用抖音平台	0.131	0.198	0.186	0.189	0.208	0.854	0.119
22.我愿意保持使用抖音平台的频率,甚至增加	0.144	0.148	0.144	0.133	0.185	0.847	0.146
23.我愿意使用抖音平台提供的各种功能	0.190	0.212	0.219	0.180	0.203	0.733	0.137
24.我愿意向身边的人推荐抖音平台	0.203	0.169	0.272	0.302	0.231	0.669	0.136
25.我愿意关注抖音平台的社会责任活动	0.091	0.091	0.139	0.265	0.140	0.096	0.832
26.我愿意在抖音平台的社会责任活动中进行互动(如点赞、评论、分享)	0.051	0.158	0.177	0.008	0.065	0.113	0.790

续表

测量题目	成分						
	1	2	3	4	5	6	7
27. 我愿意响应抖音平台的社会责任活动（如购买扶贫产品、参加公益活动）	0.084	0.187	0.117	0.100	0.099	0.151	0.783
28. 我愿意通过抖音平台在社会责任方面贡献自己的力量	0.146	0.122	0.150	0.316	0.153	0.071	0.742

9.3 正式调查与数据收集

运用预调查最终形成的问卷开展正式调查，调查对象为使用抖音的用户，调查持续了一个月，累计回收问卷445份，通过剔除无效问卷，最终得到有效问卷共383份，问卷有效回收率为86.07%，样本基本信息如表9-2所示。从样本数据可以看出，女性用户数量超男性用户2倍之多，用户年龄集中在中青年人群，且多为本科学历。大多数用户每天使用时长在0.5小时到2小时之间，使用抖音2～3年的用户占多数，且有一半以上用户经常使用抖音。综上所述，样本特征基本符合客观规律，具有参考价值。

表9-2 样本信息统计

样本信息	选项	频数	频率	样本信息	选项	频数	频率
性别	男	116	30.29%	平台每天使用情况	<0.5小时	39	10.18%
	女	267	69.71%		0.5～1小时	145	37.86%
年龄	<18岁	0	0%		1～2小时	151	39.43%
	18～35岁	239	62.40%		>2小时	48	12.53%
	36～45岁	62	16.19%	平台使用年限	<1年以下	87	22.72%
	46～60岁	49	12.79%		2～3年	223	58.22%
	>60岁	33	8.62%		>4年	73	19.06%
学历	高中及以下	15	3.92%	平台使用频率	经常使用	217	56.66%
	专科	64	16.71%		偶尔使用	149	38.90%
	大学本科	269	70.23%		几乎不用	17	4.44%
	硕士研究生及以上	35	9.14%				

9.4 问卷数据分析

9.4.1 信度和效度分析

运用 SPSS 25 软件来计算内部一致性系数 Cronbach's F061 系数,用于检验数据的信度水平,结果如表 9-3 所示,每个潜在变量的 Cronbach's 值均超过了 0.8,说明数据信度较高。运用 AMOS 24 软件进行验证性因子分析,检验数据的结构效度。根据标准化因子载荷值、组合信度 CR 和平均方差萃取量 AVE 值来判断聚合效度,从表 9-3 中可以看出,值均大于 0.7,另外,潜在变量的 CR 值和 AVE 值分别大于 0.8 和 0.6,因此可以认为问卷调查数据具有较好的聚合效度。

表 9-3 信效度分析结果

潜在变量	α系数	CR	λ	AVE	潜在变量	α系数	CR	λ	AVE
底线责任治理(4个)	0.960	0.960	0.959 / 0.898 / 0.915 / 0.932	0.858	认同度(4个)	0.926	0.927	0.881 / 0.875 / 0.883 / 0.850	0.761
合理责任治理(4个)	0.941	0.942	0.925 / 0.879 / 0.877 / 0.898	0.801	持续使用意愿(4个)	0.920	0.922	0.947 / 0.797 / 0.819 / 0.890	0.749
贡献责任治理(4个)	0.922	0.922	0.893 / 0.868 / 0.826 / 0.867	0.746	社会责任参与意愿(4个)	0.880	0.899	0.873 / 0.777 / 0.737 / 0.831	0.694
满意度(4个)	0.930	0.931	0.859 / 0.891 / 0.920 / 0.840	0.771					

在检验区分效度时,采用各个潜在变量 AVE 值的平方根与潜在变量之间的相关系数进行比较。构建 7 个潜在变量的双变量相关模型,得出潜在变量之间的相关系数,如表 9-4 所示,每一列的 AVE 值的平方根均大于变量间的相关系数,

可以得出变量数据间的区分效度较好。

表9-4 区分效度结果

	均值	标准差	1	2	3	4	5	6	7
1. 底线责任治理	3.5124	1.200	**0.926**						
2. 合理责任治理	3.4151	1.082	0.449***	**0.895**					
3. 贡献责任治理	3.4504	1.075	0.513***	0.630***	**0.864**				
4. 满意度	3.5248	1.077	0.364***	0.524***	0.653***	**0.878**			
5. 认同度	3.8414	1.055	0.544***	0.638***	0.778***	0.536***	**0.872**		
6. 持续使用意愿	3.7546	0.998	0.447***	0.561***	0.681***	0.535***	0.663***	**0.865**	
7. 社会责任参与意愿	3.5431	0.996	0.404***	0.655***	0.772***	0.605***	0.785***	0.607***	**0.833**

注：*** 表示 $P<0.001$；** 表示 $P<0.01$；* 表示 $P<0.05$。

运用SPSS 25计算潜在变量的均值和标准差，用所属观测变量的算术平均数表示每个潜在变量的得分，结果如表9-4所示。从均值可以看出，7个潜在变量的均值都在3（基本符合）和4（比较符合）之间。从标准差看，所有潜在变量的标准差均在1左右，说明变量之间的离散程度并不明显。

9.4.2 直接路径检验

运用AMOS 24绘制结构方程模型图，验证直接路径假设：H1（abc）、H2（abc）、H3（abc）、H4（abc）、H5（ab）和H6（ab）。其中，模型适配度指标为$\chi^2/df=2.001$（<3），CFI=0.968（>0.9），RMSEA=0.051（<0.08），NFI=0.939（>0.9），IFI=0.968（>0.9）。各项指标均达到测量学标准，表明模型的整体拟合情况良好。路径分析结果如表9-5所示。

表9-5 路径分析结果

假设	路径	路径系数	T值	结果
H1a	底线责任治理→满意度	0.008^NS	0.161	不支持
H1b	合理责任治理→满意度	0.184**	3.155	支持
H1c	贡献责任治理→满意度	0.533***	8.119	支持
H2a	底线责任治理→认同度	0.161***	3.788	支持

第 9 章　平台企业社会责任治理对用户响应价值的影响——基于短视频平台的调查

续表

假设	路径	路径系数	T 值	结果
H2b	合理责任治理→认同度	0.211***	4.328	支持
H2c	贡献责任治理→认同度	0.562***	9.998	支持
H3a	底线责任治理→持续使用意愿	0.055NS	1.156	不支持
H3b	合理责任治理→持续使用意愿	0.122*	2.188	支持
H3c	贡献责任治理→持续使用意愿	0.293***	3.750	支持
H4a	底线责任治理→社会责任参与意愿	−0.109*	−2.562	不支持
H4b	合理责任治理→社会责任参与意愿	0.173***	3.472	支持
H4c	贡献责任治理→社会责任参与意愿	0.299***	4.278	支持
H5a	满意度→持续使用意愿	0.117*	2.120	支持
H5b	满意度→社会责任参与意愿	0.125*	2.524	支持
H6a	认同度→持续使用意愿	0.265***	3.535	支持
H6b	认同度→社会责任参与意愿	0.435***	6.325	支持

注：*** 表示 $P< 0.001$；** 表示 $P< 0.01$；* 表示 $P< 0.05$；NS 表示不显著。

首先，在平台企业社会责任治理对满意度影响的三条路径中，底线责任治理对满意度（$\beta= 0.008$，$P> 0.05$）的影响不显著，合理责任治理（$\beta= 0.184$，$P< 0.01$）和贡献责任治理对满意度（$\beta= 0.533$，$P< 0.001$）的影响正向显著，且贡献责任治理的影响程度高于合理责任治理。其次，平台企业社会责任治理影响认同度的三条路径均正向显著，影响程度从高到低依次是贡献责任治理（$\beta= 0.562$，$P< 0.001$）、合理责任治理（$\beta= 0.211$，$P< 0.001$）和底线责任治理（$\beta= 0.161$，$P< 0.001$）。再次，在平台企业社会责任对持续使用意愿的影响中，底线责任治理（$\beta= 0.055$，$P> 0.05$）的影响不显著，合理责任治理（$\beta= 0.122$，$P< 0.05$）和贡献责任治理（$\beta= 0.293$，$P< 0.001$）具有显著的正向性影响。然后，在平台企业社会责任治理对社会责任参与意愿的影响中，底线责任治理（$\beta= -0.109$，$P< 0.05$）呈现负向影响，合理责任治理（$\beta= 0.173$，$P< 0.001$）和贡献责任治理（$\beta= 0.299$，$P< 0.001$）的影响均达到 0.001 的显著性水平。最后，对于内部心理响应影响外部行为响应的 4 条路径，均得到正向显著结果，且认同度对持续使用意愿（$\beta= 0.265$，$P< 0.001$）和社会责任参与意愿（$\beta= 0.435$，$P< 0.001$）的影响程度

均强于满意度的影响（$\beta= 0.117$，$P< 0.05$；$\beta= 0.125$，$P< 0.05$）。综上所述，在直接路径假设中，只有H1a、H3a和H4a未得到数据支持，其他假设均得到验证。

9.4.3 中介路径检验

为研究满意度和认同度在平台企业社会责任治理和用户外部行为响应之间的中介作用，本文利用Sobel检验对乘积项的显著性进行检验。利用自变量与中介变量之间的非标准化路径系数和标准误，以及中介变量与因变量之间的非标准化路径系数和标准误进行分析，得出结果如表9-6所示。

表9-6 Sobel检验结果

假设	中介路径	中介效应值	Sobel值	P值	结果
H7a	底线责任治理→满意度→持续使用意愿	0.001^{NS}	0.170	0.865	不显著
H7b	合理责任治理→满意度→持续使用意愿	0.022^{NS}	1.765	0.078	不显著
H7c	贡献责任治理→满意度→持续使用意愿	0.062^{*}	2.061	0.039	显著
H7d	底线责任治理→满意度→社会责任参与意愿	0.001^{NS}	0.170	0.865	不显著
H7e	合理责任治理→满意度→社会责任参与意愿	0.023^{*}	1.977	0.048	显著
H7f	贡献责任治理→满意度→社会责任参与意愿	0.067^{*}	2.423	0.015	显著
H8a	底线责任治理→认同度→持续使用意愿	0.043^{**}	2.596	0.009	显著
H8b	合理责任治理→认同度→持续使用意愿	0.056^{**}	2.749	0.006	显著
H8c	贡献责任治理→认同度→持续使用意愿	0.149^{**}	3.347	0.001	显著
H8d	底线责任治理→认同度→社会责任参与意愿	0.070^{**}	3.262	0.001	显著
H8e	合理责任治理→认同度→社会责任参与意愿	0.092^{***}	3.583	0.000	显著
H8f	贡献责任治理→认同度→社会责任参与意愿	0.245^{***}	5.357	0.000	显著

注：*** 表示$P< 0.001$；** 表示$P< 0.01$；* 表示$P< 0.05$；NS表示不显著。

由表9-6可知，当将满意度作为中介变量时，"底线责任治理→满意度→持续使用意愿""合理责任治理→满意度→持续使用意愿""底线责任治理→满意度→社会责任参与意愿"三条中介路径不显著，其余中介路径均显著。结合表5中H3（abc）和H4（abc）的结果，满意度在底线责任治理与外部行为响应（持续使用意愿和社会责任参与意愿）之间，以及在合理责任治理与持续使用意愿之间不起中介作用，在其他关系中起部分中介作用。以认同度为中介变量的 6 条中介路径均显著，因为底线责任治理对持续使用意愿的直接影响不显著，所以认同度在两者之间起完全中介作用，在其他责任治理与外部行为响应之间起部分中介作用。综上所述，假设 H7a、H7b、H7d 未得到验证，其他中介路径假设均得到数据支持。

9.5 研究结果分析

本研究基于 SOR 模型，聚焦平台企业社会责任治理，从用户内部心理响应价值和用户外部行为响应价值两方面，探讨平台企业社会责任治理与用户响应价值之间的影响路径，研究结论如下。

9.5.1 平台企业社会责任治理对用户内部心理响应的影响

研究发现，除了底线责任治理对满意度的影响不显著以外，其他社会责任治理均对满意度和认同感具有显著正向影响，这同张楠和李雪欣（2022）的研究结论一致，验证了平台企业社会责任治理与用户内部心理响应之间的关系。关于底线责任治理对满意度影响不显著的原因，本文认为底线责任是平台企业遵守法律法规、满足社会规范和道德底线时所必须履行的责任，是企业的必尽之责，履行底线责任并不能带来用户短期满意度的提升，相反，如果不履行底线责任，可能遭到用户的惩罚。除此之外，本研究还发现，三种责任治理对满意度和认同度的影响程度从强到弱依次为：贡献责任治理、合理责任治理和底线责任治理。这表明随着平台企业履责广度和深度的延展，用户会产生更多的心理响应，超过用户预期的贡献责任更容易带来用户满意和认同。而且，从直接影响上看，三种责任治理对认同度的影响均强于对满意度的影响，说明平台企业社会责任治理更容易使用户认同，进而产生长期的心理变化。

9.5.2 平台企业社会责任治理对用户外部行为响应的影响

研究发现，除了底线责任治理以外，合理责任治理和贡献责任治理均对用户持续使用意愿和社会责任参与意愿存在直接的正向影响,这同李敬强和刘凤军(2017)、Chernev 和 Blair(2015)、Nguyen 和 Pervan 等人(2020)的研究结论部分吻合,验证了平台企业社会责任治理与用户外部行为响应之间的关系。但是,三种责任治理对持续使用意愿的影响呈现出差异性,贡献责任治理最强、合理责任治理次之、底线责任治理的影响不显著。这可能是由于底线责任是企业必须尽的责任,用户不会因为底线责任的履行增加对平台的使用。而合理责任和贡献责任一个是为了满足用户期许,一个是为了贡献社会,当用户感知到较强的合理责任治理和贡献责任治理时,会积极持续地使用平台,并参与到平台组织的社会责任活动中,与平台和其他用户积极互动,创造更大的社会价值。另外,三种责任治理对社会责任参与意愿的影响也同样具有差异性,贡献责任治理最强、合理责任治理次之、底线责任治理出现负向影响。这是由于底线责任是维护平台秩序的基本责任,底线责任治理水平高并不能直接提升用户对社会责任治理活动的参与意愿,相反,随着底线责任感知的增加,用户社会责任参与意愿会有所降低。同时,本研究还发现,合理责任治理和贡献责任治理对社会责任参与意愿的影响强于持续使用意愿,表明平台企业社会责任治理不单能增加用户对平台的使用,还能进一步带动用户的社会责任活动参与,也体现出用户的社会责任意识和积极的公民行为。

9.5.3 用户心理响应对用户外部行为响应的影响

在这部分路径中,满意度和认同度对持续使用意愿和社会责任参与意愿均具有正向影响作用,这同赵文军和任剑(2017)的结论相符,进一步验证了用户心理响应对用户外部行为响应的正向作用。此外,本研究还发现,认同度对持续使用意愿和社会责任参与意愿的影响要强于满意度。满意度是一种短期心理反应,而认同度是一种长期的、深层次心理承诺,需要通过长时间的感知才能产生,且一旦形成很难轻易改变。认同的累积会使用户将自己作为平台企业的一员,积极地使用平台,并热衷于平台的各项社会责任活动,因此使用户产生认同感更能促进他们的外部响应行为。

9.5.4 用户内部心理响应在平台企业社会责任治理和用户外部行为响应之间的中介作用

在中介路径检验时发现，大部分中介路径显著，这同 Oliver（1980）与谢佩洪和周祖城（2009）的研究结果契合，满意度和认同度可以作为社会责任治理和用户外部行为响应之间的桥梁。平台企业社会责任治理作为外部刺激（S）不仅会直接影响用户内部心理响应（O）和用户外部行为响应（R），还会通过用户内部心理响应间接对用户外部行为响应产生正向影响，进而产生中介效应。其中，满意度在底线责任治理与两个外部行为响应变量之间不起中介作用，认同度在底线责任治理与持续使用意愿之间起完全中介的作用，除此之外，满意度和认同度均在平台企业社会责任治理与用户外部行为响应之间起部分中介作用。满意度之所以在底线责任治理与社会责任参与意愿之间不起中介作用，可能是用户并不会因为平台企业履行底线责任而满意，底线责任是应尽和必尽之责，无法通过满意度影响用户行为响应。认同度之所以完全中介了底线责任治理与持续使用意愿之间的关系，可能是由于底线责任内化成了用户的心理认同，通过认同产生对平台企业的认可和依赖，进而促进外部响应的提升。

9.6 本章小结

本章基于SOR模型，分析了平台企业社会责任治理与用户响应价值的关系。创新点在于：首先，将平台企业社会责任治理具体化，基于短视频平台给出了底线责任治理、合理责任治理和贡献责任治理的测量题目，通过实证研究对比了三种责任治理的效果；其次，从内部心理响应和外部行为响应两个方面衡量用户响应价值，探讨了平台企业社会责任治理、内部心理响应和外部行为响应之间的影响关系和影响路径；最后，以短期的心理反应满意度和长期的心理反应认同度作为内部心理响应变量，揭示了满意度和认同度的差异性。

无论是对用户内部心理响应还是外部行为响应，三种责任治理的正向影响程度由强到弱依次为贡献责任治理、合理责任治理和底线责任治理，充分体现了三种责任的内在差异。作为高阶履责的贡献责任治理，相比满足社会期望的合理责任治理，更能激发用户的心理响应和行为响应，而底线责任治理被认为是平台企业的应尽之责，很难引起用户的积极响应。另外，两个内部心理响应变量满意度和认同度所起的作用具有明显差异，三种责任治理对认同度的影响均强于对满意度的影响，并且认同度对两个外部响应变量（持续使用意愿和社会责任参与意愿）的影响，也强于满意度对其二者的影响。因此，认同度是更为关键的心理响应变量，在平台企业社会责任治理与外部行为响应的关系中起着更重要的作用。

本章得到以下三点研究启示。第一，平台企业不但要践行底线责任，还要积极履行合理责任和贡献责任，通过响应国家乡村振兴号召、举办公益活动、文化艺术展示等形式，为社会和谐发展贡献力量，激发用户参与平台企业举办的社会责任活动，进一步完善平台企业社会责任治理体系，提升用户持续使用意愿。第二，平台企业进行社会责任治理、打造良好的企业形象的同时，要充分考虑用户短期与长期的心理变化，注重用户满意度和认同度的构建与维护，尽可能提高用户的认同度，确保社会责任治理达到预期效果。第三，如今各类平台应运而生，给予用户丰富的选择性，平台企业要留住用户，形成长期的良性互动关系，不仅要积极履行企业社会责任，还要着眼于用户内部心理响应和外部行为响应的产生，联合各界主体共同营造健康向上的平台企业。

第 10 章 平台企业社会责任措施对商家投机行为的治理效果——基于电商平台的调查

新一代信息技术推动了互联网平台经济的迅猛发展，作为率先崛起的电商平台，在创造了巨大社会效应和经济效益的同时，也衍生了新的治理难题。迫于竞争压力，出于逐利本性，平台商家在虚拟的网络市场中更便于利用信息优势隐瞒、欺骗消费者，发生违反合同或规范的投机行为，如假冒伪劣、以次充好、不实描述、虚假评论、"刷单"等。目前，政府对网络市场的治理主要依靠税务征管和司法处罚，对于隐蔽性较强的商家投机行为的治理，少有依据可循，在治理上显得"水土不服"，难以单独发挥作用。国务院办公厅 2019 年 8 月发布《促进平台经济规范健康发展的指导建议》，明确指出应联合多方力量创新监管理念，建立健全治理机制。电商平台作为联结商家与消费者双边市场的载体，最了解网络市场的运行机制，最容易发现商家的投机行为，理应在网络市场治理中发挥政府功能、承担治理责任。

目前，在治理投机行为的研究中，包括正式治理和非正式治理两种机制，前者基于交易成本理论，主张通过监督、惩罚、权力等方式抑制投机行为，后者依据社会交换理论，主张通过声誉、关系、信任等方式抑制投机行为。有研究表明，将正式治理与非正式治理结合起来，更能发挥互补作用，对抑制投机行为更有效。纵观电商平台，无论是 B2C 还是 C2C 模式，平台都采取了多种主动治理方式。那么，平台治理作为网络市场中的正式治理机制，能否起到抑制商家投机行为的作用，哪些治理方式更有效，这些都尚未得到学术界的科学论证。另外，考虑到企业声誉这一非正式治理机制在传统市场中的治理功效，本研究试图进一步探讨电商平台声誉是否对商家投机行为具有震慑力和约束力。因此，本研究以平台主动治理（正式治理）和声誉治理（非正式治理）的双重视角，致力于分析平台主动治理对商家投机行为的影响机理，以及平台声誉能否在平台主动治理与商家投机行为之间起调节作用。

10.1 研究假设与理论模型构建

10.1.1 商家投机行为

投机行为（也称机会主义行为）的研究始于交易成本理论和社会交换理论，是指交易一方为谋取私利，不惜牺牲其他交易方利益的行为，不仅表现为故意回避、逃避合同义务，违反合同规定的行为，也表现为虚假承诺、欺骗、隐瞒、不诚实的违反道德规范的行为。简言之，投机行为是一种"不正当的自利行为"，只要有利可图，投机行为就会发生。投机行为虽然会给谋取私利方带来短期利益，但从长期上看，会影响持续合作、产生严重的负面影响。

对于投机行为的分类，现有研究认为投机行为并非单维。Williamson（1985）按照是否主动采取扭曲信息、违反合约规范，将投机行为分为积极投机行为和消极投机行为。Wathne 和 Heide（2000）将投机行为分为"明目张胆"的投机行为和"合法"的投机行为，前者指明显地违反正式合约规定的行为，后者指虽未违反正式合约规定，但违反关系规范和非正式协议的行为。Luo（2010）将投机行为分为"强形式"和"弱形式"，"强形式"指违反合同规范（条件、条款和情况）的行为，如不按照契约规定提供符合规格的产品、不遵守契约约定的承诺、逃避契约约定的责任等；"弱形式"指违反关系规范的行为，这些规范不在合同中列出，但是根植于所有成员的共同理解中，如故意夸大自己的能力、不遵守口头承诺、为达成交易提供虚假信息等。可见，"明目张胆"的投机行为与"强形式"投机行为含义相同，"合法"的投机行为与"弱形式"投机行为含义相同。

关于电商平台中的商家投机行为，刘汉民和张晓庆（2017）认为既包括交易前的虚假促销、失实陈述，也包括交易中的发送假货、货不对板和拒绝退换货等。本研究认为商家投机行为是商家以不诚实的态度违反订单、服务承诺和道德规范，致使消费者被误导和欺骗,从而获利的行为。依据 Wathne 和 Heide(2000)、Luo(2010)的研究,按照商家违反内容的不同,将商家投机行为划分为强投机行为和弱投机行为。强投机行为指商家违反订单和服务承诺,包括商家销售质量有瑕疵或假冒伪劣商品、商家配送的商品与订单不符、商家提供的售后服务与承诺不符等。弱投机行为指商家违反关系规范或非正式的规定,包括商家促销之前的故意抬高价格、故意隐藏商品不利信息、以返现和赠品等方式索要消费者好评、雇用水军"刷单""刷好评"等。商家的强投机行为与弱投机行为具有本质差别,有必要分别探讨治理机制。另外,若商家的弱投机行为得不到有效控制,将助长其投机心理,令其肆无忌惮、变本加厉,甚至产生强投机行为。例如,如果商家以道歉、返现等方式要求消费者删除差评的弱投机行为未被遏制,商家会认为这样的行为是被默许的,进而出现以次充好、以假冒真的强投机行为,因为即使消费者给了差评,商家也可以通过给消费者"好处"来删除对自身的不利影响。因此本研究认为,如果商家弱投机行为越多越明显,强投机行为发生的可能性会大大增加,故假设如下。

H1:商家的弱投机行为正向影响商家的强投机行为。

10.1.2 平台主动治理

主动治理商家投机行为是电商平台的重要职责。依据交易成本理论,监督、激励、惩罚等正式机制治理能降低投机行为。对于电商平台,其主动治理包含事前、事中和事后三个阶段,事前体现在审核、介入经营、实名制、保证金等制度规范机制;事中体现在规范交易流程、保存交易记录和聊天记录、建立消费者保障计划和信用评价机制等;事后体现在消费者维权和投诉机制。事前是针对商家的显性约束,事中和事后是通过保障消费者利益对商家实施的隐性约束。本研究将平台主动治理分为事前的商家规范机制、事中的交易保障机制和事后的争议处理机制,以下进行具体阐述。

1. 事前的商家规范机制

商家规范机制发生在网络交易之前,是指电商平台为规范商家而采取的审核经营资质、缴纳保障金、制定平台市场管理规范、行业管理规范和违规处理规范等。有研究指出，电商平台的事前控制策略是通过设定商家入驻门槛而筛选高品质商家，以减少商家违规行为的发生。汪旭晖和张其林（2017）在研究网络市场"柠檬问题"时发现，平台通过提高进驻门槛，设定技术服务费年度返还制度，设定严格惩处措施、续签制度和淘汰制度，极大地提高了商家的投机成本，能有效阻隔劣质商家进入平台。Grewa 等人（2010）和 Chakravarty 等（2014）认为平台对用户进行控制和管理是提高平台绩效的重要手段，只有严格要求才能留住真正的用户。电商平台一视同仁地指导、约束、评估、奖惩，会营造出公平的市场氛围，从某种程度上说能提升商家的满意感和忠诚度。综上所述，本研究认为通过事前的商家规范机制，平台可以对入驻商家进行严格把关、统一标准，一方面便于对违规商家的事后处罚，避免商家以不知情为由利用平台漏洞做不法生意或打着品牌的幌子卖假货，对商家的强投机行为有抑制作用；另一方面便于营造公平公正的网络市场环境，有助于净化网络市场的不良风气，对商家的弱投机行为同样具有约束力。因此本研究提出以下假设。

H2：商家规范机制负向影响商家的强投机行为。

H3：商家规范机制负向影响商家的弱投机行为。

2. 事中的交易保障机制

交易保障机制贯穿于网络交易的整个过程，是指电商平台为保障网络交易的顺利进行，设置了严格的交易流程、提供了第三方支付平台和即时通信软件、建立了消费者保障计划（七天无理由退货、假一赔三、运费险等）和商家信用评价机制（店铺和商品的评分与评论）。第三方支付（如支付宝）巧妙地解决了网络市场"银货分离"的交易弊端，降低了买卖双方的"先行风险"。阿里旺旺等即时通信软件不仅解决了沟通问题，而且保留了聊天记录，可作为事后处理纠纷的文字依据。Brown 等人（2000）和 Lai 等人（2005）在探讨渠道机会主义行为治理时发现，沟通能有效降低信息不对称，抑制机会主义行为的发生。张耕和刘震宇（2010）验证了即时沟通能消除消费者对平台商家的感知不确定性，获得更多有用的商品信息。刘汉民和张晓庆（2017）通过实证研究发现，平台的沟通机制能降低消费者对商家的感知机会主义行为。以"七天无理由退货"为代表的消费者保障计划,最大限度地保护了消费者的合法权益,使消费者有机会更全面地了解商品,以弥补其在网络市场中因信息不对称导致的劣势地位。同时,消费者保障计划是商家对消费者的事前承诺,可以防范商家投机行为,降低消费者网购风险。肖俊极和刘玲(2012)对 C2C 网络交易中的信号机制的有效性进行了分析,发现消费者保障计划中的"七天无理由退货"和保修服务具有很强的信号作用。为了不被消费者退货,商家更可能规范经营,拒绝假冒伪劣,避免投机行为的发生。商家信用评价机制是为应对网络市场中信息不对称而建立的,旨在保护消费者权益,抑制商家投机行为。基于以往交易记录和消费者评价的商家信用,能为消费者传递商品的质量信号,将优质商家和劣质商家区分开来,便于消费者甄选商品。多项基于网络实际交易数据的实证研究表明,商家信用对提高网络市场中的消费者信任和销量有积极作用。

然而,也有研究认为商家信用的信号作用很脆弱,会受到其他因素的制约。目前,信用评价机制已被投机主义商家利用,商家以各种方式索要消费者好评的现象比比皆是,例如,很多消费者都会随快递包裹收到"好评返现"的宣传单。为提高店铺好评率,商家甚至雇用水军"刷单""刷好评",或雇用"职业差评师"给竞争对手恶意差评,以巩固自身行业地位。可见,商家信用评价机制已被扭曲,无法发挥优胜劣汰的作用。同样,消费者保障计划也在被投机主义商家恶意消费。为打击竞争对手,商家伪装成消费者大量购买竞争对手商品,然后在期限之前退货,造成对方较高的退货率和库存的挤压。

综上所述,本研究认为事中交易保障机制通过规范交易流程、启用第三方支付和即时通信软件、提供消费者保障计划和商家信用评价机制,能抑制商家的强投机行为;而商家信用评价机制和消费者保障计划在实施过程中,容易被投机主义商家利用,不但不能抑制弱投机行为的发生,反而成为商家弱投机行为产生的根源。因此本研究提出以下假设。

H4:交易保障机制负向影响商家的强投机行为。

H5:交易保障机制正向影响商家的弱投机行为。

3. 事后的争议处理机制

争议处理机制发生在网络交易之后，是指电商平台通过设立解决纠纷的投诉渠道，来监督网络市场、维持市场秩序、惩处不良商家。当消费者在平台的投诉中心举报商家假冒伪劣、价格欺诈、弄虚作假等违反交易规范的行为时，平台会依据后台数据、交易记录和聊天记录等进行事实调查，调查属实的，会依据规章制度对商家进行相应惩罚，从而保障消费者权益。因此，平台的争议处理机制是典型的"结果监督"，Heide 和 Wathne（2007）指出结果监督是针对可见结果和事实依据的监督，能对投机一方造成经济或社会压力，从而迫使其服从交易规则，对降低投机行为有显著效果。Kashyap 等人（2012）在研究经销商投机行为时，也验证了结果监督对投机行为的抑制作用，并且结果监督具有震慑作用，可以警示其他具有投机动机的商家。有效的投诉处理机制，可以提高投机行为被发现的可能性，处理越严格，投机行为越少发生。对欺诈消费者的商家投机行为进行惩处，能让消费者感知到平台的公平公正和诚信经营，从而提升消费者对平台企业的信任。综上所述，本研究认为事后争议处理机制是建立在消费者投诉基础上的，无论对强投机行为还是弱投机行为，均具有抑制作用。因此本研究提出以下假设。

H6：争议处理机制负向影响商家的强投机行为。

H7：争议处理机制负向影响商家的弱投机行为。

10.1.3 平台声誉治理

声誉治理是一种重要的非正式治理机制，它的优点在于企业对声誉的建立和维护具有自觉性和持续性，以自身长期利益为出发点的声誉投资，不需要外界干预就能实现市场自治。社会交换理论认为，声誉、沟通、信任等非正式机制能有效抑制投机行为。在平台型网络市场中，有两种类型的企业声誉，一是平台声誉，二是商家声誉。本研究主要探讨平台声誉。平台声誉是电商平台通过以往行为长期积累的无形资产，是利益相关者根据其在产品、服务、愿景、领导、财务和企业社会责任等方面的表现，给予的总体评价。

平台声誉的高低不仅影响自身的长久发展，而且影响商家的忠诚和消费者的信任。一方面，具有良好声誉的平台能够为商家提供声誉担保，吸引更多的消费者，创造跨边网络效应,使商家受益。有研究发现平台声誉对商家绩效有显著的正向影响。倘若因商家的投机行为使声誉的分享机制遭到破坏,将严重影响商家利益。Wang(2010)和 Nunlee(2005)通过实证研究分析了渠道中交易伙伴的投机行为,均验证了声誉这种非正式治理机制能有效降低投机行为。汪旭晖和张其林(2017)指出,如果电商平台的声誉对平台商家具有较强的约束力,那么可以作为制度的补充机制,起到规制平台商家投机行为的作用。另一方面,具有良好声誉的平台更能赢得消费者信任,消费者会认为高声誉的平台更具备有效治理商家投机行为的能力,其治理的方式更科学、公正。而低声誉平台对商家的约束力往往很弱,更可能为了留住商家而纵容其投机行为,导致虚假评论、"刷单"等现象愈演愈烈。基于上述分析,本研究认为平台声誉对平台主动治理和强、弱投机行为之间的关系起调节作用,平台声誉越高,平台主动治理对投机行为的抑制作用越明显。因此本研究提出以下假设。

H8:平台声誉负向调节商家规范机制与平台商家强投机行为之间的关系(H8a);平台声誉负向调节商家规范机制与平台商家弱投机行为之间的关系(H8b)。即平台声誉越高,商家规范机制对平台商家强、弱投机行为的抑制作用越大。

H9:平台声誉负向调节交易保障机制与平台商家强投机行为之间的关系(H9a);平台声誉负向调节交易保障机制与平台商家弱投机行为之间的关系(H9b)。即平台声誉越高,交易保障机制对商家强投机行为的抑制作用越大,对商家弱投机行为的促进作用越小。

H10:平台声誉负向调节争议处理机制与平台商家强投机行为之间的关系(H10a);平台声誉负向调节争议处理机制与平台商家弱投机行为之间的关系(H10b)。即平台声誉越高,争议处理机制对平台商家强、弱投机行为的抑制作用越大。

综上所述,本研究绘制了图10-1所示的理论模型,以平台的三种主动治理机制,即商家规范机制、交易保障机制和争议处理机制为外因潜在变量,以消费者感知的商家强投机行为和弱投机行为为内因潜在变量,以平台声誉为调节变量,据此分析平台主动治理与声誉治理对商家投机行为的治理路径。

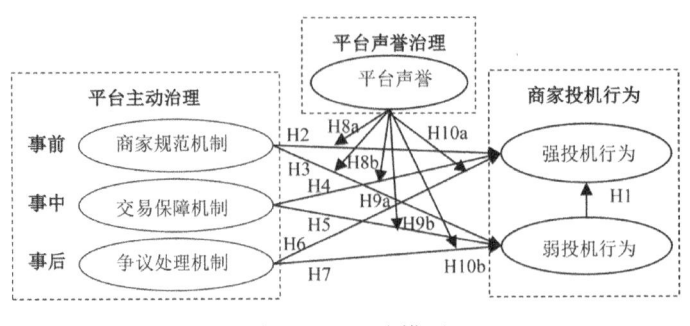

图 10-1　理论模型

10.2　问卷设计与预调查

由于从商家角度询问其投机行为，无法得到真实的回答，因此，本研究基于消费者感知进行问卷调查。一方面，消费者最了解商家的行为和平台的规则；另一方面，消费者对于平台规则能否对商家投机行为起抑制作用最具发言权。只有从消费者视角进行调查，才能清楚平台的治理效果和商家投机行为的程度。

本研究涉及商家投机行为、平台主动治理和平台声誉治理三个子量表。关于商家投机行为和平台主动治理的测量，尚无可直接利用的量表，为保证内容效度，大部分测量题目参考 Wathne 和 Heide（2000）、Luo（2010）等人、汪旭晖和张其林（2017）、刘汉民和张晓庆（2017）、陈莹（2019）等人的研究，并邀请 5 位领域内学者共同探讨，结合自身网购经历，设计了 27 个测量题目，其中平台主动治理 15 个，商家投机行为 12 个。关于平台声誉的测量，采用国内学者汪旭晖和郭一凡（2018）的量表，共 5 个测量题目。因此形成了包含 32 个测量题目预调查问卷，每个测量题目均采用李克特五点法进行评分，1 代表"非常不符合"；2 代表"比较不符合"；3 代表"基本符合"；4 代表"比较符合"；5 代表"非常符合"。平台主动治理得分越高，意味着消费者认为平台治理措施越合理、态度越积极；商家投机行为得分越高，意味着消费者认为商家投机性行为越明显、越恶劣；平台声誉得分越高，意味着消费者认为平台在知名度、服务保障等方面越好。

借助问卷星平台制作问卷，通过微信 App 发放问卷，将问卷填写时间低于 150 秒的视为无效问卷，给予删除，共收集到 106 份有效问卷。运用探索性因子分析方法对预调查数据进行效度分析，以检验因子结构是否与预期相符。SPSS

第 10 章　平台企业社会责任措施对商家投机行为的治理效果——基于电商平台的调查

分析结果表明：KMO 为 0.803，Bartlett 球形度检验卡方值为 5772.405（$P<0.001$），数据适合进行因子分析。运用主成分分析法，按最大方差旋转，共析出 7 个因子，删除同时在两个因子上具有较大因子载荷的测量题目，以及因子载荷小于 0.6 的测量题目共 7 个，最终得到 6 个因子，累计解释的方差贡献率为 72.65%，第一个因子的方差贡献率为 19.13%（小于 30%），表明共同方法偏差未起决定性作用。

最终形成的测量题目如表 10-1 所示，成分 1 是交易保障机制（测量题目 1~6）、成分 2 是弱投机行为（测量题目 7~11）、成分 3 是商家规范机制（测量题目 12~14）、成分 4 是争议处理机制（测量题目 15~17）、成分 5 是平台声誉（测量题目 18~20）、成分 6 是强投机行为（测量题目 21~25）。每个测量题目均在所属因子下具有较高的因子载荷，在其他因子下具有较低的因子载荷，因子结构清晰，与预期相符。综上所述，平台主动治理包括 12 个测量题目（商家规范机制 3 个，交易保障机制 6 个，争议处理机制 3 个），平台声誉 3 个测量题目，商家投机行为 10 个测量题目（强、弱投机行为各 5 个）。最终问卷共有 25 个测量题目。

表 10-1　测量题目与预调查探索性因子分析结果

测量题目	成分 1	成分 2	成分 3	成分 4	成分 5	成分 6
1. 为保障沟通顺畅，平台提供即时通信软件（如阿里旺旺）	0.902	0.124	0.130	0.095	0.047	0.010
2. 平台提供商品声誉信息（好评、粉丝量、商品销量、评分等）	0.896	0.108	0.096	0.188	0.010	-0.091
3. 平台提供在线评分与评论功能，方便消费者描述购物体验	0.858	0.100	0.028	0.178	0.007	-0.108
4. 平台推出消费者保障计划（七天无理由退货、运费险等）	0.794	0.177	0.099	0.185	0.137	-0.110
5. 平台对线上交易过程有严格的流程要求	0.760	0.105	0.136	0.166	0.087	-0.021
6. 平台提供线上支付保障（如支付宝）	0.748	0.316	0.116	0.132	0.124	-0.199
7. 商家雇用水军给出虚假评分、评论的现象很常见	0.117	0.833	-0.074	-0.062	-0.076	0.075
8. 商家以道歉、返现等方式要求消费者删除差评的现象很常见	0.185	0.811	-0.032	-0.062	-0.214	0.063

续表

测量题目	成分 1	2	3	4	5	6
9. 商家以赠品、返现等方式索取消费者好评的现象很常见	0.228	0.808	−0.036	0.020	−0.100	0.029
10. 商家在促销之前故意提高价格的现象很常见	−0.003	0.761	−0.091	0.125	0.022	0.139
11. 商家在商品展示页面或回答问题时，会隐藏商品不利信息	0.187	0.750	−0.092	−0.057	−0.052	0.133
12. 平台对商家的经营资质（营业执照、经营范围等）严格审核	0.040	−0.054	0.880	0.182	0.127	−0.100
13. 为约束商家行为，平台要求入驻商家缴纳保证金或实名制	0.198	−0.140	0.870	0.102	0.050	−0.133
14. 平台要求入驻商家知晓平台行业规范及违规处理规范等	0.306	−0.151	0.822	0.084	0.104	−0.241
15. 平台能在消费者和商家出现争议时，维护消费者权益	0.280	−0.070	0.132	0.860	0.020	−0.140
16. 平台负责调解和裁定消费者与商家的争议问题	0.317	0.005	0.119	0.855	0.089	−0.104
17. 平台能在承诺的时间内处理消费者投诉	0.218	0.037	0.137	0.827	0.071	−0.204
18. 平台能为其产品和服务提供支持保障	0.131	−0.062	0.086	−0.015	0.857	−0.235
19. 平台能迎合消费者需求	0.100	−0.106	0.104	0.093	0.848	−0.250
20. 平台有良好的成长前景	0.085	−0.214	0.087	0.093	0.809	−0.261
21. 商家面对消费者差评或投诉，采取报复行为的现象很常见	−0.117	0.222	0.075	−0.016	−0.148	0.784
22. 商家提供的售后服务与承诺不符的现象很常见	−0.128	0.109	−0.248	−0.124	−0.078	0.773
23. 商家销售的商品质量有瑕疵或为假冒商品的现象很常见	−0.019	0.093	−0.061	−0.193	−0.284	0.744
24. 商家配送的商品与订单不符的现象很常见	0.044	−0.073	−0.231	−0.104	−0.195	0.667
25. 商家销售的商品与描述不符、夸大商品价值的现象很常见	−0.214	0.145	−0.094	−0.073	−0.175	0.639

10.3 正式调查与数据收集

运用预调查修改后的问卷进行正式调查,调查对象为具有网购经历的消费者,调查持续了 3 周,累计回收问卷 356 份,通过剔除无效问卷,最终得到有效问卷 318 份,有效回收率 89.33%,样本的具体信息如表 10-2 所示。从性别上看,女性为男性的 2 倍,与女性爱网购的习惯相符;从网购时间上看,一半以上的被调查者具有 5 年以上的网购经历;从网购频率上看,每月网购 3~10 次占绝大比重;从年龄上看,被调查者中中青年居多;从学历上看,以本科生为主。样本特征基本符合客观规律,具有参考价值。

表 10-2 样本信息统计

样本信息	选项	频数	频率	样本信息	选项	频数	频率
性别	男	99	31.13%	年龄	<18 岁	0	0%
	女	219	68.87%		18~25 岁	105	33.02%
网购时间	<1 年	6	1.89%		26~30 岁	75	23.58%
	1~5 年	144	45.28%		31~40 岁	78	24.53%
	5~10 年	114	35.85%		>40 岁	60	18.87%
	>10 年	54	16.98%	学历	本科以下	33	10.38%
网购频率(平均每月的网购次数)	<3 次	55	17.30%		本科	204	64.15%
	3~10 次	206	64.78%		硕士研究生	63	19.81%
	>10 次	57	17.92%		博士研究生	18	5.66%

10.4 问卷数据分析

10.4.1 信度和效度分析

运用内部一致性系数 Cronbach α 系数来检验数据的信度水平,如表 10-3 所示，每个潜在变量的 Cronbach α 值均超过了 0.8，表明数据信度较高。采用验证性因子分析检验数据的结构效度，运用的软件是 AMOS 19。根据标准化因子载荷 λ 值、组合信度 CR 和平均方差萃取量 AVE 值来判断聚合效度，表 10-3 中的 λ 值，除强投机行为第三个测量题目（0.632）和弱投机行为第一个测量题目（0.643）以外，其他均大于 0.71，并且潜在变量的 CR 值均大于 0.8，AVE 值均大于 0.5，因此可以认为数据具有较好的聚合效度。

表 10-3 具体问项及信效度分析结果

潜在变量	α系数	CR	λ	AVE	潜在变量	α系数	CR	λ	AVE
强投机行为（5个）	0.856	0.859	0.756	0.550	商家规范机制（3个）	0.904	0.903	0.943	0.757
			0.763					0.864	
			0.632					0.796	
			0.760		交易保障机制（6个）	0.936	0.938	0.806	0.716
			0.787					0.822	
弱投机行为（5个）	0.880	0.880	0.643	0.590				0.912	
			0.711					0.933	
			0.835					0.851	
			0.849					0.738	
			0.802		争议处理机制（3个）	0.903	0.907	0.905	0.764
平台声誉（3个）	0.885	0.885	0.878	0.720				0.914	
			0.844					0.799	
			0.823						

通过比较各潜在变量 AVE 值的平方根与潜在变量之间相关系数的大小来检验区分效度。构建 6 个潜在变量的两个相关模型，得出潜在变量之间的相关系数如表 10-4 所示，每一列 AVE 的平方根（粗体字）均大于变量间的相关系数，表明数据区分效度较好。

第10章 平台企业社会责任措施对商家投机行为的治理效果——基于电商平台的调查

表10-4 区分效度分析结果

	均值	标准差	1	2	3	4	5	6
1. 商家规范机制	3.736	0.738	**0.870**					
2. 交易保障机制	3.835	0.780	0.386***	**0.846**				
3. 争议处理机制	3.638	0.811	0.374***	0.508***	**0.874**			
4. 强投机行为	2.239	0.556	−0.530***	−0.307***	−0.446***	**0.742**		
5. 弱投机行为	3.577	0.863	−0.199**	0.326***	−0.003^{NS}	0.302***	**0.768**	
6. 平台声誉	3.415	0.811	0.324***	0.206***	0.242***	−0.681***	−0.277***	**0.848**

注：*** 表示 $P< 0.001$；** 表示 $P< 0.01$；* 表示 $P< 0.05$；^{NS} 表示 $P> 0.05$。

运用SPSS 19计算潜在变量的均值和标准差，每个潜在变量的得分用所属观测变量的算术平均数表示，计算结果见表10-4。从均值上看，强投机行为是2.239，介于2（比较不符合）和3（基本符合）之间，表明消费者认为商家的强投机行为并不严重，而弱投机行为是3.577，介于3（基本符合）～4（比较符合）之间，说明消费者能清楚地感知到商家的弱投机行为。在平台主动治理的三个方面，交易保障机制最高（3.835）、商家规范机制次之（3.736）、争议处理机制略低（3.638），且均在3～4之间，表明消费者能感知到平台的事前、事中和事后治理措施，并对事中的措施最了解。平台声誉的均值为3.415，表明整体而言，消费者对所用的电商平台比较认可，对平台声誉是肯定的。从标准差上看，所有潜在变量均低于1，说明消费者感知的离散程度并不明显。

10.4.2 结构方程模型分析

运用AMOS19绘制包含商家规范机制、交易保障机制、争议处理机制、强投机行为和弱投机行为模型图，采用结构方程模型对假设H1-H7进行路径分析。根据模型修正指标，添加了两条误差项之间的相关关系：一条是交易保障机制第二个测量变量的误差项和强投机行为第四个测量变量的误差项之间；另一条是弱投机行为第一个和第二个测量变量的误差项之间。最终，修正的模型整体适配良好（括号里数字表示各指标适配标准）：$\chi^2/df = 3.232$（<5），GFI = 0.913（>

0.9），CFI = 0.905（＞0.9），RMSEA = 0.074（＜0.08），NFI = 0.903（＞0.9），IFI = 0.906（＞0.9）。各项指标均达到测量学标准，路径分析结果如表10-5所示。

表 10-5　路径分析结果

假设	路径	路径系数	T 值	结果
H1	弱投机行为→强投机行为	0.286***	3.806	支持
H2	商家规范机制→强投机行为	−0.325***	−4.373	支持
H3	商家规范机制→弱投机行为	−0.352***	−5.216	支持
H4	交易保障机制→强投机行为	−0.153 NS	−1.867	不支持
H5	交易保障机制→弱投机行为	0.534***	6.730	支持
H6	争议处理机制→强投机行为	−0.247***	−3.330	支持
H7	争议处理机制→弱投机行为	−0.143*	−2.084	支持

注：*** 表示 $P<0.001$；** 表示 $P<0.01$；* 表示 $P<0.05$；NS 表示 $P>0.05$。

研究结果表明：除H4以外，其他路径假设均得到数据的支持。弱投机行为对强投机行为具有显著的正向影响（$\beta=0.286$，$P<0.001$），说明弱投机行为的增多会加大强投机行为出现的可能性。在平台主动治理中，对商家强投机行为最有效的是事前的商家规范机制（$\beta=-0.352$，$P<0.001$），其次是事后的争议处理机制（$\beta=-0.247$，$P<0.001$），而事中的交易保障机制的影响未达到0.05的显著性水平。对商家弱投机行为的治理中，事前的商家规范机制（$\beta=-0.325$，$P<0.001$）和事后的争议处理机制（$\beta=-0.143$，$P<0.05$）均具有抑制作用，且事前的规范效果大于事后的惩处效果。而事中的交易保障机制对商家弱投机行为具有显著的正向影响（$\beta=0.534$，$P<0.001$），这与研究假设相符，现行的交易保障机制不但不能抑制弱投机行为的发生，反而加剧了它的出现。

10.4.3　分层回归分析

运用分层回归分析检验假设 H8a、H8b、H9a、H9b、H10a 和 H10b，自变量

第10章 平台企业社会责任措施对商家投机行为的治理效果——基于电商平台的调查

为商家规范机制、交易保障机制和争议处理机制,因变量为强投机行为和弱投机行为,调节变量为平台声誉,使用的统计软件为 SPSS 19。将自变量和调节变量做中心化处理,分别构建 3 个乘积项,即"商家规范机制 × 平台声誉""交易保障机制 × 平台声誉""争议处理机制 × 平台声誉",以检验调节效应。因为自变量和乘积项同时纳入线性模型容易产生多重共线性问题,所以针对每个模型,均计算了方差膨胀因子(VIF)。如表 10-6 所示,所有变量的 VIF 值均小于 2,不存在严重的共线性问题。

表 10-6 分层回归分析结果

	变量	因变量:强投机行为				因变量:弱投机行为			
		模型 1		模型 2		模型 3		模型 4	
		系数	VIF	系数	VIF	系数	VIF	系数	VIF
主效应	商家规范机制	-0.205^{***}	1.237	-0.206^{***}	1.289	-0.227^{***}	1.237	-0.239^{***}	1.289
	交易保障机制	-0.027^{NS}	1.351	-0.055^{NS}	1.400	0.462^{***}	1.351	0.492^{***}	1.400
	争议处理机制	-0.190^{***}	1.388	-0.170^{**}	1.511	-0.115^{*}	1.388	-0.112^{**}	1.511
	平台声誉	-0.444^{***}	1.117	-0.415^{***}	1.155	-0.258^{***}	1.117	-0.281^{***}	1.155
乘积项	商家规范机制 × 平台声誉			0.040^{NS}	1.257			-0.095^{NS}	1.257
	交易保障机制 × 平台声誉			0.088^{NS}	1.282			-0.113^{**}	1.282
	争议处理机制 × 平台声誉			0.090^{NS}	1.491			-0.108^{*}	1.491
	R^2	0.399		0.422		0.243		0.286	
	ΔR^2			0.023^{*}				0.042^{**}	

注:*** 表示 $P<0.001$,** 表示 $P<0.01$,* 表示 $P<0.05$,NS 表示 $P>0.05$。

分层回归分析结果中,模型 1 和模型 2 以强投机行为为因变量。模型 1 检验自变量和调节变量对因变量的主效应,结果表明:商家规范机制($\beta=-0.205$,$P<0.001$)和争议处理机制($\beta=-0.190$,$P<0.001$)对强投机行为具有显著的负向

影响，再次验证了假设H2和H6；交易保障机制对强投机行为的负向影响不显著（$\beta=-0.027$，$P>0.05$），与结构方程模型的检验结果一致，即假设H4没有得到数据支持；平台声誉对强投机行为具有显著的负向影响（$\beta=-0.444$，$P<0.001$），意味着平台声誉的高低会影响消费者对强投机行为的感知，平台声誉越高，消费者感知的强投机行为越低。模型2检验三个乘积项对因变量的影响，研究发现，三个乘积项对强投机行为的影响均不显著，即假设H8a、H9a和H10a均未得到数据支持。因此，虽然平台声誉本身能抑制商家强投机行为，但平台声誉对三种主动治理机制与强投机行为之间的关系不具备调节作用。

模型3和模型4以弱投机行为为因变量。同理，在模型3中，商家规范机制（$\beta=-0.227$，$P<0.001$）和争议处理机制（$\beta=-0.115$，$P<0.001$）对弱投机行为具有显著的负向影响，交易保障机制对弱投机行为具有显著的正向影响（$\beta=0.462$，$P<0.001$），再次验证了假设H3、H5和H7；平台声誉对弱投机行为具有显著的负向影响（$\beta=-0.258$，$P<0.001$），表明平台声誉的高低同样会影响消费者对弱投机行为的感知。模型4显示："交易保障机制 × 平台声誉"（$\beta=-0.113$，$P<0.01$）和"争议处理机制 × 平台声誉"（$\beta=-0.108$，$P<0.05$）对弱投机行为具有显著的负向影响，而"商家规范机制 × 平台声誉"（$\beta=-0.095$，$P>0.05$）的影响未达到0.05的显著性水平，并且模型4与模型3相比，ΔR^2显著，假设H9b和H10b得到验证，H8b未得到数据支持。因此，平台声誉不但能直接抑制商家弱投机行为，而且能调节交易保障机制和争议处理机制与弱投机行为之间的关系。即平台声誉越高，交易保障机制对弱投机行为的促进作用越弱，争议处理机制对弱投机行为的抑制作用越强。

为进一步展示平台声誉的调节效果，按变量均值加减一个标准差对调节变量进行分组，将样本划分为高平台声誉组和低平台声誉组，绘制的调节效果如图10-2和图10-3所示。图10-2为平台声誉对交易保障机制与弱投机行为之间关系的调节效果，两组数据均显示交易保障机制与弱投机行为正相关，但相对于低平台声誉组，高平台声誉组的斜率更小，说明随着平台声誉的提高，交易保障机制对弱投机行为的促进作用会降低，从而实现了负向调节作用。图10-3为平台声誉对争议处理机制与弱投机行为之间关系的调节效果，低平台声誉组的

第 10 章　平台企业社会责任措施对商家投机行为的治理效果——基于电商平台的调查

直线较平缓，而高平台声誉组的直线争议处理机制与弱投机行为呈负相关，表明平台声誉越高，争议处理机制对弱投机行为的抑制作用越强，因此起到了负向调节作用。

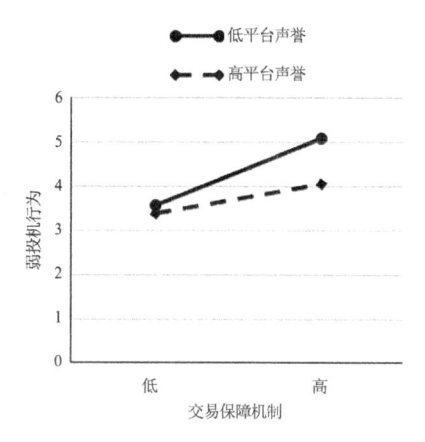

图 10-2　平台声誉调节交易保障机制与弱投机行为关系

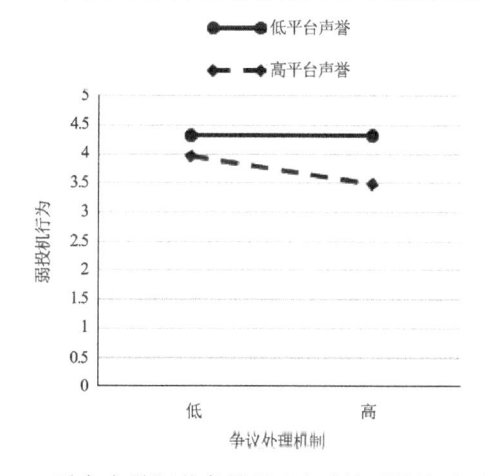

图 10-3　平台声誉调节争议处理机制与弱投机行为关系

10.5　研究分析

10.6.1　平台主动治理对商家投机行为的影响

本研究按照网络交易发生的事前、事中和事后顺序，探讨了三种平台主动治理机制对商家强、弱投机行为的直接影响。结构方程模型和分层回归分析均表明，事前商家规范机制和事后争议处理机制对强、弱投机行为均具有抑制作用，这一结论与研究假设相符。该结论说明平台加大对入驻商家的管理力度、提高对违规商家的惩处力度,能降低商家违反正式或非正式规定的可能性,对抑制商家的投机行为有积极作用。而事中交易保障机制对强、弱投机行为的影响均不理想,交易保障机制对商家强投机行为的影响未达到统计学意义上的显著水平,远不如事前和事后的抑制作用强。并且,交易保障机制促进了商家弱投机行为的发生,说明平台现行的交易保障机制确实存在问题,容易被投机型商家利用,沦为他们制造虚假评论、虚假销量,欺骗消费者和打击竞争对手的工具,滋生商家违反道德规范的弱投机行为。因此,就目前而言,对商家强、弱投机行为具有抑制作用的平台治理机制是事前商家规范机制和事后争议处理机制,而交易保障机制亟须调整和完善。

10.5.2 平台声誉治理对商家投机行为的影响

本研究将平台声誉作为调节变量,分析其在平台主动治理与商家强、弱投机行为之间的关系。最初提出的6个调节作用假设,只有2个得到数据的支持,即平台声誉能负向调节交易保障机制、争议处理机制和弱投机行为之间的关系,随着平台声誉的提高,交易保障机制对弱投机行为的正向作用会减弱,争议处理机制对弱投机行为的负向作用会增强。这表明平台主动治理与商家弱投机行为的关系会随着平台声誉的高低发生变化。当平台声誉较低时,消费者不相信声誉低的平台会主动治理弱投机行为,为了扩大市场、促进成交量,声誉低的平台可能会纵容商家的弱投机行为,对其视而不见。当平台声誉较高时,消费者相信平台会承担企业社会责任,不会一味追求利益,在处理消费者投诉时能秉公办理、不偏袒商家。研究发现,平台声誉在三种平台主动治理机制与商家强投机行为之间均不存在调节作用,表明平台主动治理对强投机行为的影响不会随着平台声誉的变化而变化。导致这一结果的原因可能是:强投机行为是违反合同规定的行为,消费者认为任何平台都会重视,无论平台声誉的高低,一经发现势必遭到平台的严惩。

另外,从分层回归分析的结果中可以发现,平台声誉对商家强、弱投机行为具有直接的负向影响,说明平台声誉治理与平台主动治理一样,也能抑制商家投机行为,在研究商家投机行为的治理机制时,不能忽略平台声誉治理这种非正式治理机制,平台声誉治理与平台主动治理并重,两种方式相互补充、相互促进。

10.6 本章小结

本章将网络市场中的商家投机行为划分为强投机行为和弱投机行为,强投机行为指商家违反合同、契约等正式规定,弱投机行为指商家违反道德、规范等非正式规定。基于交易成本理论和社会交换理论,从正式治理和非正式治理两个角度,分析三种平台主动治理机制,即商家规范机制(事前)、交易保障机制(事中)和争议处理机制(事后)对商家强、弱投机行为的影响,以及平台声誉治理对其影响的调节作用。得到如下研究结论:第一,商家弱投机行为若得不到有效治理,则会加剧强投机行为的出现;第二,在三种平台主动治理机制中,事前商家规范机制和事后争议处理机制对强、弱投机行为均起到了抑制作用,而交易保障机制不但对强投机行为的影响不显著,反而促进了弱投机行为的发生;第三,平台声誉对商家强、弱投机行为存在直接的抑制作用,当平台声誉作为调节变量时,只对平台主动治理与弱投机行为的关系具有负向调节作用,随着平台声誉的增加,交易保障机制对弱投机行为的促进作用会减弱,争议处理机制对弱投机行为的抑制作用会加强。

本章得到以下三点启示:第一,平台对商家弱投机行为不能视而不见,应引起足够的重视,违反道德规范的"刷单""刷好评"等行为应被严惩,将投机行为扼杀在萌芽中;第二,平台现行的交易保障机制不但不能抑制强投机行为,反而滋生了商家的弱投机行为,需要设计更为合理有效的机制,以降低虚假销量和不实评论对消费的误导,绝不能使消费者保障计划和信用评价机制沦为商家投机的工具;第三,对商家投机行为的治理,要结合平台主动治理和平台声誉治理两种方式,充分发挥平台声誉对弱投机行为的震慑作用,实现平台主动治理与平台声誉治理的互补作用。因此,平台要注重声誉的构建,积极承担社会责任,为消费者提供售后保障。

第11章 平台企业社会责任治理创造可持续价值的实现机制

党的二十大报告中提出,"推进国家安全体系和能力现代化,坚决维护国家安全和社会稳定","建设人人有责、人人尽责、人人享有的社会治理共同体"。平台企业具有商业平台和社会平台的双重身份,无论是个体层面的行为异化和责任缺失,还是平台层面的价值共毁,都会对社会造成难以估量的恶性影响。以可持续价值为导向推进平台企业社会责任治理,不但能打造共享共生共治的平台生态,而且能推动互联网平台经济的永续发展。同时,可持续价值的实现对于平台企业的现代化治理能力有重要意义,对于构建健康有序、内生性的网络生态治理体系大有助力。将平台企业社会责任治理与可持续价值创造相结合,促进用户响应行为、抑制商家投机行为,有助于构建平台企业社会责任共同体,创新平台企业社会责任的治理范式,进一步拓展和丰富现有理论。对探索平台企业社会责任治理创造可持续价值的实现机制,揭示可持续价值的生成过程和延续过程,梳理促进和制约可持续价值创造的社会责任因素具有重要意义。基于前文的案例研究和实证研究,本章对平台企业社会责任治理创造可持续价值的实现机制进行分析,阐释了初始性价值生成机制、可持续价值延续机制、用户响应促进机制和投机行为抑制机制。

11.1 初始性价值生成机制

平台企业在发展初期,一方面,会面临生存压力和激烈的市场竞争,往往将经济效益置于优先位置,以确保平台企业的生存和发展。另一方面,进行社会责任治理的效果是未知的，开展社会责任议题未必能同时实现经济价值和社会环境价值，因为社会责任议题的实施受多种因素影响，具有复杂性和不确定性，所以发展初期的平台企业在有限的资源和能力下，更专注于经济性利益相关主体的需求。但这并不意味着平台企业能够完全忽视社会责任，企业一般会从经济、社会和环境层面分别开展浅层的社会责任议题，实现初始性经济价值、初始性社会价值和初始性环境价值的价值生成。

11.1.1 初始性经济价值形成机制

第一，在平台生态治理上，平台企业应该根据相关法律法规要求制定管理规则，清理负面不良导向内容，处置违规账号，坚决打击各种违规行为，对破坏网络秩序、欺骗误导大众、炮制煽动性、宣扬审丑和低级趣味及传播低俗信息等内容进行处理，维护平台网络良好生态。同时，要建立更严格的平台规则和审核机制，加强用户认证和监测系统，净化平台环境。第二，在平台科技创新上，平台应加快科技创新，以提升平台的运营效率和服务质量，为用户提供更优质的服务和体验。例如，利用大数据技术分析用户的浏览、搜索、购买等行为，了解用户的偏好和需求，为个性化推荐提供支持。同时还能检测异常交易行为，防范欺诈和风险。通过平台生态治理和平台科技创新，打造清朗的平台生态，建设高效的平台系统，由此形成用户增长价值和用户黏性价值。

11.1.2 初始性社会价值形成机制

第一，在社会公益宣传上，一方面，在平台首页显著位置设置公益宣传板块，推介公益项目和活动，展示各类公益项目的详细信息、进展和成果，吸引用户关注参与。另一方面，可以通过平台所属的社交媒体账号发布公益宣传内容，包括文字、图片、视频等形式，吸引更多用户关注。第二，在便捷平台搭建上，平台企业应有效利用平台流量和用户基础，为落后地区的发展提供渠道，如通过视频制作、新产品上线、种草分享等多元方式助力农产品销售，为特色农产品提供供应链、物流、运营、推广上的帮助，促进地方经济发展，改善农民的生活水平。通过社会公益宣传和便捷平台搭建，提升用户参加公益活动的积极性，促进农村经济的发展，由此形成社会公益价值和乡村发展价值。

11.1.3 初始性环境价值形成机制

第一，在低碳环保宣传上，一方面，可以邀请相关专家学者进行直播访谈，讲解低碳环保知识，解答用户问题。或者邀请绿色生活达人、知名博主分享低碳生活经验，展示环保产品的使用方法。另一方面，可以借助短视频宣传，通过简短的环保小贴士视频、环保故事视频，向用户传授简单易行的低碳生活小妙招，讲述普通人或平台企业的环保行动和成果，激励用户参与低碳生活。第二，在物种保护宣传上，在平台上创建物种保护专题页面，通过图文、视频集中进行濒危物种介绍，保护项目进展、捐赠渠道等，提高公众对物种保护的认识和兴趣；邀请动物保护专家进行直播讲座，介绍物种保护的重要性和具体措施，解答观众的问题，或直播探访保护区或救助中心，展示保护工作的实际场景和成效；推出虚拟领养濒危动物的活动，由用户捐赠一定金额"领养"某种濒危动物，获得领养证书和定期更新的动物状况报告；在社交媒体上创建物种保护相关话题标签（如"物种保护""拯救濒危动物"），鼓励用户发布和分享相关内容；定期发起互动活动，如拍摄濒危动物的照片、分享保护故事等，吸引更多用户参与。通过低碳环保宣传和物种保护宣传，提升用户的环保意识和物种保护意识，吸引用户参与其中，形成低碳环保价值和物种保护价值。

11.2 可持续价值延续机制

尽管在初创期平台企业更注重经济效益，但在发展过程中逐渐形成的盈利基础也为日后更好地承担社会责任创造了条件。一旦平台企业稳步发展并获得更多资源，平台企业就开始关注更深层次的社会责任，采取更积极的可持续发展战略。积极的社会责任治理不仅会对平台企业的可持续发展产生影响，还能够解决企业发展过程中的负外部性问题，为企业寻找新的商业机会。经过价值生成阶段对浅层经济议题、社会议题和环境议题的尝试，平台企业吸引了更多的用户、促进了社会经济发展和生态环境保护，但此时的价值实现结果并不具备持久性和长远性，要想维持良性的价值生成结果，平台企业还需持续不断深化社会责任议题以适应变化的社会和环境需求。如定期评估和调整社会责任策略，确保其与变化的社会和环境挑战保持一致，发展为更高效、更综合的社会责任议题，为经济、社会和环境创造持久的可持续价值。因此，平台企业在社会责任治理的后期，会从经济、社会和环境层面分别开展深层的社会责任议题，实现可持续的经济价值、社会价值和环境价值。

11.2.1 可持续经济价值形成机制

第一，在技术人文关怀上，平台企业在数字化时代扮演着重要角色，但技术的快速进步也可能导致一些人在社会变革中被边缘化。平台企业可以开展技术人文关怀项目，如面向青少年的防沉迷系统和心理疏导项目、面向银发群体的适老化功能开发，使更多人从技术发展中受益，通过心理健康干预系统为有需求的人群提供心理辅导等。第二，在行业共享共建上，平台企业可以通过行业交流会和线上分享会与其他平台企业进行技术分享和经验交流，共同制定和推广行业标准，利用自身的技术优势和资源优势，开展联合研发项目，推动技术进步和产业升级。第三，在产学研一体化上，首先，平台企业可以与高校和科研机构建立长期战略合作关系，共同设立研发中心和创新实验室，集聚各方资源和智力，进行前沿技术的研究和开发。其次，平台企业可以通过联合开展科研项目，邀请高校和科研机构的专家学者参与项目研究，推动理论与实践相结合，提升技术研发的效率和成果转化的速度。此外，平台企业还可以设立奖学金、助学金和实习计划，支持和培养高校优秀学生，为其提供实践机会和职业发展平台，增强其实践能力和创新意识。通过技术人文关怀、行业共享共建和产学研一体化建设，持续地吸引用户、提升用户使用黏性、提升企业形象，由此形成用户增长价值、用户黏性价值和发展前景价值。

11.2.2 可持续社会价值形成机制

第一，在社会公益行动上，平台企业可以通过策划和实施多样化的社会公益项目，联合其他企业、非政府组织和社区团体，共同组织公益活动，形成多方合作的公益网络。同时，企业还可以利用自身的技术优势，衍生和开发公益平台和应用，通过链接社会各主体和资源，打造社会化、大众化的生态循环模式。第二，在乡村发展扶持上，各平台将自身业务与乡村发展进行结合与拓展，通过助力乡村产业升级、乡村文化传播、农产品品牌打造、乡村人才孵化、农业信息技术普惠，加强乡村产业、就业、教育、医疗、文化的建设，最终促进乡村地区经济的发展。第三，在正向文化弘扬上，平台企业可以充分利用其传播优势，积极传承传统文化、非遗文化和爱国主义文化，推动正向文化的传播与弘扬。首先，平台企业可以举办丰富多彩的文化活动，如传统节庆典、非遗文化展示和爱国主义教育讲座，增强用户的文化自信。其次，平台企业可以制作不同主题的短视频和纪录片，通过生动的视觉叙事展示各类文化的独特魅力，扩大文化影响力。同时，平台企业可以将传统文化和非遗元素巧妙地融入产品创新中，如设计具有文化特色的产品包装、开发以文化故事为主题的游戏或应用，潜移默化地影响用户的文化认知。此外，平台企业可以与文化专家、学者和传承人合作，打造权威性和专业性的文化内容，提升文化传播的深度和广度。通过社会公益行动、乡村发展扶持和正向文化弘扬，吸引各主体参与公益项目、乡村发展和文化传承与创新，由此形成社会公益价值、乡村发展价值和文化弘扬价值。

11.2.3 可持续环境价值形成机制

第一，在创新绿色服务上，平台企业应积极开发绿色服务。外卖平台可以推出小碗菜服务，通过减少食物浪费来倡导环保用餐；旅游平台可以推出低碳航班，为用户提供更环保的旅行方式；电商平台可以推出节能包装，采用可降解或可重复使用的材料，减少包装废弃物对环境的影响。同时，平台企业可以通过积分奖励制度鼓励用户进行绿色消费。例如，用户选择低碳项目时可以获得积分，这些积分可以兑换礼物或服务，以此激励用户选择绿色消费。第二，在低碳环保行动上，平台企业应积极开展各类环保项目，与环保组织、社区团体和政府部门合作，开展共同关注的环保项目，如清洁河道、海滩清理、城市绿化等，形成合力，扩大影响；同时，利用新兴技术，围绕平台企业业务开发或衍生环保公益类App，如垃圾分类指导、碳足迹计算器、环保志愿者活动智能报名等，为公众参与公益活动提供便捷。第三，在物种保护行动上，平台企业应积极开展各类物种保护项目，与环保组织、科研机构和政府部门合作，开展物种保护项目，如栖息地恢复、物种监测、救助与繁殖等，共同推进物种保护工作，为物种保护项目提供资金支持，资助科研活动、保护区建设、反盗猎行动等，帮助相关组织更好地开展工作。通过这些措施，平台企业不仅能够提升自身形象，还能引导用户参与到环保行动中，共同为环境可持续发展贡献力量。

11.3 用户响应促进机制

底线责任治理侧重于对平台的合规运营与管理，合理责任治理侧重于解决社会问题，贡献责任治理侧重于增加社会福利。企业在社会责任治理过程中，如何让用户产生更高的响应，从心理上认同平台企业，从行为上继续使用平台至关重要。平台企业应根据不同的企业角色，积极进行社会责任治理，兼顾底线责任治理、合格责任治理和贡献责任治理。

11.3.1 底线责任治理机制

在平台企业发展的初期，平台企业的目标是提升产品服务质量、确保平台合规运营，以打造高质量平台，实现平台企业的发展壮大。因此要以底线责任治理为重点，践行底线要求，如法律底线、合规底线、道德底线，这些要求包含"不可为"和"不可不为"的范畴，主要体现在合规运营和平台管理上。第一，在合规运营上，首先，平台企业可以设立专门的管理部门监督企业所有运营活动，确保其符合法律法规。其次，在行业竞争中，要遵守反垄断法律，防止滥用市场支配地位，避免通过不正当手段（如垄断、价格操纵等）获取市场份额，确保市场竞争的公平性。最后，要如实披露平台的信息，如产品和服务的信息、平台运营数据等，积极配合政府和相关监管机构的工作，协助其进行市场监管。第二，在平台管理上，首先，要建立有效的内容审核机制，及时清理违法、有害或不良信息，确保平台内容的健康和安全。同时，不断优化平台功能和用户界面，提高用户体验，满足用户需求。其次，制定并发布详细的社区规范和用户行为准则，规范平台用户行为，对违反社区规范的行为采取适当的处罚措施，如警告、禁言或封号等。最后，建立完善的用户投诉和反馈机制，及时处理用户投诉和建议，解决用户纠纷，持续改进平台服务，维护用户的正当权益。

11.3.2 合理责任治理机制

在平台企业发展的中期，平台企业形成一定规模后，要在能力范围内，回应公众需求，解决社会问题，即展开合理社会责任治理。合理社会责任属于一种合理诉求、正当要求、理性预期，要求企业全力而为。合理责任治理可以分为业务拓展、赋能实体产业、弘扬红色经典、宣扬政务信息四个方面。第一，在业务拓展上，平台企业要积极与其他平台企业展开战略合作，推动各平台间的流量互通和资源共享，提升整体服务水平，为用户提供更好的体验。第二，在赋能实体产业上，平台企业可以利用电商功能为贫困地区的农产品和手工艺品提供销售渠道，通过电商培训和技术支持帮助当地居民掌握互联网销售技能，提升其自主发展的能力。此外，还可以通过产业扶贫促进地区发展，如利用平台的流量和数据，推广旅游景点和旅游线路，推动当地旅游业发展。第三，在弘扬红色经典上，将线上和线下宣传相结合。在线上设置红色文化专题，鼓励用户参与讨论和分享红色经典故事，在线下结合红色文化活动，如红色主题演讲、红色文化展览等，增强用户的文化认同感。第四，在宣扬政务信息上，一方面，平台企业应主动与政府和官方媒体合作，通过平台发布时事热点，弘扬社会主义核心价值观。另一方面，主动利用平台宣传法律法规和政策，提高公众的法律意识和守法自觉性。通过以上措施，平台企业不仅能在业务上取得更大发展，还能积极履行社会责任，树立良好的企业形象，赢得公众和社会的信任。

11.3.3 贡献责任治理机制

在企业发展的后期，即成熟期，平台企业要在持续进行底线责任治理和合理责任治理的前提下，进行贡献责任治理。贡献责任治理是平台企业在使命和价值观的指引下，对利益相关方合理期望之外的诉求问题进行回应，自愿贡献优势资源能力帮助利益相关方解决问题。平台企业通过开展社会并没有预期、具有前瞻性的高阶功能与服务创新，如拓展平台的非商业性社会服务功能，创造更大的共享价值和更多的合作剩余，将双方潜在的互利共赢转变为现实。第一，在关爱弱势群体上，平台企业应主动为老年群体、儿童、残障人群等提供帮助。如开设专门针对老年人的数字技能培训课程，帮助他们学习使用智能设备和互联网，提高信息获取和社交能力；提供免费的在线学习资源课程，为贫困地区提供和拓展学习渠道；提供在线心理咨询服务和预警机制，帮助心理危机人群应对心理困扰；在平台设计中融入无障碍设计，如增加语音识别、放大字体、简化操作等功能，为残障群体参与平台使用提供便捷。第二，在开展公益培训活动上，设立专项公益基金，帮助困难群体解决困境；设置在线募捐模块，支持各类公益项目，实现资源共享和最大化利用；利用平台的流量优势，通过线上宣传活动，普及物种保护知识和低碳环保知识，呼吁公众践行低碳生活，参与物种保护。第三，在传播传统文化上，一方面，邀请非遗传承人和专家，通过线上讲座和直播，讲解非遗文化的历史，或组织线下体验活动，让公众切身体验非遗技艺，如剪纸、刺绣、陶艺等。另一方面，将非遗元素融入现代设计和产品中，打造成文化IP，开发相关文创产品、影视作品、动画片等，吸引更多年轻人的关注。第四，在宣传当代文化上，通过开展多元文化活动予以宣扬，如围绕社会主义核心价值观举办短视频创作大赛、拍摄和传播当代英雄模范人物的故事短视频、线上线下同步设置主题宣传月等。综上所述，贡献责任治理旨在通过平台发挥自身的潜在优势，带动公众参与，以更加有效的方式创造更大范围的社会价值和利益相关方价值。

无论是对用户内部心理响应还是外部行为响应，贡献责任治理的影响程度最强。贡献责任治理不仅满足用户的基本需求和合理期望，还主动超越这些期望，提供额外的价值和服务。企业开展的非商业性社会服务，如公益项目、文化活动、社会援助等，能够让用户对企业产生更深层次的情感连接和社会认同，因为用户能从中感受到企业的社会责任感。贡献责任比底线责任和合理责任对用户认同度的影响更强，因此，平台企业在保持底线责任与合理责任的基础上，应将贡献责任作为重中之重，通过链接不同的利益相关方主体，鼓励他们参与其中，共同创造共享价值和综合价值。

11.4 投机行为抑制机制

11.4.1 事前商家规范机制

事前商家规范机制能够对入驻商家进行严格把关、统一标准，便于对违规商家的事后处罚，还能营造公平公正的网络市场环境，对商家的强投机行为和弱投机行为都能起到抑制作用，可以从以下几个方面进行建设事前商家规范机制。第一，严格审核经营资质。一方面要按照平台入驻标准进行严格的资质审查，包含合法经营资质和行业相关的资质证书。另一方面要对商家的背景进行详细调查，包括企业的信用记录、过往经营历史等，以防止有不良记录的商家入驻。第二，采取实名制管理。平台应要求商家及时进行实名制注册，提交企业法人和主要负责人的身份信息，并通过平台的身份验证系统进行核实。同时，商家的基本信息和经营资质应在平台特定模块予以公开展示，以便用户查询和监督。第三，实行保证金制度。由平台特定部门向商家收纳规定金额的保证金，作为其履行平台规则和保障用户权益的担保。当商家违规或对用户权益造成损害时，平台可动用保证金进行赔付，并要求商家补足保证金额度。第四，建立平台管理规范。平台应制定详细的市场准入规则和商家行为规范，明确商家在平台上经营的合法行为和禁止行为。同时，根据不同行业的特点，制定针对性的行业管理规范，确保各行业商家的经营行为符合行业标准和平台要求。第五，建设违规处理机制。平台应制定详细的违规处理标准，明确不同违规行为的处罚措施，包括警告、罚款、下架商品、冻结账户、终止合作等。通过以上措施，平台可以有效规范商家行为，防止不法和投机行为，营造一个公平、公正、健康的平台环境，提升用户的信任感和满意度，实现平台和商家的共同发展。

11.4.2 事中交易保障机制

交易保障机制促进了弱投机行为的发生，因为用户保障计划和信用评价机制可能成为商家投机行为的工具，所以要设计更为有效的交易保障机制。第一，完善商家信用评价机制。引入多维度评价体系，降低单一指标的影响力，利用大数据和 AI 技术自动检测异常评价行为（短时间内大量评价、评价内容重复），并通过详细的处罚标准，对存在"刷单""刷好评"等行为的商家进行扣分、下架商品、冻结账户处罚。第二，优化用户保障计划。改进退货政策，针对不同类别的商品制定更详细的退货条件，防止滥用"七天无理由退货"政策。简化退货流程的同时，增加必要的审核步骤，确保退货的合理性和合法性。第三，加强第三方支付与即时通信安全。引入多重身份验证措施,建立实时监控和风控体系,检测并预防支付过程中可能出现的欺诈行为。第四,严厉打击投机行为。利用算法机制对异常交易行为进行监控,例如,短时间内大量订单、评价异常集中在某个时间段等。同时,建立完善的商家信用评价体系,根据商家的历史表现进行综合评估,对"刷单"行为严重的商家进行降级或封店处理,确保平台的公平性和公正性。第五,形成长效监管机制。相关行政部门应制定和完善相关法律法规,对"刷单""刷好评"等虚假交易行为进行明确界定和严厉打击。行业协会要推动电商标准的制定,规范评价体系,确保评价的真实性和可靠性。用户要加强维权意识,主动进行监督和举报。有效的交易保障机制需要多方共同努力,通过技术手段、法律法规、用户教育等多种方式,形成一个全面、严密的防护体系。只有这样,才能有效遏制"刷单""刷好评"行为,维护平台的健康生态。

11.4.3 事后争议处理机制

事后争议处理机制是建立在用户投诉基础上的,如果用户认为争议处理机制行之有效,那么无论对其感知的强投机行为还是弱投机行为,均具有抑制作用。电商平台应采取以下措施,以加强事后争议处理机制。第一,建立高效投诉渠道。设立在线投诉中心和24小时客服热线,使用户投诉有"门"。同时,简化投诉流程,如上线自动化投诉处理系统,即时受理和分配投诉事件,以提高处理速度。第二,增强投诉处理能力。组建专业的争议处理团队,负责调查和处理投诉,确保公正和效率。同时对争议处理团队进行定期培训与考核,提高争议处理团队的处理能力和服务水平。第三,强化数据和证据管理。通过建立完善的证据链管理系统,对交易记录、聊天记录、支付信息等数据进行全面收集和保存,以备争议处理时查证。运用大数据技术和人工智能辅助,对投诉数据进行筛选、分析和决策辅助,提高处理效率。第四,加强信息公开与反馈。一方面,要定期公开争议处理结果,展示平台在维护秩序方面做出的努力和获得的成效,另一方面,建立用户反馈机制,根据用户反馈和投诉处理经验,不断优化和改进争议处理机制。通过这些措施,平台企业可以建立高效、公正、透明的事后争议处理机制,增强用户对平台的信任,抑制商家的不法行为。

11.4.4 平台声誉提升机制

平台声誉对商家强、弱投机行为存在直接的抑制作用，要加强平台声誉治理。事前商家规范机制、事中交易保障机制和事后争议处理机制建设有助于保障用户权益，提升平台声誉。此外，平台还可以从自身建设的层面加强声誉治理。第一，增强用户体验。优化平台使用界面，通过直观、简洁、美观的界面提升用户的使用体验，改进搜索和推荐算法，确保用户能够快速找到所需商品。第二，数据透明化。定期发布平台运营报告、实时披露平台的关键数据和重要信息，通过公开平台的运营数据、商家表现、用户反馈等信息，增加平台的透明度和公信力。第三，主动承担社会责任，如积极参与公益活动、推广环保包装和绿色物流，树立良好的社会形象，赢得社会各界的认可和支持，促进平台企业的可持续发展。

11.5 本章总结

本章分别总结了初始性价值生成机制、可持续价值延续机制、用户响应促进机制和投机行为抑制机制。其中，初始性价值生成机制包含初始性经济价值形成机制、初始性社会价值形成机制、初始性环境价值形成机制，平台企业通过平台生态治理、平台科技创新、社会公益宣传、便捷平台搭建、低碳环保宣传、物种保护宣传形成初始性经济价值、初始性社会价值和初始性环境价值。可持续价值延续机制包含可持续经济价值形成机制、可持续社会价值形成机制、可持续环境价值形成机制，平台企业通过技术人文关怀、行业共享共建、产学研一体化、社会公益行动、乡村发展扶持、正向文化弘扬、创新绿色服务、低碳环保行动、物种保护行动形成可持续经济价值、可持续社会价值和可持续环境价值。用户响应促进机制包含底线责任治理机制、合理责任治理机制和贡献责任治理机制，平台企业通过合规运营、平台管理、业务拓展、赋能实体产业、弘扬红色经典、宣扬政务信息、关爱弱势群体、开展公益培训活动、传播传统文化、宣扬当代文化促进用户的内部心理响应和外部行为响应。投机行为抑制机制包含事前商家规范机制、事中交易保障机制、事后争议处理机制和平台声誉提升机制。平台企业通过审核经营资质、采取实名制管理、实行保证金制度、建立平台管理规范、建设违规处理机制、完善商家信用评价机制、优化用户保障计划、加强第三方支付与即时通信安全、严厉打击投机行为、形成长效监管机制、建立高效投诉渠道、增强投诉处理能力、强化数据和证据管理、加强信息公开与反馈等方式提升平台声誉和抑制平台的强投机行为和弱投机行为。综上所述，平台企业应该主动承担社会责任，找寻企业社会责任与企业运营的契合点，积极开展社会责任议题，加强社会责任治理，构建可持续价值实现机制，创造可持续经济、社会和环境价值，促进平台经济的健康可持续发展。

第五篇 研究成果

第12章 研究成果的梳理与总结

12.1 主要研究成果

本书主要研究成果包含三个方面,涉及可持续价值导向下的平台企业社会责任履责现状、治理机制和价值实现,以下进行梳理和总结。

12.1.1 可持续价值导向下平台企业社会责任履责的研究成果

1. 平台企业社会责任的"三层结构"

通过对快手和抖音两大头部短视频平台的案例研究发现,平台企业社会责任存在"三层结构":底线责任、合理责任和贡献责任。底线责任是为了维护平台良序发展,在平台管辖范围内必尽的责任。平台企业有责任搭建一个风清气正的生态环境,为双边用户提供必要的技术支撑。合理责任是为了满足社会合理期望而在宣传引流、舆论引导方面的应尽之责。平台企业有必要宣传社会主义核心价值观,倡导社会正能量,而不能沦为负面舆论繁衍的阵地、成为消极者发泄情绪的平台。平台企业应发挥流量优势,赋能实体经济,带动农业、旅游业、餐饮业等快速发展,这也是时代赋予短视频平台的责任。贡献责任是为了创造社会价值、解决社会难题所履行的愿尽职责,是非强迫的、高阶的社会责任。为延续平台企业的价值,单靠商业模式是行不通的,只有立足于企业与社会和谐共生、企业与自然和谐相处的可持续发展理念,才能将社会发展融入平台经营体系、融入平台价值创造,使更多利益相关者受益,因此,平台在能力范围内要服务于公益、关怀弱势群体、传承经典文化、弘扬民族自信。

2. 平台企业的"动态履责路径"

研究发现，平台企业履行社会责任具有动态性，三种责任的履行并非同步开始，而是具有先后顺序，底线责任最早，其次是合理责任，最后是贡献责任。底线责任的履行始于平台成长期，为解决平台粗放式增长后的一系列恶性问题，是平台企业最早履行的责任，贯穿于生命周期的整个阶段。合理责任的履行晚于底线责任，出现在成长期的后半阶段，只有当平台运行基本规范、平台治理稳步推进之后，短视频平台才有精力拓宽业务、践行媒体责任。贡献责任的履行最晚，只有当平台积累了足够的资源和实力，才有能力践行贡献责任。案例中的抖音和快手都是相对成熟稳定之后，才着手公益培训、关爱弱势群体的。

3. 平台企业履行社会责任的措施

履行社会责任措施与履什么责是对应的。在可持续发展的导向下，底线责任包括净化风气责任和优化技术责任，合理责任包括宣传引流责任和舆论引导责任，贡献责任包括公益服务责任和文化传承责任。为净化平台风气，短视频平台开展了严惩违法违规行为、整改社会运行机制、开展专项治理行动、成立专门治理部门的履责措施；为优化技术服务，短视频平台改进系统漏洞、升级风险预警系统；为履行宣传引流责任，短视频平台开展跨平台营销合作、赋能实体产业；为体现舆论引导责任，短视频平台积极弘扬红色经典、宣传政务信息；为践行公益服务责任，短视频平台开展关爱弱势群体和公益培训活动；为履行文化传承责任，短视频平台利用平台资源传播传统文化、宣传当代正能量文化。由此可见，对于平台企业而言，首先要清楚履什么责，然后再针对每种具体的责任开展相应的措施，即以可持续化发展为导向的平台化履责。

4. 平台企业履行社会责任的驱动力

平台企业履行社会责任受两方面的驱动力：外因驱动和内因驱动。随着恶性事件曝光、国家治理导向和消费引流需求的日益突出，平台企业不得不采取一系列风气治理、系统完善和业务拓展措施，这是促进平台企业主动履责的外因驱动。内因驱动是平台企业为自身可持续发展打造了健康平台生态、创造人人享有的社会价值的理想信念，从而积极开展价值引领、践行公益和弘扬文化。

5. 平台企业参与乡村振兴的创新路径

以国家和社会最关心的乡村振兴为例，通过多案例研究方法，揭示了平台企业助力乡村振兴的履责路径。面临乡村人才困境、资金困境、文化困境和社会农技人才需求、经济发展需求、精神文化需求，平台企业积极开展人才振兴、产业振兴和文化振兴三条路径，实现乡村人才培育之路、乡村产业兴农之路和乡村文化振兴之路。在人才振兴方面，平台企业精准输送专业人才、加强本土人才培养、发挥人才作用机制；在产业振兴方面，平台企业结合自身资源打造高端乡村民宿、建设农业产品品牌、开拓农业产品市场、建设乡村物流体系、推动基层医疗供应、完善乡村金融服务；在文化振兴方面，平台企业利用平台强大的互联互通功能和日积月累的流量优势，建立文化交流平台、推广乡村文化旅游、支持文化遗产保护。旅游、短视频、电商等各类平台企业勇于创新思维，顺应时代潮流，为乡村发展提供了新的生命力，实践出了平台企业参与乡村振兴的创新路径，为后续平台企业履行与国家政策高度统一、与百姓生活息息相关的社会责任议题提供了丰富的履责借鉴，有利于促进社会可持续发展。

12.1.2 可持续价值导向下平台企业社会责任治理的研究成果

1. 理论推演平台企业社会责任治理的正当性

基于可持续发展理论、共生理论和复杂适应性系统理论三大理论，推演平台企业社会责任治理的正当性。可持续发展理论认为实现全社会的可持续发展需要依靠人与自然和谐相处。平台企业处于平台生态圈的核心地位，应从整体系统观、平衡和谐观的角度坚持社会可持续发展，在平台生态中积极发挥治理功能，协同经济、社会与环境多方利益的平衡。履行经济责任，能确保平台企业在行业中的领导地位，创造税收、经济增长和就业机会；履行社会责任，能保障员工福利、平衡社会发展、救助弱势群体；履行环境责任，能减少资源浪费、提升能源效率、保护自然生态系统。共生理论认为多样化的个体在长期演化中最终趋于和谐共存。平台企业与生态系统是相互影响相互依赖的关系，一方的不稳定可能导致另一方的崩溃。平台企业与利益相关者是共生的，他们建立合作共赢机制，维护共同利益。复杂适应性系统理论认为复杂性创造适应性，通过刺激—反应模型和回声模型的建立展示了平台企业与利益相关者自组织自适应机制以及平台企业与环境交互的协同演化机制。三大理论的正当性分析一致表明，建立平台企业社会责任治理共同体的必要性，从同层生态化治理和跨层社会化治理论述了平台企业社会责任治理的内在联系。

2. "平台企业—平台双边用户—政府"的三方演化博弈分析

考虑平台企业、平台双边用户和政府的三方收益，平台企业履责成本、平台双边用户参与成本、政府监督成本、消极履责惩罚系数等参数构建收益矩阵，对三方策略选择进行复制动态分析，得到三个演化稳定策略：消极履责，消极参与，积极监督；积极履责，消极参与，积极监督；积极履责，积极参与，积极监督。并逐一进行情形分析，结合初始意愿和主要参数的变化模拟演化路径。研究发现，平台企业的策略选择会受平台双边用户和政府的影响，而平台双边用户的策略选择会受平台企业的影响。当政府对平台企业惩罚力度加大时，平台企业倾向于积极履职；当平台企业对平台双边用户的惩罚力度加大时，平台双边用户也会趋向于积极参与；当社会环境收益加大时，政府则更愿意积极监督。

3. 建立平台企业社会责任治理的四大机制

在可持续价值导向下，结合共生理论、复杂适应性系统理论，鉴于演化博弈的分析结果，构建了平台企业社会责任治理的四大机制：平台企业社会责任自组织管理机制、利益相关方的协同共演机制、共同体内部多阶段监管机制和声誉激励机制。首先，通过明确平台愿景和价值观，实现平台企业自组织，实施自发性、分散性的管理形式，促进平台商业生态系统和平台社会责任治理系统不断朝可持续发展的方向演变。其次，协同所有利益相关方，包括经济利益相关方股东、债权人、员工、消费者、运营伙伴和社会利益相关方政府、媒体、社会组织等，明确谁去治理、治理什么和怎样治理三个方面，凝聚合力解决平台企业社会责任缺失和异化问题，构建"政府监管—企业自律—社会监督"的协同共演机制。再次，强化平台企业社会责任治理共同体内容的多阶段性，实现同层、跨层全方位监督，包括内容生态监管、共享平台信息、紧缺技术人才培养、事前—事中—事后监管。最后，建立必要的声誉激励机制，改善不公平的约束机制，建立彼此认可的、考虑平台用户感受的、能促进平台企业可持续发展的声誉机制，进一步抑制平台生态中的投机行为和机会主义行为，发挥声誉的激励作用。利用声誉保护高社会责任行为，惩罚低社会责任行为，使平台企业和各利益相关者认识到声誉管理的重要性。

12.1.3 平台企业社会责任治理创造可持续价值的研究成果

1. 初始性价值和可持续价值的区分

可持续价值创造并非一蹴而就，平台企业社会责任治理创造可持续价值具有过程性，发展初期的平台企业先创造初始性价值，随着平台企业的发展壮大以及平台生态圈的日益成熟，再由初始性价值过渡到可持续价值，从价值的广度和深度上都得到了极大的丰富。初始性价值强调价值"从无到有"的生成状态，可持续价值强调价值"持续深入"的延续状态。从经济、社会和环境三个角度看，初始性价值包括高速的用户增长价值、薄弱的用户黏性价值、偏向宣传的社会公益价值、单一的乡村发展价值、偏向宣传的低碳环保价值和偏向宣传的物种保护价值；可持续价值包括平稳的用户增长价值、强韧的用户黏性价值、广阔的发展前景价值、偏向行动的社会公益价值、全面的乡村发展价值、深入的文化弘扬价值、偏向行动的低碳环保价值和偏向行动的物种保护价值。两类价值的共同点是都涵盖了经济、社会和环境三个维度，都包括基本的价值类型，但是，可持续价值从范围上看更广泛，并且在同一价值类型下更深入、更多元、更持久。

2. 从初始性价值生成到可持续价值延续的动态路径

各种类型社会责任议题的开展，促使初始性价值演变为可持续价值。浅层的经济类议题，如平台生态治理、平台科技创新，只能产生初始性经济价值，随着经济类议题的深入，技术人文关怀、行业共享共建、产学研一体化的不断实施，促使初始性经济价值过渡到可持续经济价值；浅层社会类议题，如社会公益宣传、便捷平台搭建，创造了初始性社会价值，伴随着深层社会类议题社会公益行动、乡村振兴扶持和正向文化弘扬的推出，初始性社会价值会逐渐演变成可持续社会价值；最初的环境议题非常肤浅，仅仅停留在低碳环保宣传和物种保护宣传上，因而只能产生初始性环境价值，随着平台企业对环境类议题投入的增大，一些深层的环境议题开始涌现，如创新绿色服务、低碳环保行动和物种保护行动，环境价值也由初始性价值变成了可持续环境价值。无论是哪种可持续价值都需要平台企业，乃至平台企业社会责任治理共同体的持续投入，持续地关注社会责任议题，更新社会责任议题的深度和广度，才能源源不断地创造可持续价值。其实，平台企业无论是在发展初期还是成熟期，都要着眼于宏观环境，与国家发展战略统一起来，在积极推进新质生产力的同时，培养"科技向善"的经营理念，以社会责任引领平台建设、创新商业价值，寻求高效、长效的持续发展。

3. 平台企业社会责任治理对用户内部心理响应的影响

与前文研究成果一致，将平台企业社会责任治理分为底线责任治理、合理责任治理和贡献责任治理，以满意度和认同感作为衡量用户内部心理响应的变量，探究平台企业社会责任治理对用户内部心理响应的影响。通过实证研究发现，除了底线责任治理对满意度的影响不显著以外，其他社会责任治理均对满意度和认同感具有显著正向影响，并且，三种责任治理对满意度和认同度的影响程度由强到弱依次为：贡献责任治理、合理责任治理和底线责任治理。另外，从直接影响上看，三种责任治理对认同度的影响均强于对满意度的影响。由此可见，用户认为底线责任是平台企业必须履行的责任，做得好不会引起满意感，而合理责任和贡献责任是用户更为期待的真正意义上的社会责任，会产生更多积极的心理感知。

4. 平台企业社会责任治理对用户外部行为响应的影响

以用户持续使用意愿和社会责任参与意愿作为衡量用户外部行为响应的变量，实证研究发现，除了底线责任治理以外，合理责任治理和贡献责任治理均对用户持续使用意愿和社会责任参与意愿存在直接的正向影响，仍然是贡献责任治理最强、合理责任治理次之、底线责任治理最弱。底线责任治理对持续使用意愿的影响不显著，对社会责任参与意愿的影响为负向。这一结果同样验证了用户对底线责任的态度，平台企业需要将底线责任看作必尽职责，进行底线责任治理不能赢得用户的持续使用和社会责任参与，只有合理责任治理和贡献责任治理才能促进用户增加平台使用率，起到充分调动用户参与积极性的作用。

5. 平台企业社会责任治理对商家投机行为的抑制作用

平台企业社会责任治理是平台的主动治理行为，以电商平台为例，遵循网络交易发生的前、中、后三个阶段实施平台企业社会责任治理策略。平台企业的事前社会责任治理是指商家规范机制，事中社会责任治理是指交易保障机制，事后社会责任治理是指争议处理机制。研究发现，事前商家规范机制和事后争议处理机制对商家强投机行为、弱投机行为均具有抑制作用，而事中交易保障机制的抑制作用并不明显，从某种程度上说还促进了商家弱投机行为。投机商家容易钻规则的漏洞，利用交易中的一些环节谋取不正当利益，违反道德规范。因此，对于平台企业而言，要着力加强事前商家规范机制和事后争议处理机制的建设，不仅要锁紧入口，将劣质商家排除在平台以外，而且要鼓励维权，为用户提供畅通的渠道，减少用户的维权成本，从社会责任共治的角度严惩投机商家，净化网络生态。除此之外，将平台声誉治理纳入研究模型，分析其在平台三个主动治理策略与商家强、弱投机行为之间的调节作用。平台声誉能负向调节交易保障机制、争议处理机制和弱投机行为之间的关系，随着平台声誉的提高，交易保障机制对弱投机行为的正向作用会减弱，争议处理机制对弱投机行为的负向作用会增强。研究表明，平台主动治理与商家弱投机行为的关系会随着平台声誉的高低发生变化。

12.2 理论贡献

12.2.1 梳理了平台企业社会责任的研究脉络

起源于企业社会责任、搭建在平台情境下的平台企业社会责任，历经十多年的研究，在平台企业应该履什么责、怎样履责等方面萌生了大量研究。国内外学术热点从平台企业社会责任的概念、范畴界定，到履责动机、履责策略、履责路径研究，再到社会责任治理措施、治理效果、治理评价的研究，成果丰收。平台企业社会责任不再局限于捐钱捐物的社会公益，而是要开拓思维，研究"如何做好事"。做好事不仅要契合自身发展目标和经营模式，还要造福全社会、迎合国家新时代发展理念。建立在可持续价值导向下的平台企业社会责任研究，为理论界提供了全新的研究视野，对促进互联网平台企业现代化治理、构建和谐共生的人类命运共同体大有裨益。

12.2.2 阐明了构建平台企业社会责任治理共同体的重要意义

单靠平台企业自身或是政府，无法治理如此庞大的互联网平台生态，平台生态圈中乱象层出不穷，各类利益相关方均出现不同程度的社会责任异化或缺失行为，导致平台价值共毁，演变成难以估量的社会问题。构建平台企业社会责任治理共同体，让每个利益相关方都参与到平台生态治理中，创造人人有责、人人尽责、人人享有的平台生态环境，平衡好各类利益相关者的收益和成本，规范各类治理主体的权利和义务，以创造出经济繁荣、社会公平、环境宜人的宏伟蓝图。平台企业社会责任治理共同体以平台企业为核心主体，以政府、社会组织、双边用户、上下游合作方为共同利益体，开展同层或跨层社会责任治理，共享资源、有序交互，集共同体之合力构建健康、繁荣的互联网平台生态。

12.2.3 揭示了可持续价值导向下平台企业社会责任的履责路径

可持续价值导向下平台企业社会责任的履责路径是随着平台企业不断发展壮大而形成的"动态履责路径"，三种平台企业社会责任（底线责任、合理责任和贡献责任）由不同的因素导致，且呈现不同的履责策略。底线责任是最基础的责任，合理责任是满足社会预期的责任，贡献责任是最高阶的责任。从时间脉络上看，平台企业最早履行的是底线责任，其次是合理责任，最后是贡献责任。各种履责措施也呈现由浅入深、从被动到主动、从事后到事前的动态变化。从乡村振兴的案例中发现，平台企业社会责任履责还涵盖了不同角度，人才不足、产业萎靡和文化黯淡是乡村振兴中最急迫的，平台企业发挥行业优势和平台资源优势助力人才振兴、产业振兴和文化振兴，开辟了平台企业社会责任履责的创新路径。

12.2.4 阐释了平台企业社会责任治理创造可持续价值的策略与机制

本研究运用演化博弈的方法分析了"平台企业—平台双边用户—政府"三方的演化稳定策略，厘清了三方主体之间的相互作用关系，权衡了三方主体的成本与收益关系，分析了不同情形下的演化路径，以及三方主体初始意愿和主要参数值对主体演化路径的影响。构建了四种可持续价值导向下的平台企业社会责任治理机制：平台企业社会责任自组织管理机制、利益相关方的协同共演机制、共同体内部多阶段监管机制和声誉激励机制。四种机制在治理平台企业社会责任时，各司其职且协同共演，共同约束平台企业社会责任治理共同体内部的异化行为，为创造可持续的经济价值、社会价值和环境价值发挥保障作用。

12.2.5 检验了平台企业社会责任治理创造可持续价值的实践效果

以往研究较少涉及平台企业社会责任治理效果的检验，本书尝试从不同角度检验平台企业社会责任治理对可持续价值的影响，既包含通过直接的案例分析探索作用路径，也包含间接地寻找能衡量可持续价值的代表性变量，以便通过实证研究的方法检验观点的可信度。首先运用扎根理论分析了平台企业社会责任治理创造可持续价值的过程性和阶段性，提出了初始性价值和可持续价值的概念，区分了两个概念的差异，分别得出了可持续经济价值、可持续社会价值和可持续环境价值的创造路径。为了进一步探究平台企业社会责任治理创造可持续价值的效果，以用户响应作为正面变量，以商家投机行为作为负面变量，分别建立模型，收集问卷数据进行实证检验。结果表明，平台企业社会责任治理能促进用户的内部心理响应和外部行为响应，并且能抑制商家强投机行为与弱投机行为，起到了较为理想的治理效果，从多种角度揭示了平台企业社会责任治理在促进可持续价值创造方面的功效。

12.3 管理启示

12.3.1 平台企业层面

本书研究了多种类型的互联网平台，这些平台在经营理念和商业模式上虽有不同，但在企业社会责任的实施上异曲同工。平台企业应不遗余力地履行社会责任，最大限度发挥优势，实现平台资源带动实体经济，创造共益共享的可持续价值。

在选择社会责任议题时，要极其慎重，选浅层议题还是深层议题，选经济类议题、社会类议题还是环境类议题，都关系着企业社会责任的实施效果，不能盲目、跟风选择不适合自身发展的议题，要看清国家政策、找准社会亟待解决的问题，同时要量力而行，否则用户容易将其归因为平台企业的利己行为，单纯是吸引用户的"商业噱头"或提升企业形象的"门面功夫"，得不偿失。以乡村振兴为例，乡村振兴是破解我国"三农"问题的"压舱石"，对推动农村可持续、高质量发展具有重要意义。党的二十大报告指出全面建设社会主义现代化国家，最艰巨最繁重的任务仍然在农村。因此，乡村振兴是重大的社会问题，平台企业在乡村振兴上发力，必然于国家有益、于社会有益。如何将乡村振兴与自身发展相结合是平台企业经营决策的重点。对于电商平台，可以帮助乡村拓宽销售渠道、发展线上产业；对于旅游平台，可以打造红色旅游、提升知名度；对于短视频平台，可以再现乡村场景、传播乡村文化、写好乡村故事、重塑乡村形象。平台企业若能把握这一契机，不仅为社会发展作出了巨大贡献，践行了真正意义上的社会责任，而且提升了企业声誉，筑牢了企业在人民心中的形象。

在平台企业不同的发展阶段，选择适宜的社会责任议题也很重要。对于初创型或资金有限的平台企业，应从创造共享价值的角度考虑如何履责，将社会问题融入企业核心业务，实现社会价值和商业价值的双赢。例如，平台企业可以通过环保创新和扶贫项目，将企业社会责任与企业战略紧密结合，提升市场竞争力；对于成熟型或财力雄厚的平台企业，可以考虑更单纯的社会类议题和环境类议题，如直接地进行慈善捐助或支持灾后重建。

平台企业需要不断完善自身的平台监管体系，合理规范利益相关者的行为，洞察新发的、有苗头的社会责任异化问题，扼杀一切可能有损企业价值的不良因素。适当的奖惩机制有利于团结平台企业社会责任治理共同体内部的成员，有错必罚、优秀必奖，才能维护好整个平台生态圈的内部和谐。内部有序的自组织，是外部良性交互的前提条件。

发挥大企业精神履行社会责任，必将赢得社会的肯定与支持。最直接的表现是平台用户,乃至其他利益相关者会更加认同平台、满意平台,增加对平台的使用和平台活动的参与度,带动平台经济蓬勃发展。另外,履行企业社会责任,除了能提升公众形象带来更多的用户响应以外,还能抑制不良用户的投机行为,对不良用户起到威慑作用,有助于营造良好、健康、有序的平台生态环境。

12.3.2 国家监管层面

国家应为平台企业的蓬勃发展营造良好的制度环境,促进各个社会责任治理方积极参与,建立畅通的沟通与协作机制,创造公平公正、公开透明的治理环境,推动全社会形成遵纪守法、诚实守信的美好氛围,以降低社会责任治理成本,提高治理功效。国家应明确规定平台"禁止做什么""能做什么"和"应该做什么",使平台企业遵循国家发展战略。为激励平台企业及其利益相关方积极参与社会责任治理,国家应大力推动动态奖惩机制的建立与优化。奖励措施主要包括经济奖励,如奖金、税收优惠和财政补贴;惩罚措施可以包括罚款、限制业务发展等。同时应根据平台企业及其利益相关方的表现,定期评估奖惩机制的效果并及时调整不适宜的地方,确保其灵活性和有效性。如平台企业若出现重大违规行为,国家应加大惩罚力度,以儆效尤。

国家应鼓励社会利益相关方加入平台社会责任治理中,积极调动媒体、协会、社会组织和公众的力量,提高他们参与治理的回报。首先,国家可以通过宣传教育鼓励他们参与对平台企业的监督,形成广泛的社会监督网络,构建多元化共治体系,提升整体监管效果。其次,国家应公开平台履责信息,定期发布平台企业社会责任履行情况,鼓励数据共享,提高社会监督的可操作性。再次,国家可以建立社会奖励机制,设立专项基金支持监督活动,对表现突出的组织和个人给予奖励,提高其监督的积极性。只有社会各界共同努力,各司其职,才能构建和谐美好的家园。

坚持平台自治与外部监督相结合,在消减平台乱象、遏制违法违规行为的同时,政府应积极引导平台企业与宏观经济环节共生共益,使平台的发展与新时代中国特色社会主义的创新、协调、绿色、开放、共享的新发展理念保持一致,发挥政府引导作用,使平台企业的经营理念符合党和国家的事业发展需求,服务于社会和谐、服务于广大人民群众，以平台企业的高质量发展推动平台经济的高质量发展，不断提高人民的生活品质，使平台生态成为可持续价值创造与延续的新阵地。

12.4 研究不足与期望

首先，本书在研究平台企业社会责任治理创造可持续价值的实证检验中，采用用户响应和商家强、弱投机行为来代表可持续价值，认为用户内部心理响应和外部行为响应越高，商家强、弱投机行为越低，平台企业创造的可持续价值就越高。虽然选取的变量具有一定代表性，但还不够贴切。一方面由于可持续价值中的"可持续"非常难衡量，另一方面由于可持续价值涉及的范围很广泛，包括经济、社会、环境三个方面，完全依靠用户的感知很难测量全面。未来还需进一步探索其他代表性变量，多角度、全方位地衡量可持续价值。

其次，本书在实证研究方法的运用上，只采用了问卷调查法。目前，团队也在尝试运用情境实验法和问卷调查法相结合的形式进行实验设计。通过模拟不同的情景进行组间实验，检验平台企业选择哪类社会责任议题能带来更好的用户响应和更高的用户参与，使更多公众参与到平台企业社会责任活动中。实验法具有较高的内部效度，能更好地验证变量之间的因果关系，以期未来得到更有说服力的研究结果。

最后，本书虽然进行了大量丰富的案例研究，涉及短视频、电商、旅游、外卖、种草等多种平台，但是对互联网平台而言还不够全面，并且实证研究只针对短视频和电商平台收集了调查数据，其他平台履行企业社会责任的效果如何、能否创造可持续价值、平台之间有无共性等均需进行更详尽的分析与研究。

参考文献

［1］ 易开刚，宣博.互联网平台企业的社会责任治理[N]光明日报，2018-03-27.

［2］ 肖红军，李平.平台型企业社会责任的生态化治理[J].管理世界，2019，35(4):120-144+196.

［3］ 包国强，宋钦章.民营网络平台企业社会责任履行的影响机理与推进路径[J].新闻爱好者，2022(1):12-16.

［4］ 阳镇，陈劲.互联网平台企业型社会责任创新及其治理：一个文献综述[J].科学学与科学技术管理，2021，42(10):34-55.

［5］ 阳镇，陈劲.算法治理：成为责任型数智企业[J].清华管理评论，2021(4):85-94.

［6］ 雷明，王钰晴，吴欣雅，等.可持续价值共创：乡村振兴视域下数字平台企业可持续社会价值创造——基于腾讯酉阳共富乡村的案例研究[J].经济研究参考，2023(9):15-30.

［7］ 曾露蕾.嵌入社会责任的短视频平台企业价值创造模式研究[D].杭州：浙江财经大学，2023.

［8］ 单茜，叶志锋.京东集团的共享价值创造——基于ESG视角[J].经营与管理，2023(10):1-13.

［9］ 崔清泉，丁燕.数智化企业运营范式重构与社会责任演化研究[J].商业经济研究，2022(16):124-127.

［10］ 阎菲.互联网时代典型性大众文化机制探讨——以网络热点"抖音"为中心[J].艺术评论，2019(5):22-26.

［11］ 方兴东，严峰.浅析超级网络平台的演进及其治理困境与相关政策建议——如何破解网络时代第一治理难题[J].汕头大学学报(人文社会科学版)，2017，33(7):41-51.

［12］ 朱文忠，尚亚博.我国平台企业社会责任及其治理研究——基于文献分析视角[J].管理评论，2020，32(6):175-183.

［13］ 王坤沂，张永峰，洪银兴.中国互联网平台市场垄断：形成逻辑、行为界定与政府规

制 [J]. 财经科学，2021(10):56-69.

[14] 阳镇，许英杰. 平台经济背景下企业社会责任的治理 [J]. 企业经济，2018, 37(5):78-86.

[15] 匡文波，王天骄. 短视频平台主体责任分析 [J]. 现代视听，2021(5):26-29.

[16] 李静. 抖音平台社会责任的履行困境与突破路径 [J]. 传媒，2022(13):59-61.

[17] 凌永辉，张月友. 市场结构、搜索引擎与竞价排名——以魏则西事件为例 [J]. 广东财经大学学报，2017, 32(2):4-14+52.

[18] 汪旭晖，乌云，卢星彤. 融媒体环境下互联网平台型企业现代治理模式研究 [J]. 财贸研究，2020, 31(12):72-84.

[19] 肖红军，张哲，阳镇. 平台企业可持续性商业模式创新：合意性与形成机制 [J]. 山东大学学报(哲学社会科学版)，2021，(6):62-75.

[20] 姜丽群. 国外企业社会责任缺失研究述评 [J] 外国经济与管理，2014, 36(2):13-23.

[21] 汪旭晖，张其林. 平台型网络市场"平台—政府"双元管理范式研究——基于阿里巴巴集团的案例分析 [J]. 中国工业经济，2015(3):135-147.

[22] 王勇，冯骅. 平台经济的双重监管：私人监管与公共监管 [J]. 经济学家，2017(11):73-80.

[23] 戚聿东，李颖. 新经济与规制改革 [J]. 中国工业经济，2018(3):5 23.

[24] 邱炜鹏，倪玮苗，张丙宣. 大数据时代平台企业数据责任的异化与治理机制 [J]. 中共杭州市委党校学报，2020(4):50-55.

[25] 郭凤娥. 平台型企业社会责任影响因素及其治理机制研究 [D]. 济南：济南大学，2021.

[26] Sheldon O. The Philosophy of the Businessman[M]. London: Isaac Pitman&Sons,1923.

[27] Friedman M. The Social Responsibility of Business Is to Increase Its Profits[J].New York Times Magazine,1970,6(1):1-6.

[28] Davis K. Can Business Afford to Ignore Social Responsibilities?[J]. California Management Review, 1960, 2 (3). 70-76.

[29] Davis K. Understanding the Social Responsibility Puzzle[J]. Business Horizons, 1967, 10(4): 45-50.

[30] Eilbirt, Parket. The Current Status of Corporate Social Responsibility[J]. Business Horizons, 1973, 16(4): 5-14.

[31] Carroll A B. Corporate Performance[J]. Academy of Management Review, 1979, 4: 497-505.

[32] Jones,ThomasM.Corporate Social Responsibility Revisited, Redefined[J]. California

Management Review, 1980, 22(3): 59-67.

[33] Freeman R E. Strategic Management: A Stakeholder Approach[M].Boston: Pitman Publishing Inc,1984:24-25.

[34] Carroll A B. Corporate Social Responsibility: Evolution of A Definitional Construct[J]. Business and Society, 1999, 38(3): 268-295.

[35] Freeman R E. Strategic Management: A Stakeholder Approach[J]. Journal of Management Studies, 1984, 29 (2): 131-154.

[36] Rodin, David. What's Wrong with Business Ethics[J]. International Social Science Journal,2005, 57.185: 561-571.

[37] Carroll A B. Three-dimensional Conceptual Model of Corporate Performance[J].Academy of Management Review, 1979,(4):164-165.

[38] Brummer B J J. Corporate Responsibility And Legitimacy[J].Corporate Responsibility & Legitimacy An Interdisciplinary, 1991.

[39] Elkington J. Towards the Sustainable Corporation: Win-Win-Win Business Strategies for Sustainable Development [J].California Management Review,1994,36(2):90-100.

[40] 胡国栋，王琪.平台型企业：互联网思维与组织流程再造 [J]. 河北大学学报（哲学社会科学版），2017(2):110-117.

[41] Tiwana A, Konsynski B, Bush A A. Research Commentary-platform Evolution: Coevolution of Platform Architecture, Aovernance, and Environmental Dynamics[J]. Information Systems Research,2010 (4) : 6.

[42] 罗珉，杜华勇.平台领导的实质选择权 [J]. 中国工业经济，2018(2)：82-99.

[43] 王晨阳.我国平台型企业社会责任治理研究——基于双边视角 [J]. 商业经济，2021(8)：122-124.

[44] 肖红军，阳镇.平台企业社会责任：逻辑起点与实践模式 [J]. 经济管理，2020，42(4)：37-53.

[45] Iansiti M, Levin R. Strategy As Ecology[J]. Harvard Business Review, 2004 (3) : 68-78.

[46] Ceccagnoli M, Forman C, Huang P. Co-creation of Value in a Platform Ecosystem: the Case of Enterprise Software[J]. Mis Quarterly, 2012 (1) : 263-290.

[47] Daniel T, Marcelo N. Value Co-creation in Web-based Multisided Platforms: A Conceptual Framework and Implications for Business Model Design[J]. Business Horizons, 2017, 60(6):747-758.

[48] 辛杰，吴创，刘欣瑜，等.量子模式下平台企业社会责任的共生演进与场景化实践 [J].

管理学报，2023,20(4)：502-511.

[49] 陈晓燕.短视频平台型企业的社会责任：构成要素与基本特性[J].江苏商论，2021(6):35-38.

[50] 李伟阳,肖红军.企业社会责任概念探究[J].经济管理,2008(21):177-185.

[51] 朱晓娟,李铭.电子商务平台企业社会责任的正当性及内容分析[J].社会科学研究，2020(1):28-36.

[52] 黄慧丹,易开刚.平台型企业社会责任的概念及其结构维度构建——基于扎根理论的探索性研究[J].企业经济,2021,40(7):31-41.

[53] 张琦,易开刚,古家军.平台型媒体中的商业舞弊治理研究——基于生命周期视角[J].财经理论与实践，2021，42(1):141-147.

[54] 王仙雅,吴珍.短视频平台的企业社会责任及其动态履责路径——基于快手和抖音的双案例研究[J].软科学,2024,38(1):138-144.

[55] Porter M E, Kramer M R. The Link Between Competitive Advantage and Corporate Social Responsibility[J]. Harvard Business Review, 2006, 84(12), 78-92.

[56] 肖红军.平台化履责：企业社会责任实践新范式[J].经济管理,2017,39(3):193-208.

[57] 辛杰,屠云峰.如何撬动社会资源——平台企业社会责任履践新范式[J].清华管理评论，2020(12):80-87.

[58] 邢小强,汤新慧,王珏,等.数字平台履责与共享价值创造——基于字节跳动扶贫的案例研究[J].管理世界,2021,37(12):152-176.

[59] 肖红军,商慧辰.数字企业社会责任：现状、问题与对策[J].产业经济评论,2022(6):133-152.

[60] Shao J, Zhang T, Wang H, et al. Corporate Social Responsibility and Consumer Emotional Marketing in Big Data Era: A Mini Literature Review[J]. Frontiers in Psychology, 2022(13): 2483.

[61] 晁罡,林冬萍,王磊,等.平台企业的社会责任行为模式——基于双边市场的案例研究[J].管理案例研究与评论,2017,10(1):70-86.

[62] 陈晓春,任腾.互联网企业社会责任的多中心协同治理——以奇虎360与腾讯公司为例[J].湘潭大学学报（哲学社会科学版），2011,35(4):21-24.

[63] 易开刚,黄慧丹.平台经济视阈下企业社会责任多中心协同治理模式研究——基于平台型企业视角双案例的研究[J].河南社会科学,2021,29(2):1-10.

[64] 李广乾,陶涛.电子商务平台生态化与平台治理政策[J].管理世界,2018,34(6):104-109.

[65] 浮婷,王欣.平台经济背景下的企业社会责任治理共同体——理论缘起，内涵理解与

范式生成 [J]. 消费经济，2019, 35(5):77-88.

[66] 曹倩,杨林.平台企业社会责任治理的国际经验借鉴与政策体系构建[J].经济体制改革，2021，228(3):174-179.

[67] 曾雨滴.论互联网企业的社会责任及社会责任会计的建立——对"魏则西事件"的思考[J].商业会计，2016(17):89-92.

[68] 阳镇.平台型企业社会责任：边界、治理与评价[J].经济学家，2018(5):79-88.

[69] 陈俊龙，王英楠.平台型企业社会责任多元治理研究[J].现代管理科学，2021(7):74-82.

[70] 阳镇,陈劲,尹西明.平台企业双元属性下的社会责任治理创新——理解数字化平台的新视角[J].财贸研究，2021, 32(12):1-12+64.

[71] 温素彬，方苑.企业社会责任与财务绩效关系的实证研究——利益相关者视角的面板数据分析[J].中国工业经济，2008，(10):150-160.

[72] Porter M E, Kramer M R. Creating Shared Value: How to Reinvent Capitalism and Unleash a Wave of Innovation and Growth[J]. Harvard Business Review,2011(1-2):62-77.

[73] Spitzeck H Chapman S. Creating Shared Value as a Differentiation Strategy—The Example of BASF in Brazil[J]. Corporate Governance，2012,12(4):499-513.

[74] Nam S J, Hwang H. What Makes Consumers Respond to Creating Shared Value Strategy? Considering Consumers as Stakeholders in Sustainable Development[J]. Journal of Business Research，2019,99(6): 388-395.

[75] Park K O .How CSV and CSR Affect Organizational Performance: A Productive Behavior Perspective[J]. International Journal of Environmental Research and Public Health, 2020, 17(7):2556.

[76] 房莉杰，刘学.乡村可持续发展：四个民营企业的共享价值案例分析[J].学术研究，2021,(3):56-62.

[77] Crane A, Palazzo G, Spence L J,et al. Contesting the value of "Creating Shared Value"[J]. California Management Review,2014, 56(2), 130-153.

[78] Reyes M G, Freeman R E, Liedtka J. Corporate Social Responsibility and Corporate sustainability: An integrated perspective[J]. Journal of Business Ethics, 2017,143(2): 1-19.

[79] 肖红军.共享价值式企业社会责任范式的反思与超越[J].管理世界，2020，36(5):87-115+133+13.

[80] 宣晓，段文奇.价值创造视角下互联网平台企业价值评估模型研究[J].财会月刊，2018，(2):73-78.

[81] 孙新波,马慧敏,何建笃,等.平台企业价值创造机理及演化案例研究[J].管理学报,2022,19(6):801-810.

[82] Burke L, Logsdon J M .How Corporate Social Responsibility Pays Off[J].Long range planning, 1996(4): 29.

[83] Caterina T, Richard L, Priem. Value Creation Through Stakeholder Synergy[J]. Strategic Management Journal, 2016, 37(2) : 314-329.

[84] Frow P,Payne A.A Stakeholder Perspective of The Value Proposition Concept[J].European journal of marketing,2011,1(2):223-240.

[85] 阳镇,尹西明,陈劲.共益企业——使命驱动的第四代组织管理模式[J].清华管理评论,2019,(11):26-34.

[86] 武佳媛.企业社会责任嵌入平台商业模式创新研究[D].呼和浩特:内蒙古财经大学,2022.

[87] 周文辉,邓伟,陈凌子.基于滴滴出行的平台企业数据赋能促进价值共创过程研究[J].管理学报,2018,15(8):1110-1119.

[88] 尚洪涛,吴桐.企业数字化转型、社会责任与企业价值[J].技术经济,2022,41(7):159-168.

[89] 周文辉,李兵,李婉婉.数字平台的企业家精神、行动学习与商业模式演进[J].科学学与科学技术管理,2022,43(6):72-88.

[90] 雷长群,顾培亮.可持续发展价值学论纲[J].北京大学学报(哲学社会科学版),2001(5):125-129.

[91] Hart S L, Milstein M B. Creating Sustainable Value[J].Academy of Management Excutive,2003,17(2):56-69.

[92] Yang M, Vladimirova D, Rana P, et al. Sustainable Value Analysis Tool for Value Creation[J]. Asian Journal of Management Science and Applications, 2014,1(4):312-332.

[93] 佟文华,刘吕园.基于可持续价值增值方法的基础设施项目可持续价值分析[J].现代城市研究,2022(3):106-111.

[94] Brown P, Bocken N, Balkenende R. How do companies collaborate for circular oriented innovation? [J]. Sustainability, 2020, 12(4):1648.

[95] 陶璟,郭如靖,鲍宏,等.面向可持续价值共创的跨组织协同产品全生命周期设计方法[J].机械工程学报,2023,59(13):216-227.

[96] 肖红军,郑若娟,李伟阳.企业社会责任的综合价值创造机理研究[J].中国社会科学院研究生院学报,2014(6):21-29.

[97] 姚公安.体验及企业声誉影响消费者信任电子商务企业的机理[J].软科学，2019,33(7):47-50+57.

[98] 肖红军，阳镇.可持续性商业模式创新：研究回顾与展望[J].外国经济与管理，2020,42(9):3-18.

[99] 肖红军，阳镇，王欣.央地产业政策协同、企业社会责任与企业绿色技术创新[J].中山大学学报(社会科学版)，2023,63(1):177-193.

[100] 阳镇，陈劲.平台情境下的可持续性商业模式：逻辑与实现[J].科学学与科学技术管理，2021,42(2):59-76.

[101] 刘慧媛.双碳背景下企业ESG表现与财务绩效——基于长三角上市公司的证据[J].上海立信会计金融学院学报，2022,34(4):76-90.

[102] 王浩宇.资本市场开放会提高企业可持续发展能力吗？——基于企业ESG表现的研究[J].财经问题研究,2023(7):116-129.

[103] 李健，徐彩云.社会企业何以行稳致远？——基于解释结构模型的社会企业关键成功因素研究[J].软科学,2023,37(10):84-91.

[104] 蔡莉，张玉利，陈劲，等.中国式现代化的动力机制：创新与企业家精神——学习贯彻二十大精神笔谈[J].外国经济与管理，2023,45(1):3-22.

[105] 袁广达，徐德越.双碳目标衔接的碳会计研究[J].会计之友，2023(02):101-107.

[106] Pless, Nicola M. Understanding Responsible Leadership：Role Identity and Motivational Drivers[J]. Journal of Business Ethics，2007,74(4):437-456.

[107] 万锶锦.售电侧改革背景下售电公司社会责任履行状况研究[D].兰州：兰州大学，2019.

[108] 凌鸿程，阳镇，许睿谦，等.CEO公共环保经历多样性与企业绿色技术创新[J].科学学与科学技术管理，2024,45(3):189-210.

[109] 李志斌，阮豆豆，章铁生.企业社会责任的价值创造机制：基于内部控制视角的研究[J].会计研究,2020(11):112-124.

[110] 徐万璐，裴潇.重大疫情背景下企业社会责任的履行对企业价值提升研究[J].财务管理研究,2020(5):40-44.

[111] Porter M E, Kramer M R. The Competitive Advantage of Corporate Philanthropy[J]. Harvard Business Review, 2002, 80(12): 56-68.

[112] Hemphill T A, Cullari F. The Benefit Corporation: Corporate Governance and the For-profit Socia Entrepreneur[J]. Business and Society Review,2014,119 (4):519-536.

[113] Stubbs W. Sustainable Entrepreneurship and B Corps[J].Business Strategy and the

Environment,2016,26 (8) :331–344.

[114] 曾锴.大数据驱动的商业模式创新研究 [J].科学学研究，2019,37(6):1142–1152.

[115] 罗珉，李亮宇.互联网时代的商业模式创新：价值创造视角 [J].中国工业经济，2015(1):95–107.

[116] 胡望斌，钟岚，焦康乐，等.二手电商平台商业模式演变机理——基于价值创造逻辑的单案例研究 [J].管理评论，2019,31(7):86–96.

[117] 唐方成，顾世玲，马晓楠，等.后发平台企业的颠覆式创新路径——以拼多多为例 [J].南开管理评论，2024,27(5):175–185.

[118] 马鸿佳，林樾.数字平台企业如何实现价值创造？——遥望网络和海尔智家的双案例研究 [J].外国经济与管理，2023,45(9):22–37.

[119] 李井林，阳镇，陈劲，等.ESG促进企业绩效的机制研究——基于企业创新的视角 [J].科学学与科学技术管理，2021,42(9):71–89.

[120] 成文，王迎军，高嘉勇，等.商业模式理论演化述评 [J].管理学报，2014，11(3):462–468.

[121] 席龙胜，赵辉.高管双元环保认知、绿色创新与企业可持续发展绩效 [J].经济管理，2022，44(3):139–158.

[122] 何瑛，于文蕾，杨棉之.CEO复合型职业经历、企业风险承担与企业价值 [J].中国工业经济，2019(9):155–173.

[123] 王烽权，江积海.跨越鸿沟：新经济创业企业商业模式闭环的构建机理——价值创造和价值捕获协同演化视角的多案例研究 [J].南开管理评论，2023，26(1):195–205+248+206 207.

[124] 朱明洋，林子华.可持续商业模式的概念化及其研究展望 [J].上海对外经贸大学学报，2015,22(2):39–48.

[125] Geissdoerfer M, Vladimirova D, Evans S. Sustainable Business Model Innovation: A review[J]. Journal of Cleaner Production, 2018.(198): 401 416.

[126] Bocken N M P, Short S W, Rana P, et al.A literature and Practice Review to Develop Sustainable Business Model Archetypes[J].Journal of Cleaner Production.2014,65:42–56.

[127] 第 48 次《中国互联网络发展状况统计报告》[R].中国互联网络信息中心，2021-08 27.

[128] 吴挺，赖勤.平台型媒体的社会责任——学习习近平总书记关于新闻舆论工作的重要论述 [J].中国广播电视学刊，2021(9):103–107.

[129] 孙芳.公共视阈下短视频专业角色的缺位——基于社会责任理论探讨 [J].今传媒，

2020(5):70-73.

[130] 徐志翔.短视频对大学生思想的负面影响及其遏制[J].学校党建与思想教育，2020(12):71-73.

[131] 段文娥.短视频平台"青少年模式"存在的问题及对策研究[J].新闻世界，2020(9):29-36.

[132] 喻国明，焦建，张鑫."平台型媒体"的缘起、理论与操作关键[J].中国人民大学学报，2015，29(6):120-127.

[133] 丁一玮.从有限到无限：平台型媒体界定与信息监管困境[J].传媒，2020(16):94-96.

[134] 彭桂兵.平台型媒体生态治理的法律依据和监管难点[J].青年记者，2021(3):18-19.

[135] 张志安，姚尧.平台媒体的类型、演进逻辑和发展趋势[J].新闻与写作，2018(12):74-80.

[136] 何天平.在公共性和商业化之间：反思平台型媒体的"流量崇拜"与生态治理[J].青年记者，2021(3):16-17.

[137] 郝雨，李品.商业化新媒体平台：如何强化自律意识、履行社会责任？[J].中国记者，2017(8):54-56.

[138] 咸晨旭."渠道-平台生产"角色转换下平台型媒体所涉版权问题与对策[J].科技与出版，2021(8):95-100.

[139] 焦楷雯.国内短视频平台社会责任研究[D].呼和浩特：内蒙古大学，2020.

[140] Eisenhardt K M, Graebner M E. Theory Building From Cases: Opportunities and Challenges [J]. Academy of Management Journal, 2007, 50(1):25-32.

[141] Yin R K. Case Study Research: Design and Methods[M]. 5th ed. Thousand Oaks, CA: Sage, 2014.

[142] 贺明华，梁晓蓓.共享经济模式下平台及服务提供方的声誉对消费者持续使用意愿的影响——基于滴滴出行平台的实证研究[J].经济体制改革，2018(2):85-92.

[143] 王烽权，江积海.互联网短视频商业模式如何实现价值创造——抖音和快手的双案例研究[J].外国经济与管理，2021，43(2):3-19.

[144] 高举中国特色社会主义伟大旗帜为全面建设社会主义现代化国家而团结奋斗——在中国共产党第二十次全国代表大会上的报告[M].北京：人民出版社，2022.

[145] 戎爱萍.数字经济研究：进展与展望[J].山西财经大学学报，2023，45(10):74-82.

[146] 刘亚军.互联网使能、金字塔底层创业促进内生包容性增长的双案例研究[J].管理学报，2018，15(12):1761-1771.

[147] 胡占光，吴业苗.数字乡村何以实现"整体智治"？——基于浙江五四村"数字乡

村一张图"全景治理平台实证考察 [J]. 电子政务，2023，(12):40-53.

[148] 秦国伟，李瑶，任克强. 数字乡村建设的现实矛盾与优化路径——基于多重政策关系视角 [J]. 云南民族大学学报 (哲学社会科学版)，2023，40(1):104-113.

[149] 陈欣悦，孙诗棋，贺才真，等. "三农"自媒体对乡村振兴的影响——基于 7 个省份快手自媒体数据的实证研究 [J]. 现代商业，2020(31):96-98.

[150] 张绚. 主流媒体直播带货助力乡村振兴的路径创新——以广西广电"我为家乡代言"活动为例 [J]. 中国广播电视学刊，2022(5):117-120.

[151] 刘可. 农村电子商务发展模式比较分析 [J]. 农村经济，2020(1):81-87.

[152] 鲁钊阳，黄萧竹，廖杉杉. 乡村振兴背景下电商直播对农村相对贫困影响的实证研究 [J]. 电子政务，2022(8):2-14.

[153] 郑晶玮，邱毅. 促进我国农村消费电商发展的对策研究 [J]. 农业经济，2022(5):131-132.

[154] 贺小荣，徐海超. 乡村数字文旅发展的动能、场景与路径 [J]. 南京社会科学，2022(11):163-172.

[155] 魏小雨. 互联网平台信息管理主体责任的生态化治理模式 [J]. 电子政务，2021，226(10):105-115.

[156] 袁纯清. 共生理论：兼并小型经济 [M]. 北京：经济科学出版社，1998.

[157] 黄溶冰，王跃堂. 基于复杂适应系统的企业社会责任治理机制 [J]. 软科学，2009，23(9):29-33.

[158] 慕静，王仙雅. 基于 CAS 理论的高校科研创新团队形成机制研究 [J]. 黑龙江高教研究，2014(10):8-11.

[159] 曾珍香，张云飞，李民. 基于 CAS 理论的供应链社会责任协同治理机制研究 [J]. 系统科学学报，2020，28(4):71-77.

[160] 周逵，汤璇. 涌现的创新：基于复杂适应性系统理论的短视频视听语言演化与反思 [J]. 南京社会科学，2021，408(10):108-117.

[161] 肖红军，阳镇. 新中国 70 年企业与社会关系演变：进程、逻辑与前景 [J]. 改革，2019(6):5-19.

[162] 宋岩，续莹. 平台企业社会责任、媒体关注度与企业价值 [J]. 烟台大学学报 (哲学社会科学版)，2022，35(3):109-124.

[163] 魏想明，刘锐奇. 服务生态系统视角下可持续性价值共创模式构建——基于拼多多平台的案例研究 [J]. 学习与实践，2022，458(4):93-100.

[164] 阳镇，尹西明，陈劲. 新冠肺炎疫情背景下平台企业社会责任治理创新 [J]. 管理学报，

[165] 曲薪池，侯贵生.基于三方演化博弈的平台信息安全治理研究[J].现代情报，2020，40(7):114-125.

[166] 彭正银，徐沛雷，王永青.UGC平台内容治理策略——中介机构参与下的三方博弈[J].系统管理学报，2020，29(6):1101-1112.

[167] 汪旭晖，任晓雪.政府治理视角下平台电商信用监管的动态演化博弈研究[J].中国管理科学，2021，29(12):29-41.

[168] 骆建彬，谢卫红.基于非参与互动公众的直播平台"低程度"低俗内容治理机制研究[J].运筹与管理，2022，31(7):227-233.

[169] 蔡昌，郭俊杉.平台经济税收治理的博弈分析[J].改革，2023，349(3):62-75.

[170] 杨秀云，梁珊珊.基于演化博弈的互联网信息生态环境治理机制研究[J].当代经济科学，2023，45(1):29-45.

[171] 苗东升.系统科学大学讲稿[M].北京：中国人民大学出版社，2007.

[172] 吕乐娣，张昊民，徐书会.数智赋能：企业自组织管理的演化逻辑和实践机制[J].商业经济研究，2022，854(19):120-123.

[173] 汪旭晖，王东明.互补还是替代：事前控制与事后救济对平台型电商企业声誉的影响研究[J].南开管理评论，2018(6):67-82.

[174] 汪旭晖，张其林.平台型电商声誉的构建：平台企业和平台卖家价值共创视角[J].中国工业经济，2017(11):174-192.

[175] Chakravarty A, Kumer A, Grewal R. Customer Orientation Structure for Internet-Based Business-to-Business Platform Firm[J].Journal of Marketing, 2014, 78(5):1-23.

[176] Grewal R, Chakravarty A, Saini A.Governance Mechanisms in Business-to-Business Electronic Markets[J].Journal of Marketing, 2010, 74(4):45-62.

[177] 陈莹.电商平台对卖方用户企业的治理机制研究——以品牌依恋理论为视角[J].上海财经大学学报，2019(2):106-123.

[178] Walter A.Mueller T A, Helfert G.Delivering Relationship Value:Key Determinant for Customers' Commitment[M].Pennsylvania:ISBN Report, 2002.

[179] Chen M, Mau L.The Impacts of Ethical Sales Behavior on Customer Loyalty in The Life Insurance Industry[J].The Service Industries Journal, 2009, 29(1):59-71.

[180] Ulaga W, Eggert A.Relationship Value in Business Markets：Development of a Measurement Scale[M]. Pennsylvania:ISBN Report, 2003.

[181] Gwinner K P, Gremler D D, Bitner M J. Relational Benefits in Services Industries:The

Customer's Perspective[J] .Journal of the Academy of Marketing Science, 1998, 26(2): 101–114.

[182] Reynolds K E, Beatty S E .Customer Benefits and Company Consequences of Customer-sales person Relationships in Retailing[J].Journal of Retailing,1999,75(1):11–32.

[183] Fombrum C ,Shanley M. What's in Time?Reputation Building and Corporate Strategy[J]. The Academy of Management Journal,1990,33(2):233–258.

[184] Gotsi , Wilson R.Reputation and Imperfect Information[J].Journal of economic theory, 1995, 27(2):253–279.

[185] Fombrun C.Reputation: Realizing Value from the Corporate Image[M].Boston, MA: Harvard Business School Press,1996.

[186] Standifird S S.Reputation and E-Commerce: eBay Auctions and the Asymmetrical Impact of Positive and Negative Ratings[J]. Journal of Management，2001，27（3）：279–295.

[187] 雷宇 . 声誉机制的信任基础：危机与重建 [J]. 管理评论，2016, 28(8)：225–237.

[188] Kennes J，Schiff A. The Value of a Reputation System[J]. Industrial Organization，2003.

[189] 吴元元 . 信息基础、声誉机制与执法优化——食品安全治理的新视野 [J]. 中国社会科学，2012(6):115 133+207 208.

[190] Peltzman S.The Effects of FTC Advertising Regulation[J].Journal of Law and Economics, 1981,24(3):403–448.

[191] 张维迎 . 法律制度的信誉基础 [J]. 经济研究，2002，(1):3–13.

[192] Meulpolder M，Pouwelse J A，Epema D H J，et al. Limitations on the Effectiveness of Decentralized Incentive Mechanisms[J]. IEEE，2011.5963109.

[193] Savikhin A. An Experimental Study of Reputation With Heterogeneous Goods[J]. Decision Support Systems，2013，54（2）：1134-1149.

[194] Lin Z, Janamanchi B， Huang W,et al. Reputation Distribution and Consumer-to-Consumer Online Action Market Structure:A Explanatory Study[J].Decision Support System, 2006, 41(2)：435–448.

[195] 汪旭晖，郭一凡 . 平台型电商声誉对平台卖家绩效的影响研究——基于顾客关系质量的研究视角 [J]. 西南民族大学学报 (人文社科版)，2018(11)：124–131.

[196] 赵宋焘，吴明杰，姜锦虎，等 .B2C 环境下电子零售商信誉评价研究 [J]. 科技管理研究，2011，31(21)：169–175.

[197] 李聪，梁昌勇 . 面向 C2C 电子商务的多维信誉评价模型 [J]. 管理学报，2012, 9(2)：204–211.

[198] 李昕宸，袁勤俭，沈洪洲，等.消费者视角的电子商务企业声誉测度研究[J].软科学，2016，30(11)：127-130.

[199] 解本远.企业社会责任的道德基础探究[J].道德与文明，2012(3):127-131.

[200] 刘凤军，孔伟，李辉.企业社会责任对消费者抵制内化机制研究——基于AEB理论与折扣原理的实证[J].南开管理评论，2015，18(1):52-63.

[201] Bronn P S, Vriono A B. Corporate Social Responsibility and Cause-Related Marketing: An Overview[J]. International Journal of Advertising, 2001, 20(2): 207-222.

[202] Holbrook M B, Hirschman E C. The Experiential Aspects of Consumption: Consumer Fantasies, Feelings, and fun[J]. Journal of Consumer Research, 1982, 9(2): 132-140.

[203] 李敏之，陈谦.突发公共卫生事件中公众参与政务短视频的影响因素研究——基于抖音用户访谈数据的扎根分析[J].东南传播，2021(10):35-39.

[204] Mohr L A, Webb D J. The Effects of Corporate Social Responsibility and Price on Consumer Responses[J]. Journal of Consumer Affairs, 2005, 39(1): 121-147.

[205] Luo X, Bhattacharya C B. Corporate Social Responsibility, Customer Satisfaction, and Market Value[J]. Journal of Marketing, 2006, 70(4): 1-18.

[206] 王瑞，田志龙，杨文.中国情境下消费者CSR响应的群体细分及影响机理研究[J].管理评论，2012，24(8):107-117.

[207] 肖海林，李书品.企业社会责任感知与消费者归因对服务性企业服务补救满意度的影响——基于顾客认同的中介作用[J].南开管理评论，2017，20(03):124-134.

[208] 张楠，李雪欣.企业社会责任感知对顾客角色外行为的影响[J].企业经济，2022，41(4):35-42.

[209] Chernev A, Blair S. Doing Well By Doing Good: The Benevolent Halo of Corporate Social Responsibility[J]. Journal of Consumer Research, 2015, 41(6): 1412-1425.

[210] Bhattacherjee A. Understanding Information Systems Continuance: An Expectation-Confirmation Model[J]. Mis Quarterly, 2001: 351-370.

[211] 涂铭，景奉杰，鄢丙胜，等.得道者多助：企业社会责任与顾客公民行为[J].经济与管理研究，2013(3):94-101.

[212] Dang V T, Nguyen T N, Pervan S J. Retailer Corporate Social Responsibility and Consumer Citizenship Behavior: The Mediating Roles of Perceived Consumer Effectiveness and Consumer Trust[J].Journal of Retailing and Consumer Services, 2020, 55:102082.

[213] Cai W J. Fitness Club Social Responsibility Stimulates Consumer Citizenship Behavior,

An Intermediary Model of Satisfaction and Trust[J]. Frontiers in Economics and Management, 2022, 3(2): 578-584.

[214] 赵文军，任剑. 移动阅读服务持续使用意向研究——基于认知维、社会维、情感维的影响分析[J]. 情报科学，2017，35(8):72-78.

[215] Yang X. Determinants of Consumers' Continuance Intention to Use Social Recommender Systems: A Self-Regulation Perspective[J]. Technology in Society, 2020, 64: 101-464.

[216] 张森. 企业社会责任对消费者忠诚度的影响研究[J]. 河南大学学报(社会科学版)，2021，61(6):24-32.

[217] Agyei J, Sun S, Penney E K, et al. Linking CSR and Customer Engagement: The Role of Customer-Brand Identification and Customer Satisfaction[J]. Sage Open, 2021, 11(3): 21582440211040113.

[218] Lichtenstein D R, Drumwright M E, Braig B M. The Effect of Corporate Social Responsibility on Customer Donations to Corporate-Supported Nonprofits[J]. Journal of Marketing, 2004, 68(4): 16-32.

[219] Elbedweihy A M, Jayawardhena C, Elsharnouby M H, et al. Customer Relationship Building: The Role of Brand Attractiveness and Consumer Brand Identification[J]. Journal of Business Research, 2016, 69(8): 2901-2910.

[220] 张宇婷，卢璐. 企业社会责任、消费者响应与企业财务绩效：一个理论框架[J]. 南华大学学报(社会科学版)，2018，19(4):78-84.

[221] 田敏，萧庆龙，陈艺妮. 参与企业社会责任活动方式对消费者响应的影响——基于品牌认同的中介作用[J]. 预测，2020，39(5):37-44.

[222] Oliver R L. A Cognitive Model of The Antecedents and Consequences of Satisfaction Decisions[J]. Journal of Marketing Research, 1980, 17(4): 460-469.

[223] 谢佩洪，周祖城. 中国背景下企业社会责任与消费者购买意向关系的实证研究[J]. 南开管理评论，2009，12(1):64-70,83.

[224] 李敬强，刘凤军. 企业社会责任特征与消费者响应研究——兼论消费者-企业认同的中介调节效应[J]. 财经论丛，2017(1):85-94.

[225] 易开刚，张琦. 平台经济视域下的商家舞弊治理：博弈模型与政策建议[J]. 浙江大学学报(人文社会科学版)，2019，49(5):127-142.

[226] 李维安，吴德胜，徐皓. 网上交易中的声誉机制——来自淘宝网的证据[J]. 南开管理评论，2007,10(5):36-46.

[227] 汪旭晖，张其林. 平台型电商企业的温室管理模式研究——基于阿里巴巴集团旗下

平台型网络市场的案例 [J]. 中国工业经济, 2016（11）: 108-125.

[228] 周茵, 庄贵军, 杨伟. 营销渠道中的权威治理策略与渠道投机行为: 非线性关系的实证检验 [J]. 北京工商大学学报（社会科学版）, 2017, 32（1）: 42-49.

[229] Gibbons R. Transaction-Cost Economics: Past, Present, and Future?[J].Scandinavian Journal of Economics,2010,112(2):263-288.

[230] 刘宏, 高天放, 白胜男, 等. 营销渠道中的非正式治理策略与投机行为匹配关系——基于多案例研究 [J]. 管理案例研究与评论, 2019,12(6): 609-619.

[231] 刘汉民, 张晓庆. 网络零售平台治理机制对卖家机会主义行为的影响 [J]. 商业经济与管理, 2017,306(4):16-27.

[232] James R, Brown, Stephan G C S,et al. Using Influence Strategies to Reduce Marketing Channel Opportunism: The Moderating Effect of Relational Norms[J]. Marketing Letters, 2009. 20(2) :139-154.

[233] Ozkan-Tektas O . The Effects of Opportunism and Trust on Buyer-Supplier Relationship: Do Commitment Types Matter?[J]. International Journal of Business & Social Research, 2014, 4(9):14-26.

[234] Seggie S H , Griffith D A , Jap S D . Passive and Active Opportunism in Interorganizatioal Exchange[J]. Journal of Marketing A Quarterly Publication of the American Marketing Association, 2013, 77(6): 73-90.

[235] Das T K , Teng B S . Trust, Control, and Risk in Strategic Alliances: An Integrated Framework[J]. Organization Studies, 2001, 22(2):251-283.

[236] 曾伏娥, 刘红翠, 王长征. 制度距离、组织认同与企业机会主义行为研究 [J]. 管理学报, 2016, 13(2):203-211.

[237] Williamson O E. The Economic Institutions of Capitalism[M]. New York: Free Press, 1985.

[238] Wathne K H , Heide J B . Opportunism in Interfirm Relationships: Forms, Outcomes, and Solutions[J]. Journal of Marketing, 2000, 64(4):36-51.

[239] Luo Y.Opportunism in Inter-Firm Exchanges in Emerging Markets[J]. Management & Organization Review, 2010, 2(1):121-147.

[240] Hesse M , Dann D , Braesemann F ,et al.Understanding The Platform Economy: Signals, Trust, and Social Interaction[J].Hawaii International Conference on System Sciences, 2020：631.

[241] Kim S, Ha W, Seo J, et al.A Method of Evaluation Trust and Reputation for Online

Transaction[J].Computing and Informatics, 2015, 33(5):1095-1115.

[242] Li H, Fang Y, Lim K H, et al.Platform-Based Function Repertoire, Reputation, and Sales Performance of E-marketplace Sellers[J].Mis Quarterly, 2019, 43(1)：207-236.

[243] 汪旭晖, 张其林.平台型网络市场中的"柠檬问题"形成机理与治理机制——基于阿里巴巴的案例研究[J].中国软科学, 2017(10):31-52.

[244] Brown J R, Lee D D J. Managing Marketing Channel Opportunism: The Efficacy of Alternative Governance Mechanisms[J]. Journal of Marketing, 2000, 64(2):51-65.

[245] Lai C S, Liu S S, Yang C F. Governance Mechanisms of Opportunism: Integrating From Transaction Cost Analysis and Relational Exchange Theory[J].Taiwan Academy of Management Journal, 2005, 5(1):1-24.

[246] 张耕, 刘震宇.在线消费者感知不确定性及其影响因素的作用[J].南开管理评论, 2010(5):99-106.

[247] 易楚.对当前网络购物领域无理由退货制度之思考[J].广东外语外贸大学学报, 2018，29(5).126-132.

[248] 肖俊极, 刘玲.C2C网上交易中信号机制的有效性分析[J].中国管理科学, 2012, 20(1):161-170.

[249] Steven T.Reputation and Feedback Systems in Online Platform Markets[J].Annual Review of Economics, 2016, 8(1):321-340.

[250] 周黎安, 张维迎, 顾全林, 等.信誉的价值：以网上拍卖交易为例[J].经济研究, 2006(12):81-91.

[251] Utz S, Matzat U, Snijders C.On-Line Reputation Systems：The Effects of Feedback Comments and Reactions on Building and Rebuilding Trust in on-Line Auctions[J]. International Journal of Electronic Commerce,2009,13(3):95-118.

[252] Zhou M, Dresner M, Windle R.Revisiting Feedback Systems:Trust Building in Digital Markets[J].Information Management,2009,46(5):279-284.

[253] 刘思强,叶泽,黎建新.在线交易卖家声誉对顾客信任和参与意愿的影响[J].系统工程, 2014，32(12):35-40.

[254] 杨居正, 张维迎, 周黎安.信誉与管制的互补与替代——基于网上交易的实证研究[J].管理世界, 2008(7):18-26.

[255] 郭海玲.好评返现对电子商务网购市场的影响及治理对策[J].中国流通经济, 2015(3):42-48.

[256] 刘津平.浅谈恶意消费七天无理由退货的法律规制[J].法制博览, 2019(34):179-180.

[257] Heide J B, Wathne K H.Interfirm Monitoring, Social Contracts, and Relationship Outcomes.[J]. Journal of Marketing Research,2007,44(3):425–433.

[258] Kashyap V, Antia K D, Frazier G L. Contracts, Extra Contractual Incentives, and Expost Behavior in Franchise Channel Relationships[J].Journal of Marketing Research, 2012, 49(2):260–276.

[259] Muzellec L, Ronteau S, Lambkin M.Two-Sided Internet Platforms: A Business Model Lifecycle Perspective[J].Industrial Marketing Management,2015,45(1):139–150.

[260] Wang E T G. Transaction Attributes and Software Outsourcing Success: An Empirical Investigation of Transaction Cost Theory[J]. Information Systems Journal, 2010, 12(2): 153–181.

[261] Nunlee M P. The Control of Intra-Channel Opportunism Through the Use of Inter-Channel Communication[J]. Industrial Marketing Management, 2005,34(5):515–525.

后 记

本书历经一年多的努力，终于完成了撰写。本书获得 2023 年度教育部人文社会科学研究青年基金项目"可持续价值导向下的平台企业社会责任治理及其价值实现机制研究（23YJC630181）"的资助，为该基金项目的最终研究成果，同时获得天津科技大学社科专项资金支持。这本书也是集体智慧的结晶，我的研究生团队在本书的撰写中给予了我莫大的支持。

本书的完成首先要感谢天津科技大学经济与管理学院的支持。自 2014 年 7 月入职，至今整整 10 年，10 年前的我是一个懵懂无知的学术新人。感谢李文福书记、华欣院长、朱建民副院长营造的良好学术氛围，鼓励我一步步深入学术研究，你们对青年教师的栽培与帮助是我前进的最大动力。

感谢天津科技大学社科处处长毛文娟教授，把我领入企业社会责任的研究领域。我在该领域不断深耕，运用擅长的研究方法先后研究了传统企业的食品安全责任、企业社会责任缺失与异化、外卖 O2O 的价值共创与食品安全、平台经济下的平台企业社会责任治理。未来还将继续坚持此道路，感谢毛处长在研究上的一路指引。

感谢我的硕士导师天津科技大学的慕静教授，感谢我的博士生导师天津大学的刘金兰教授、林盛教授，你们对我多年的培养，使我掌握了博弈研究、仿真研究、实证研究等研究方法，具备了洞察学术问题的敏锐性，让我坚定信念，在学术之路上不断前行。

感谢两名硕士研究生王瑞霞、黄玲玲，你们勤奋努力、潜心钻研，每次都能克服各种困难，按照我的要求保质保量地完成工作，我真的非常欣慰。在本书的撰写中我们多次沟通、不断交流、思想碰撞，涌现了很多新奇的想法。

感谢我的另外两名硕士研究生吴珍、王称意，你们为本书的完成积淀了大量前期工作，恭喜你们已经顺利毕业，都从事了理想的工作，祝前程似锦。

感谢我的同事姚伟教授，其为人热心、学术能力强，一直是我望尘莫及的学术楷模，积极帮助我联系出版社，给了很多出版上的建议。

教学、科研、指导研究生和本科生，以及日常系主任、支部书记、学科负责人的行政工作，占据了我大量的时间。感谢我的家人在工作上给予的无限支持，尤其是我的爱人，在生活中无条件地包容我、鼓励我、宽慰我，为我提供了很多情绪价值，成为我永远的依靠。感谢我最心爱的宝贝女儿，在我专注写书的时候，你总能安静地自己学习，在我烦躁的时候，你总能逗我笑，给我送来温暖和拥抱。

特别要感谢本书的编辑杨慧芳老师，您总是积极地帮助我推进各项工作，耐心地等待我的书稿，给予我很多建设性的意见，希望今后有更多的合作机会，祝愿您工作顺心、事事如意。

尽管本书运用了质性与量化相结合的研究方法，进行了大量理论分析、案例研究和实证检验，主要从履责现状、治理机制和价值实现三个角度阐释了可持续价值导向下的平台企业社会责任，得出了颇具价值的研究结论和管理启示，但仍存在不尽完善之处，加之时间仓促，书中难免有疏忽的地方，敬请广大专家学者多多见谅、多多包涵。

王仙雅
2024 年 7 月